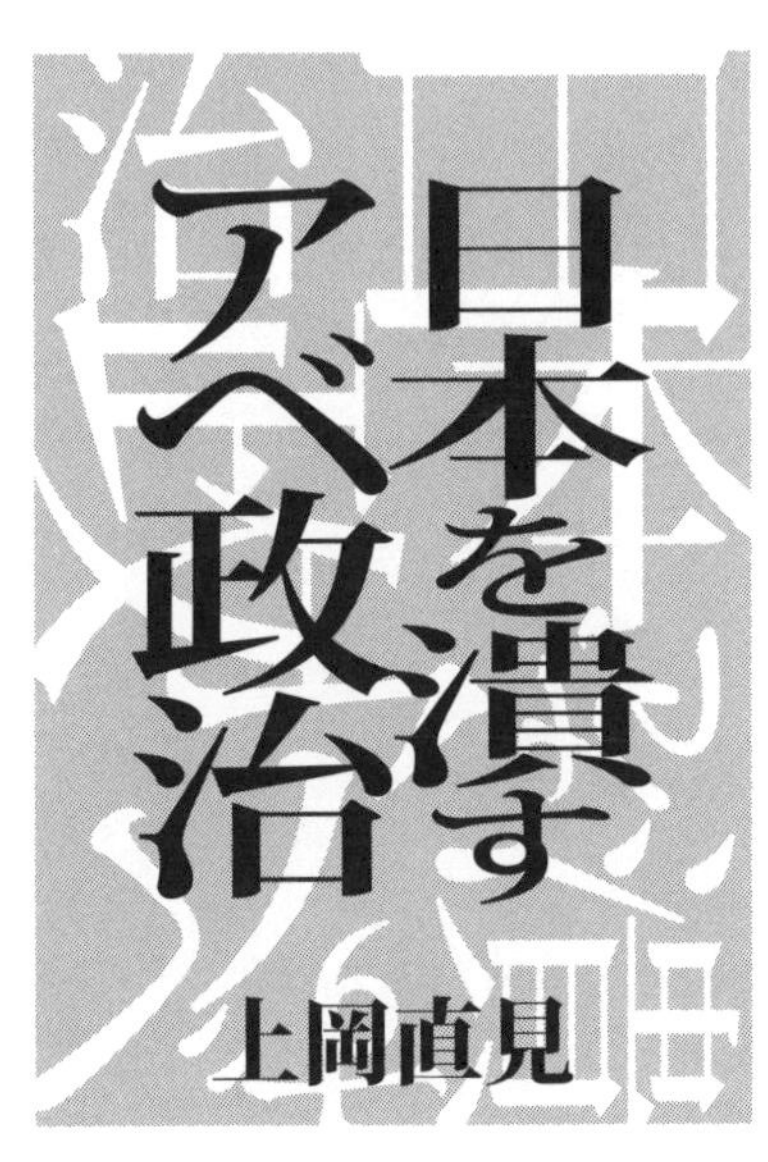

緑風出版

はじめに

「東京はこれまで三つの大災害を経験した」と表現する論者がある。[注1] 三つとは「震災・戦災・金災」である。震災は関東大震災を指すが、全国のほとんどの地域は自然災害の経験がある。戦災では、沖縄で地上戦が行われ、広島・長崎を始め全国の主要な都市は空襲の被害を受け、空襲の対象外であった小さな町・村からも多数の戦死傷者を出した。三つ目の「金災」はバブル経済とその崩壊を指すが、後にリーマン・ショック（二〇〇八年）も発生した。現在は一見立ち直ったように見えるが、いま行われている「異次元の金融緩和」は、さしたる成果もみられないまま収束の目処が立たず、次の「金災」のリスクを蓄積している。二〇一一年三月には「原災（福島原発事故）」が発生し、首都圏も避難対象になりかねない危機を招いた。さらに東京オリンピックに起因するさまざま悪影響が懸念される。採算性や安全性の検討も不明確なまま着工されたリニア新幹線も災厄をもたらすであろう。

一般に「災害」という言葉からは地震・津波・台風などを連想するが、自然現象の物理的な作用のみでは災害とは呼ばない。人的・経済的被害が生じたときに社会的な意味で災害となる。発端は自然現象であっても、その被害の過程において人が関与する過失あるいは不作為が介在して「人災」と指摘される分野もある。すなわち災害には何らかの「政策」がかかわる。一九五五年一一月に自由党と日本民主党が合同して「自由民主党」政権が発足して以来、現在までわずかの例外を除いて自民党政権が続いてきた。戦後にもたらされた国民の生命・健康・財産の損失のうち、多くは自民党の政策が関与している。偶然にも例外である「自社さ」連立政権（一九九三年八月～九八年七月）で阪神・淡路大震災（一九九五年一月）が、また民主党政権（二〇〇九年九月～二〇一二年一二月）で東日本大震災（二〇一一年三月）が発生したが、長年にわたる自民党政権の影響が短期間で変化したわけではない。

さらに安倍政権は、一九四五年から現在まで辛うじて避けられてきた「戦災」を呼び込もうとしている。かつての自民党には本来の保守主義があった。いま「保守」といえば国粋主義・軍備強化・外国人排斥などを連想するが、本来の保守とは健全な社会基盤を求める意識である。[注2]働きたい職場が選べる、安心して子育てができる、良識的な人間関係が作れる、外国人と摩擦なく交流できる社会が「保守」である。しかし現在の自民党、とりわけ安倍政権（第一次・二〇〇六年九月～〇七年九月、第二次・二〇一二年一二月以降）は保守とは全く異なる方向に暴走している。今や安倍政権の存在自体が「災害」ではないか。

第一章では、まず災害とリスクに関する基本的な考え方を整理する。火災では毎年一五〇〇～二〇〇〇人の死者と六〇〇〇～八〇〇〇人の負傷者が発生し、阪神・淡路大震災と東日本大震災を別とすれば毎年の自然災害による被害をはるかに上回る。「災」の文字が入っているが一般には個別の事故として扱われる。また福島原発事故は紛れもなく「災害」であるが、事故後も「放射能のリスクは、自動車事故のそれよりも小さい」という言説が流布されている。原因が何であれ人命や健康の価値は変わらないはずなのに、なぜ被害の種類によって認識の差が生じるのだろうか。政策とは、不特定多数の人々の意思を直接・間接に反映した結果であるからには、災害を論じる際に人々がリスクをどのように捉えているかについて考察する必要がある。

第二章では、「ショック・ドクトリン」、すなわち「災害便乗事業」を論じる。[注3]すなわち災害に便乗して、あるいは意図的に戦争や経済危機を起こして、大企業に利益を誘導したり社会制度を一挙に変えようとする動きである。東日本大震災直後に刊行されたナオミ・クラインの同名の著書[注4]は、米国におけるハリケーン・カトリーナに便乗した企業の活動などを取り上げており日本の事例はないが、東日本大震災でも福島原発事故でも便乗事業の実例がみられるし、阪神大震災の後でも同じことが指摘されてきた。ただし米国のショック・ドクトリンが新自由主義の暴走であるのに対して、日本では官製ショック・ドクトリンが中心という相違がある。たとえば東日本大震災の直後から提唱された国土強靭化はその典型である。国土強靭化は防災を口実にしているが実態はなく、戦前回帰をめざすイデオロギーを政策に組み込むことが真の目的であり、まさに日本版ショック・ドクトリンである。

第三章では、大きな災害に伴って必ず発生する「避難」を取り上げる。筆者は福島原発事故以後の原子力政策に関して課題の一つである避難計画を検討し著書[注5]にまとめたが、自然災害の多い日本では原発事故だけでなく何らかの形で避難が常に発生する。二〇一八年夏の西日本水害（「平成三〇年七月豪雨」）に際して注目されたように避難先の環境は劣悪であり、それが避難を躊躇させ、被害を拡大する要因の一つともなっている。日本の避難所の設備水準が国連の難民キャンプを下回ることは以前から指摘されてきた。「被災者だから我慢すればよい」という社会的な認識も背景にあるが、避難所の環境に起因して災害関連死が多発するようでは先進国とは言えない。「避難は権利」という考え方を指摘したい。その「権利」にはいくつかの側面がある。第一には避難に際して安全な移動手段（方法）や適切な情報を提供される権利である。第二には避難先での環境の改善である。

第四章では、人災としての水害を考える。多年にわたり自民党政権は多くのダムを建設してきた。戦後は産業のための発電と用水の確保を掲げ、それが頭打ちになると目的を生活用水に転じ、それも伸びなくなり今では「治水」が大きな理由とされている。ダムの洪水調節容量は年々増え続けているにもかかわらず、いまだに大規模な水害が繰り返されるのはなぜか。近年は気候変動により降雨が激甚化していると指摘されるが本当にそれが原因なのか。ダム建設を上積みするのではなく、改めて有効な治水対策とは何かを検討する。ダムによる洪水調節効果のしくみから考え、またダムの存在自体が災害を誘発する可能性についても指摘する。

第五章では、まさに自民党のエネルギー政策がもたらした人災である原子力災害について取り上げる。原発が外部電源を失った際の危険性については専門家が繰り返し警告を発しており、国会でも二〇〇六年に明確に指摘されていた。それを放置したのは自民党とりわけ第一次安倍政権の責任である。ところが福島原発事故を経てもなお原子力政策の転換はみられず、原発の再稼働が進められている。次の大惨事はどこで起きるだろうか。本章では東海第二原発が事故を起こした場合の首都圏への影響について数量的に検討した。また別の問題として東京オリンピック——これ自体が災害便乗事業——に際して福島で野球・ソフトボールの試合が開催される。都市単位で開催されるオリンピックで、なぜ福島を東京オリンピックと関連づけるか疑問である。本来は都市単位で開催されるオリンピックで、しかも屋内競技ならまだしも土埃を吸入する可能性が高い野球・ソフトボールをなぜわざわざ福島で開催するのか。実害としての「野球被ばく」についても検討した。

第六章では、自民党の国土政策による大規模公共事業と、それらがもたらした一極集中や国土破壊を取り上げる。それは「国家事業として天から降ってくる災厄」である。[注6]第三章でも取り上げた多くのダム事業もこれに該当し、今なお争いが続く諫早湾干拓や川辺川ダム、辺野古基地建設、リニア新幹線など枚挙にいとまがない。こうした「国土災害」は事例が多く個別に詳述できないが、特にこれから多大な被害が予想されるリニア新幹線について取り上げた。

第七章では交通事故を取り上げる。「輪禍」「交通戦争」という言葉が存在するように、自動車事故では戦後の累積で死者が六四万人に達している。自然災害では阪神大震災と東日本大震災を加えても累積で八万人である。これから考えれば自動車事故もまた災害として捉えるべきではないか。一方でこれも長年改善されない大都市圏の「通勤地獄」がある。「不快」を通り越して毎日が綱渡りで続けられる詰め込み輸送がもたらす身体的・精神的な健康レベルの低下は災害に相当する。そして自動車事故と鉄道の混雑とは一見すると無関係のようでありながら、実は密接に関連していることを指摘する。これも自民党の国土・交通政策がもたらした被害である。

第八章では「金災」すなわち経済災害を取り上げる。日本のGDPに対する累積債務の比率は先進国の中で異常な高さに達している。バブル以降の自民党の経済政策は一方で大きな政府（財政出動）、もう一方で小さな政府（新自由主義）が混在して、一方で生じる負の側面を他方の政策で補おうとする弥縫策を繰り返した結果、国と地方の債務が膨張する破滅的サイクルに陥っている。「債務の主な貸し手は国民であるから問題ない」との見解もあるが、無期限にそれが続くはずがないから、いつかは出口戦略に移行しなければならない。このまま放置すればいずれは経済災害を招く。

第九章では、軍事と戦争について取り上げる。日本国憲法の下でたしかに一九四五年以降は「戦災」を免れてきた。もちろん同年八月で災厄が終息したわけではなく、外地に取り残された国民の辛酸、日本側が加害者となった事案、今も続く米軍基地被害などを忘れてはならない。朝鮮戦争（一九五〇年六月～一九五三年七月休戦）、ベトナム戦争（一九五五年一一月に米国本格介入～一九七三年一月にパリ和平協定）そのほか世界各地で続く戦争に日本は間接的には関与しているが、少なくとも憲法にいう「国権の発動たる戦争」は避けられてきた。しかし一九九一年四月の海上自衛隊ペルシャ湾掃海任務派遣を端緒に次々となし崩し的に既成事実が積み重ねられ、ついには二〇〇四年六月の有事関連七法、二〇一五年九月の平和安全法制により海外派兵の準備が整えられ、二〇一九年二月には自衛隊を多国籍軍に派遣する方針が決まった。一方で米国から国情に合わない高額の装備を「買わされて」いる。これには防衛庁内部や自衛隊の制服組からも批判の声が上がるほどである。「改憲」の声が高まっているいま、ふたたび「戦災」を招かないためにはどうすればよいのかを考える。

第十章では、なぜ「人災」が起きるのか日本の立法・行政・司法・教育の側面から検討し、どのように対処すればよいのかを考える。前述のように災害には必ず政策が関与しているが、本来「政策」の立案・検討を担うべき国会が機能していない。法案の大部分は内閣提出法案であり、事前に官僚が決定して国会に提出され、国会は事後承認手続きの機能しか持たない。それでは、一般にエリートと目される官僚が大局的・戦略的な観点から国の基本政策を決めているのかといえば、全くそれには期待できない。日本の官僚は「先送りの達人」であると評する論者がある。[注7] 政府の累積債務がその典型であり、福祉・教育・福島原発事故の処理・北方領土・拉致問題に至るまであらゆる分野にその弊害が蔓延している。現在の延長上では近い将来の破綻は免れないが、それを回避あるいは影響を緩和するにはどうすればよいのだろうか。まず政権を変えることが最低条件であるが、それだけでは解決しない。困難な道ではあるが一つの手がかりは市区町村での市民自治にある。この分野で積み重ねられてきた議論をもとに提案したい。

戦後の自民党政策がもたらした「人災」は広範囲にわたる。環境・公害問題だけに限っても、緑風出版の『ドキュメント・日本の公害』[注8]が全一三巻を費やしてなおその一部しか取り上げられていない。このため本書では他の論者により既に論じられているテーマはそちらに委ね、これまで紹介例がない新しい分析・情報を主として紹介するように心がけた。

なお本書では横書きの文献の引用に際して数字の表記を和文式に修正したり、理工学的な単位を片仮名書きに変更（Bqをベクレル等）するなど便宜的な統一を施している箇所がある。法律・政省令・条例等は最新の正文が容易に参照できるので出典の記載は省略した。

【注】

1　須田春海『須田春海採録集①東京都政』生活社、二〇一〇年、三九一頁（初出・『エコノミスト』臨時増刊「遷都展都重都」、毎日新聞社、一九九一年）。なお須田の父は戦前・戦後を通じジャーナリスト・文

筆家として著名な須田禎一（小笠原信之『ペンの自由を貫いて　伝説の記者・須田禎一』緑風出版、二〇〇九年）

2　須田春海『市民自治体　社会発展の可能性（ＣＩＶＩＣＳ　市民立法―3）』生活社、二〇〇五年、四頁

3　上岡直見『日本を壊す国土強靱化』緑風出版、二〇一三年

4　ナオミ・クライン著、幾島幸子・村上由見子訳『ショック・ドクトリン―惨事便乗型資本主義の正体を暴く（上・下巻）』岩波書店、二〇一一年

5　上岡直見『原発避難計画の検証』合同出版、二〇一四年

6　須田春海「大きすぎるのか、それとも？」『都市計画』都市計画学会、二〇〇一年四月、第二三〇号、五〇頁

7　宇佐美典也『逃げられない世代』新潮新書、二〇一八年

8　川名英之『ドキュメント日本の公害　第一巻〜第一三巻』緑風出版、一九八七年〜九六年

目次

日本を潰すアベ政治

第一章

「災害」をどう捉えるか

「災害」とは何か

「災害」といえば地震・津波・噴火・洪水などを想起するが、物理的な自然現象が発生しても、人間が居住せず農林業なども行われていない場所では災害ではない。人的・経済的影響が生じたときに社会的な意味で災害となる。したがって災害には何らかの政策が関係する。政策として検討する場合には「災害」の捉え方について枠組みを整理しておく必要がある。また政策とは、その決定の過程はさまざまであるにしても、何らかの形で不特定多数の人の意思を反映した結果であるから、人々が災害をどのように認識しているかも考える必要がある。

「災害対策基本法（以下「災対法」）」では、第二条で災害の定義を「暴風、竜巻、豪雨、豪雪、洪水、崖崩れ、土石流、高潮、地震、津波、噴火、地滑りその他の異常な自然現象又は大規模な火事若しくは爆発（以下略）」としている。しかし災害対策基本法のほかに「原子力災害対策特別措置法」「石油コンビナート等災害防止法」など、特定の分野について災害の名称を冠し、各々対象となる災害を定義しているケースもある。

このように法律はいわば縦割りで構成されているが、あらためて「災害とは何か」を考えると概念が必ずしも明確ではないことに気づく。たとえば火災では全国で毎年一五〇〇〜二〇〇〇人の死者と六〇〇〇〜八〇〇〇人の負傷者が発生している。[注1]これは阪神・淡路大震災や東日本大震災を別とすれば、例年の自然災害による死者・行方不明者をはるかに上回るが、「〇〇大火」等と呼ばれる規模でないかぎりは、災害というより個別の「事故」に近い認識である。

交通事故（正確には道路交通事故）についても似たような性格がある。交通事故では最盛時（一九七〇年）には一万六八〇〇人の死者と九八万人の負傷者が発生し、「交通戦争」と比喩的に呼ばれたほどである。現在では当時より減ったものの、いまだに毎年四〇〇〇人前後の死者と六〇万人以上の負傷者が発生している。しかし道路交通では一度に数百人の死傷者が生ずる事例[注2]はなく、被害者の総数は多くても一件あたりの被害者が少ないと災害としては認識されない。また鉄道・航空機・船舶などの公共交通機関では、利用者の移動距離（あるいは移動時間）あたりの死者発生確率は交通事故よりかなり低いが、いったん大事故があると一件あたり一〇〇人単位の死傷者が発生する場合がある。これらも一般には「事故」として扱われ災害とは呼ばれない。

一方で労働災害（労災）の分野がある。労災の定義は「労働安全衛生法」では「労働者の就業に係る建設物、設備、原材料、ガス、蒸気、粉じん等により、又は作業行動その他業務に起因して、労働者が負傷し、疾患にかかり、又は死亡すること」とされている。物の落下・爆発・火災などが発生しても労働者の人的被害がなければ「事故」であるが、人的被害があれば被害者数の規模にかかわらず個別の案件が労災として扱われる。また過労死・過労自殺・パワハラ自殺など「作業行動その他業務に起因する」と判定されれば、物理的要因でなくても労災とされる。

なお労災の発生状況は経済・社会情勢や制度と関係がある。最近の事例では大手電機メーカーで五名が同時に長時間労働を原因とする健康被害（うち二名が自殺）により労災と認定された。[注3]その背景には裁量労働制[注4]が関与している可能性があるとして会社では制度を廃止した。近年でも労災と認定される死者は年間一〇〇〇人弱発生している。[注5] 筆者が民間企業に勤務していた時期に「労災隠し」の現場に遭遇（負傷した被害者のほうから「黙っていろ」と強要された）したことがあり、実数はさらに多い。さらに感染症・薬害・シックスクール・化学物質事故も災害とする考え方もある。[注6] 一方で原因が何であれ人命や健康の価値に差はないはずなのに、分野によって「災害」の捉えかたや法制度が一様ではなく「縦割り」であることは不合理に思われる。

人的・物的な被害を防ぐ「防災」の概念は古くからあるが、大規模災害に際して「被害ゼロ」は困難であるから、被害の最小化が現実の課題であるとして近年は「減災」という言葉も用いられる。災害と制度的対応の主な経緯を挙げると、まず一九四七年の「災害救助法」がある。同法は災害直後の応急的な生活の救済を目的としており「防災」というより発災後の応急救援対策を念頭に置いた法律である。次いで一九六一年の「災害対策基本法」（災対法）がある。同法は総合的かつ計画的な防災行政の整備及び推進を掲げ、前向きの対策を念頭に行政の責務を規定したものである。その契機は狩野川台風・伊勢湾台風など甚大な風水害の発生であった。また同法に基づき中央防災会議が設置された。日本では地震・津波災害は歴史的に繰り返し記録されているが、阪神大震災では被害範囲が人口密集地に集中し多大な人的被害を生じた。これを契機に「地震防災対策特別措置法」が制定された。位置づけとしては災対法の補完の役割がある。

また一九六〇年代以前は「災害」の対象は自然災害であったが、高度成長期の一九七〇年代に多発した石油コンビナート等の火災・爆発事故を契機に「石油コンビナート等災害防止法」が一九七五年に制定された。一方で原子力災害は長らく災害対策に関する法体系の枠外にあり、一九九九年に東海村JCO臨界事故が発生し原子力に関する防災体制の不備が露呈した。[注7]これを契機に「原子力災害対策特別措置法（原災法）」が策定された。同法は「災対法」の補完の位置づけであるが原子力の特殊性に起因する内容が混在したまま二〇一一年の福島原発事故を迎えた。原災法の定義では「原子力災害」とは「原子力緊急事態により国民の生命、身体又は財産に生ずる被害をいう」としている。また「原子力緊急事態」とは「放射性物質又は放射線が異常な水準で当該原子力事業者の原子力事業所外［中略］へ放出された事態」としている。なお防災対策や法制度の整備の経緯に関して一覧的に概観する資料は文献（地震関連が中心であるが）を参照していただきたい。[注8]

自然災害の現状と対策

国連大学の「世界リスクレポート」[注9]では、自然災害によって生じる人間へのリスクを指標として国別に評価しランキングしている。「リスク」という意味は、同じ自然現象に対しても社会の脆弱性（社会インフラ、国民の栄養、住宅、早期警戒能力、医療サービスなど）の高低によって人間への影響が変化するからである。この面で日本は、脆弱性に対しては過去の経験から一定の対応がなされているとはいえ、総合指標（リスクが高い順）では二〇一七年版の一七一国中の一七位であり、かつ先進国中では特に高い。

国民の生命・財産を守るには「プリペア・フォー・ザ・ワースト」すなわち最大想定を前提に検討する基本思想がある。中央防災会議は二〇一二年八月に東日本大震災の教訓を取り入れて被害想定の見直しを行うとともに減災対策の効果も試算している。たとえば南海トラフ地震では建物の耐震化推進により想定死者を八五％減らせると報告している。[注10] また二〇一三年八月に経済的被害の想定として被害総額二二〇兆三〇〇〇億円との試算を発表し、また前述の耐震化推進などにより被害総額を半減できると試算している。[注11] 一方で最大想定は社会的に難しい問題を生ずる場合がある。前述の南海トラフ地震に関する新想定（第一次報告）では、高知県黒潮町に対して津波高三四・四ｍという国内での最大数値が示されたため、これを取り上げた報道が相次いだ。このため現地では「どうしようもない」「どこへ逃げても無駄（避難放棄）」の風潮が広がったり、住民の転出による人口減少も懸念された。また町外からの自然体験学習のキャンセルが相次いだ。[注12] 小規模の自治体ではこの問題は深刻である。

日本に関して時間的な経過をみると、一九六〇年代までは戦争の影響によるインフラ整備の不足に加えて、戦時中の森林伐採や資源採掘の影響が残り、直接の発端は気象現象であっても被害の規模が大きくなっている。図１―１は一九六二年以降の自然災害の死者・行方不明者と、災害対策費の累積額である。[注13] なお金額は物価変動を補正（二〇一一年基準[注14]）した実質値である。戦後の復興に伴い防災対策も進展したが、現在まで累積で一〇〇兆円以上の災害対策費を投じてきたにもかかわらず死者・行方不明者の減少効果としては必ずしも明確な関連がみられない。ただし統計は公費だけであってこの他に民間負担もある。なお一九九五年には阪神・淡路大震災、二〇一一年には東日本大震災が発生した。阪神・淡路大震災での被害の主要因は地震動、東日本大震災では津波であった。阪神・淡路大震災を契機に建造物の耐震は一定の強化がなされたが、今なお未改修の建造物は少なくない。「金額」と「効果」は必ずしも比例関係にはならない可能性があるが、それでも巨額の公費の投入に対して、

図1―1　戦後の自然災害の死者数と災害対策費

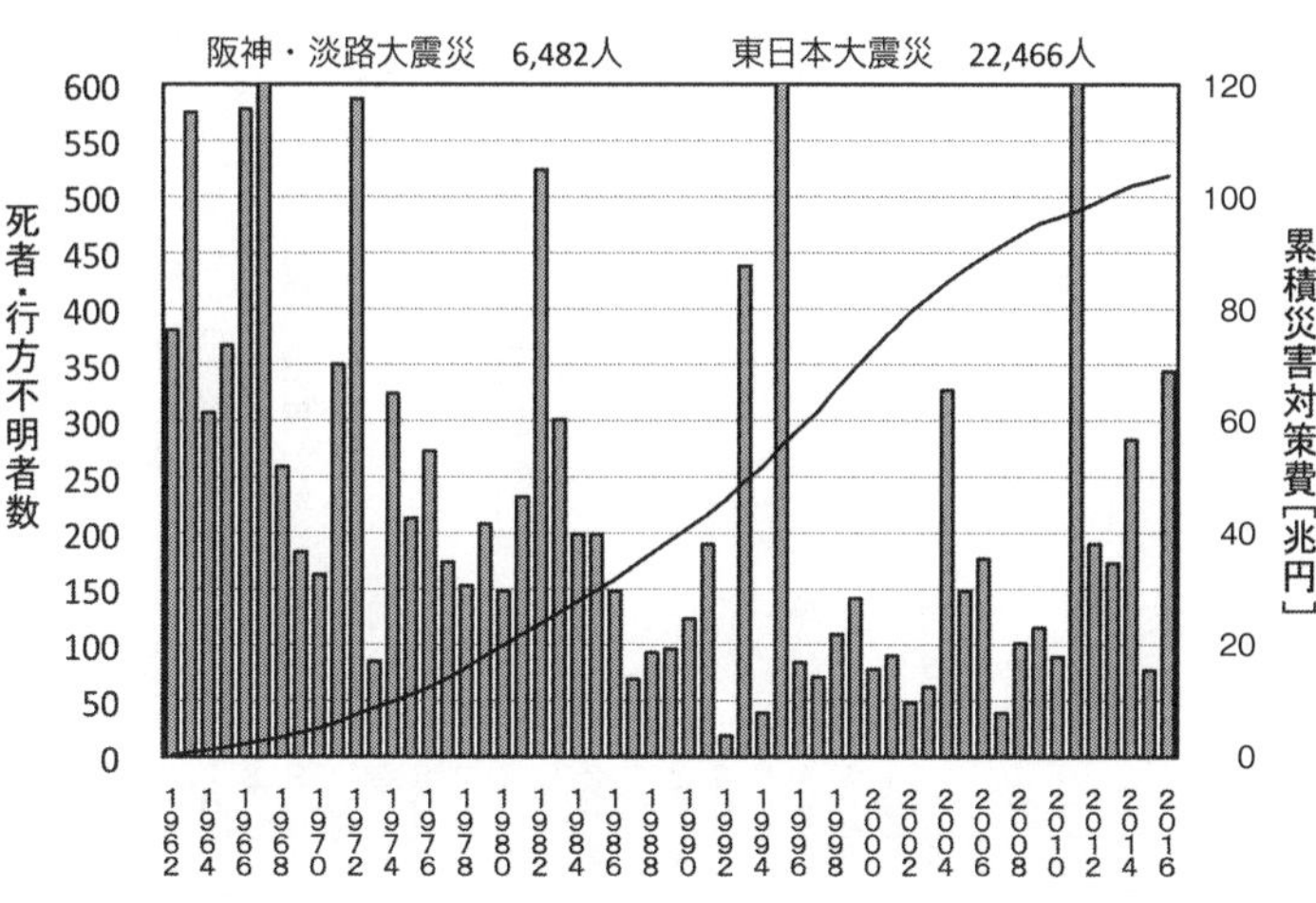

本当に効果があったのかどうか検証の必要がある。

また全国的には注目される機会が少ないが、雪害でも一〇〇人規模の死者が発生する年もあり[注15]偶然の事故では済まされない課題がある。雪害による死者は雪崩・雪下ろしなど除雪作業・落雪・倒壊家屋の下敷き等であるが、中でも雪下ろし中の事故が多い。雪害に対しても年々対策は講じられているにもかかわらず、図1―2のように近年は被害が増える傾向がある。これには気候変動による積雪量の増加など気象上の要因とともに、積雪地帯における人口減少や高齢化など社会的な要因も関係していると推定される。

もとより防災の第一の目的は人間の安全確保であるが、命だけは助かっても居住・職業の基盤が一瞬にして失われ、生活の再建が困難となれば防災の目的は達成されない。自然災害は死傷者などの人的な側面だけではなく、経済的な被害の面でも検討する必要がある。図1―3は、災害対策費

図1—2　雪害による死者・行方不明者数

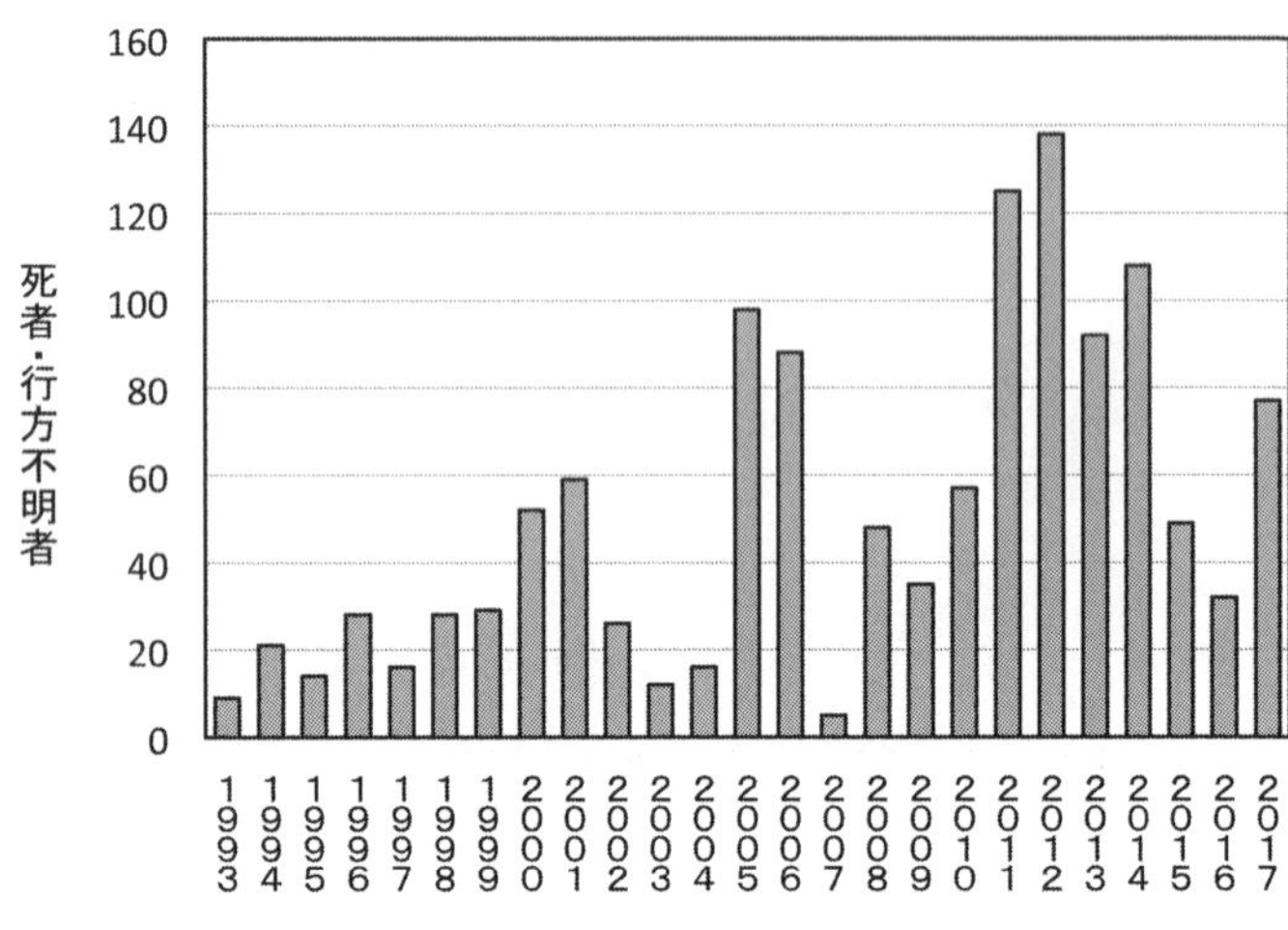

（累積）に対する災害復旧費（累積）の比率である。

　未然防止のための投資額のストックに対して、累積の復旧額の比率が年々下がっていれば、ストックが費用対効果として効果を発揮していると評価できる。しかしその比率は逆に上昇すなわち効果が薄れてゆく傾向にあり、ことに二〇一一年以降は東日本大震災の影響もあり急上昇している。

リスクの捉えかた

　前述のように政策面からみると災害は縦割りで捉えられ、分野によって定義も一致しない。しかし逆に個人の側ではそのような縦割りで受け止めているわけではない。原因が何であれ自分や家族・関係者の生命・健康や財産に被害が及ぶことは、よほど軽微なケースでもないかぎりは許容できないであろう。しばしば「航空機や鉄道の事故やトラブルは、さしたる実害がなくても報道の対

図１—３　災害対策費（累積）に対する災害復旧費（同）の比率

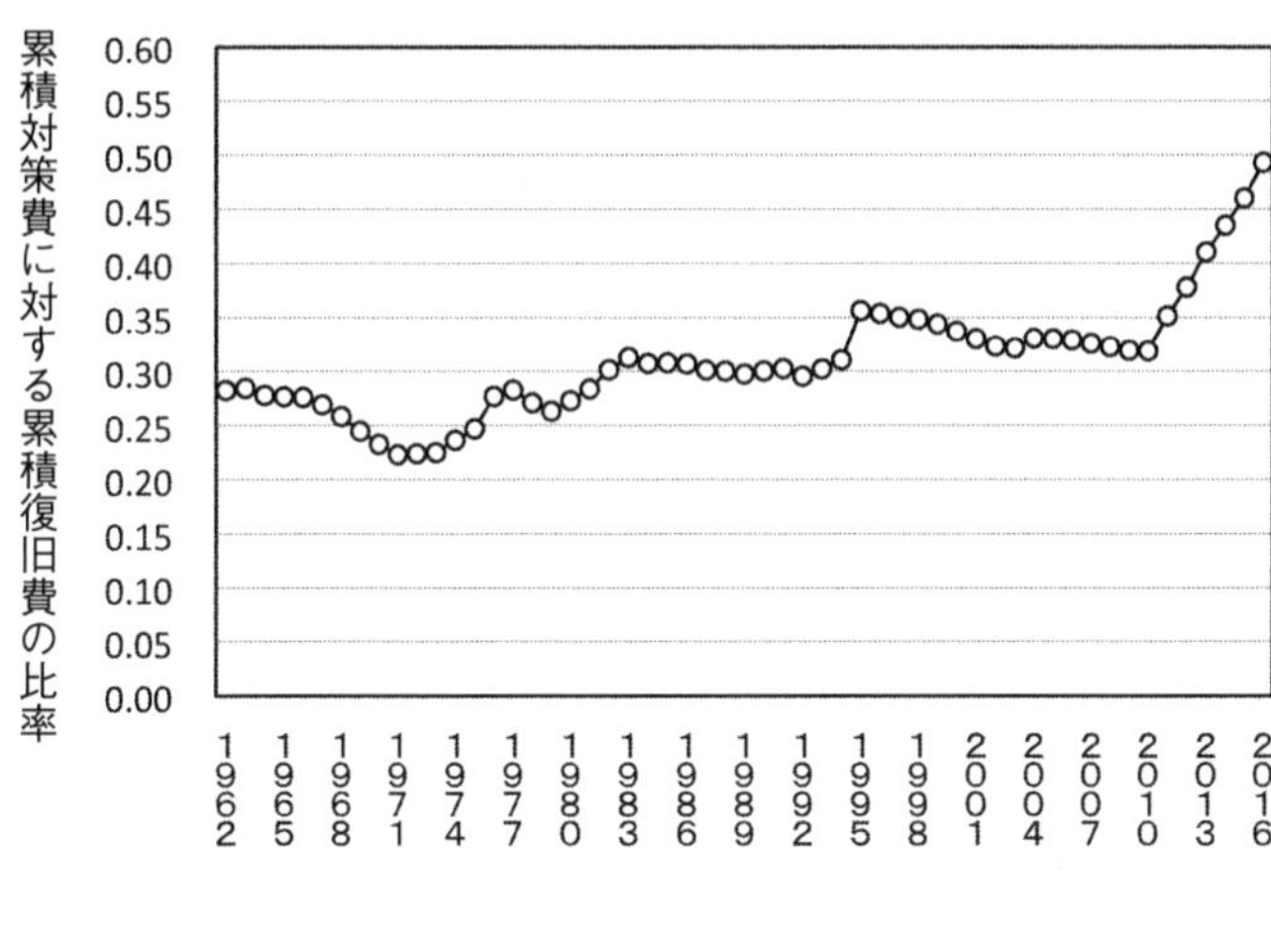

象となるのに、自動車の事故では飲酒・ひき逃げ等でもないかぎりは注目度が低いのはなぜか」という疑問が示される。どのような原因であれ、人命や健康の価値は同じはずであるのになぜ社会的にはそのような違いが生ずるのだろうか。

どのような防災対策でも、投入できる資源（人・物・金）が有限である以上は「どの対策に、どれだけ社会的な資源を投入すべきか」「現在の防災政策は妥当なのか」という評価が必要となる。政策とは最終的には公的機関が決めているとしても、その背景には人々の意識の集積がある。しかし「自然災害と交通事故」「自然災害と犯罪」のような分野の異なる比較について、どちらが社会的に重大かという評価は簡単ではない。これはどのように考えたらよいのだろうか。

この問題について手がかりを与える研究もある。数値化しにくい質的な比較を定量化する方法の一つにＡＨＰ法（階層的意思決定法）がある。ＡＨＰ法の具体的な理論や計算は参考資料[注16]を参照していただくとして、高橋英明の報告[注17]による一例を紹介する。この報告では、自動車事故（運転者として）・自動車事故（歩行者として）・自動車事故以外の交通事故（公共交通）・生活事故（中毒、打撲など）・工業性の事故・火災・自然災害・犯罪について比較している。

評価要素として、表1―1のように随意性（個人で選択可能か、社会によって強要されて関与することによるリスクか）、影響の集中度（一回の事故あたりの被害の大きさ）、制御性（個人の意思で回避可能か、事故には個人の責任の関与が大きいか）、人為性（人為性があるか、自然災害か）、便益性（リスクの見返りとして得られる便益）が挙げられる。それぞれを一定の基準で数値化して、人々の判断に際して、何がどれくらいの重みを持っているかを分析する。不特定多数の人に対するアンケート調査から整理すると、それぞれの事故・災害の「非受容度」すなわち社会的にどのくらい深刻に評価されているかという指標が得られる。

この非受容度の数値と、人口一〇万人あたりの死者数をグラフに表わすと、人々の総合的な認識の集積として図1―4のように一定の相関関係がみられる。運転者としての被害より歩行者としての被害の非受容度が大きく、また自動車事故よりも公共交通の事故のほうが非受容度が大きい（厳しく捉えられている）。公共交通の事故は自動車事故よりも報道で注目される機会が多い実態と合っているのではないだろうか。

ただしリスクの認知は、得られる便益とも関連がある。たとえば福島原発事故後に、福井県の高浜原発の再稼働の賛否に関して「高浜町」「周辺地域」「その他福井県内」「全国」の四区分で世論調査を

表１—１　危険の認知と受容にかかわる主要な因子

随意性／不随意性	個人が選択可能、個人の自発的意思に基づくか、あるいは社会によって強要されて受けるリスクか
影響の集中度	１回あたりの被害の大きさ
制御可能／制御不可能	個人の責任において回避可能か、そうでないか
人為性	自然に存在するリスクは天災のみ、事故・中毒・火災等は人為性がある。生活事故のうち海や河川での落水事故などはその中間
便益性	リスクを伴った行為に対して得られる便益。ただし具体的な便益との比較でなく日常生活に伴うリスクもある。

図１—４　災害の種類による非受容度と被害規模

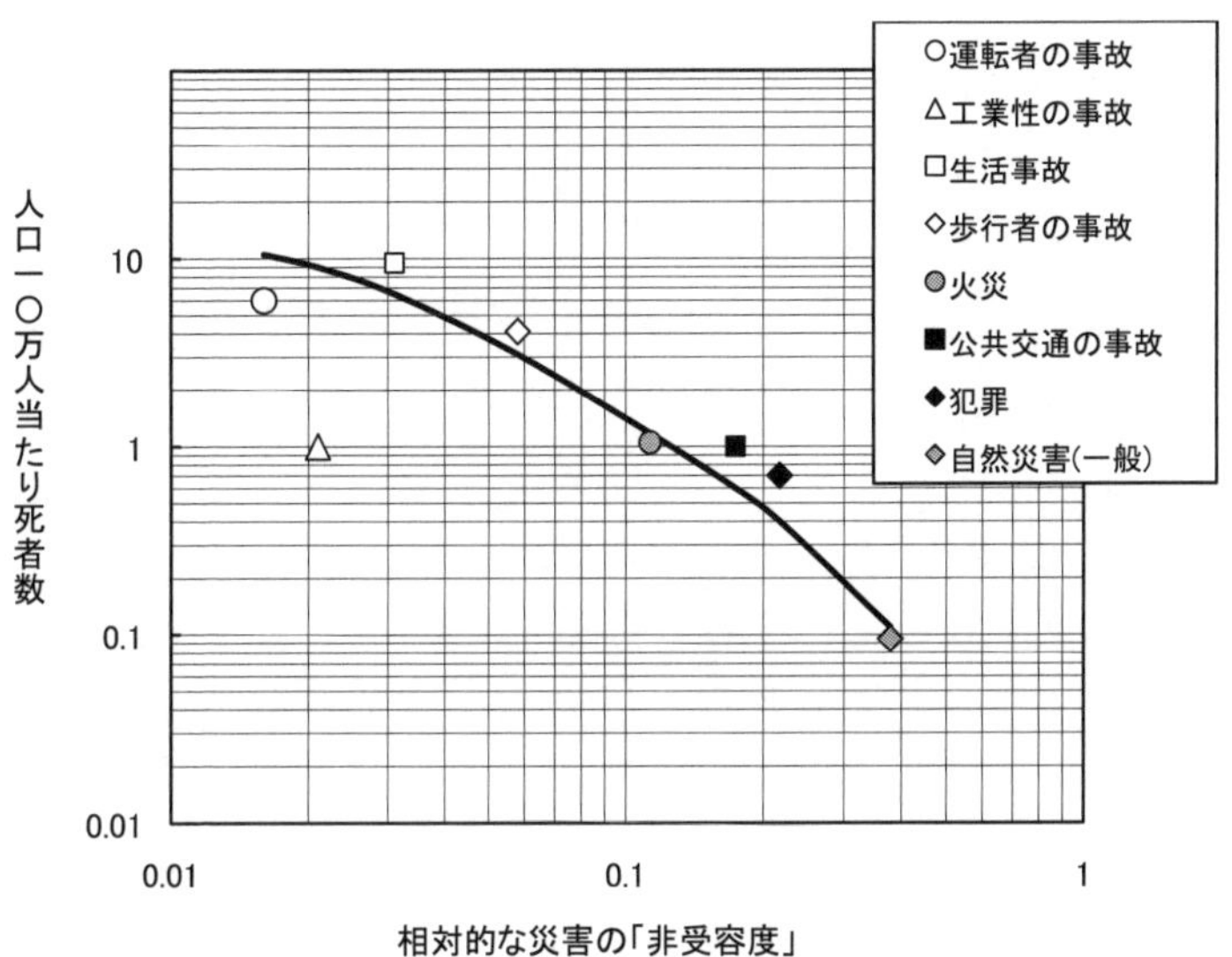

行ったところ、原発に近いほど容認の比率が多く、また住民の避難が必要になるような事故が起きるおそれがあるかどうかの設問では、原発に近いほど「そう思わない」との比率が高かった。[注18]リスクの許容と、それによって得られる便益の関係は防災に関して重要なテーマではあるが、本書では詳細に触れる余裕がないので他の研究を参照していただきたい。[注19]

リスク認識の操作

政策が何らかの形で人々の意識の集積の結果であるとすれば、その意識をコントロールしようとする動き、いわゆる「世論操作」「印象操作」も存在する。福島原発事故以前にも、東海村ＪＣＯ事故（一九九九年）や柏崎刈羽原発事故（二〇〇七年）のように、原子力の推進を妨げるようなトラブルがあるたびに同種の説明が持ち出されてきた。その一例が「福島〝洗脳〟シンポジウム仰天リポート」との週刊誌記事に掲載されている。[注20]それは放射能を過度に心配する必要はない、というキャンペーンである。シンポジウムでは自動車事故を比較の対象として「放射線のリスクは交通事故のリスクより少ない」と強調されている。福島県で食用に供される野生キノコのイノハナを一〇グラム食べた場合の損失余命が七秒前後であるのに対して、乗用車を一〇㎞運転するときの損失余命は二一秒であり、こういう事実をよく考えて行動することが「合理的な行動」に結びつくと説明したという。[注21]

このシンポジウムのホームページには「参加する専門家の渡航費・交通費は、原子力改革監視委員会の事務局である東京電力が福島復興およびリスクコミュニケーションの一環として負担しています」[注22]と記載されていた。地域の人は「地元の食材を、特に子どもに食べさせて問題ないのか」という不安で話を聞きに来ているはずである。この発言者は放射線の専門家ではないが「秒単位の損失余命」を持ち出すという現実ばなれした説明には驚くほかはない。これでは原子力の推進側が最も嫌う内部被ばくと健康被害の関係をわざわざ認めるようなものである。この説明が住民の印象に残れば、食事のたびに損失余命の数字が頭に浮かびますます不安に陥るであろう。原子力の推進側でさえ、種類の異なるリスクを比べる説明手法は聴衆の反感を招くので、最も避けるべきであると指摘している。[注23]シンポジウムの主催者・報告者はリスクコミュニケーションの基本に関しての理解すら乏しいようである。またリスクを金銭価値で表現した説明がなされることもある。茅陽一（地球環境産業機構理事長）は概算と断ってはいるが、福島原発事故の被害額を国民一人あたり年間一五〇〇円、同様に交通事故の被害額を同じく二五〇〇円と推定した上で次のように述べている。

上記にあげた数字はもちろん幅があっていろいろ変わり得る。だが、原子力の損失が自動車利用の損失とさほど違わないものであることはたしかだろう。しかし、交通事故で人が死ぬから自動車の使用を止めろ、といった意見はおよそ聞いたことがない。これは人々が自動車を必要だ、と認識し、この程度の損失はその必要性にくらべて仕方がない、と考えているからだろう。それなら、原子力を人々に受け入れてもらうためには、原子力を自動車と同じように重要だ、と理解してもらうことが必要である。[注24]

このように「原発のリスクは、他のリスクと比較して容認されるべきである」という議論は福島原発事故前からも、また事故後でさえも原子力関係の産・学・官の主な論者が公式見解として判で押したように繰り返してきた。関係者向けのマニュアル的な参考書も提供されている。[注25] しかしこうした説明が本質的におかしな点は「これまで存在するリスクに、別のリスクが加わっても心配する必要はない」という奇妙な説明を試みていることである。自動車事故と放射能の危険性は何ら関係がなく、トレードオフ（一方のリスクを容認する対価として、他方のリスクが軽減される）の関係もないからである。

専門家はなぜ「楽観」するか

リスク認知に関しては、しばしば「専門家」と「市民」に二分して議論される。たとえば原子力に関して「一般市民は原子力について科学的な知識がないから感情的な不安感を抱く」という説明が繰り返されてきた。それでは専門家は科学的な判断をしているのだろうか。これに限らず何らかの社会的な判断を要する課題に対して「科学的知識に基づいて合理的な判断を下す専門家」と「知識がないために情緒的な判断を下す市民」という枠組みで論じられる場合が多いが、それ自体が適切でないことを示唆する研究（二〇〇九年）がある。[注26]

これは「遺伝子組み換え食品」「原子力」「ナノテクノロジー医療応用」[注27]の三分野を対象として、各々を専攻する「専門家」に該当する研究者と、それ以外の市民の四グループを対象として、各々の分野で「安全か危険か」のイメージをアンケートで答えてもらい統計的に整理した研究である。その結果、

「遺伝子組み換え食品」「原子力」では、各分野の「専門家」のグループは安全イメージが高いのに対して、その分野以外の「専門家」と市民のグループは差が少ないという結果が得られた。またナノテクノロジーについてはいずれのグループも大差がなかった。たとえば遺伝子組み換え食品の研究者であっても、原子力やナノテクノロジー医療応用に関してはマスメディア等による情報以上の知識は持たない「市民」であるという結果である。

この問題は、全国で提起されている原発関連の訴訟[注28]の大部分で原告側が敗訴し「司法によるチェックが機能していない」との指摘とも関連している。裁判官は法律の専門家ではあるが、原子力に関連する理工学の知識は「一般市民」である。このため専門的な事項を評価するには専門家が提示する書面に依存せざるをえない。すると専門家は市民より安全イメージが高いから、判断は市民感覚とは異なったものとなる。JCO臨界事故（一九九九年）が起きた後でさえ、いわゆる「専門家」は次のような見解を示している。佐田務（内閣府原子力安全委員会事務局技術参与・当時）は「原発に反対する人々は、最初から原発は危険という決めつけに基づいて技術的な説明を受け付けない」と批判し、次のように述べている。[注29]

このこと［注・原発で起きる大事故発生の可能性は将来も十分小さい］を具体的に述べているのが、平成三年一二月に閣議決定された平成三年原子力安全年報（白書）だ。この年の白書は、原子力発電所で起きる重大事故の発生確率の予測に、確率論的安全評価（PSA）を白書としては初めて導入。そこでは原子力発電所で重大事故が起きる確率を一〇のマイナス五乗／炉年［注・一〇万炉年に一回以下。炉年とは一基の原子炉が一年運転する期間」だと評価している。

一方で「反対論」として広瀬隆の「数年以内にこの日本で末期的な大事故がおこる[注30]」との指摘を引用して「広瀬の推定が誤りであることは明らか」と断定している。しかし「数年」ではないにしてもおよそ二〇年後の二〇一一年に福島原発事故が発生し、原子力白書でいう一〇万炉年に一回よりも広瀬の指摘のほうがはるかに現実に近かった。また大橋弘忠（東京大学工学系研究科教授）は、九州電力玄海原子力発電所三号機のプルサーマル計画に関する公開討論会（二〇〇五年）の席上で「専門家になればなるほど、そんな格納容器が壊れるなんて思えないですね[注31]」と述べている。なおこの討論会では電力事業者が参加者を動員した「やらせ」が発覚している[注32]。

このように「専門家になればなるほど」楽観的な評価をする背景は何であろうか。確率論的安全の考え方では、原子力事故のリスクは「事故の規模」×「事故の発生確率」で評価されるとしている。図1―5は福島原発事故前に原子力関係者の間で共有されていた発生確率の予測であり、事故の規模が大きいほど、その発生確率は低くなる関係を想定している。福島原発事故のレベル、すなわち運転中の原発の炉心に内蔵されていた放射性物質のうち、セシウムについて一％前後が環境中に放出される事故[注33]が発生する確率は、一〇のマイナス六乗すなわち一〇〇万炉年に一回と予測されていた[注34]。なお前述のようにこの発生確率は「炉年」に対してであるから、運転中の原発が増えるほど実年数としては短い間隔で発生することになる。

ところが実際は、福島原発事故前までの原子炉運転期間の累積が一四二三炉年に対して三炉で破

図1―5　放出割合と事故発生確率の評価

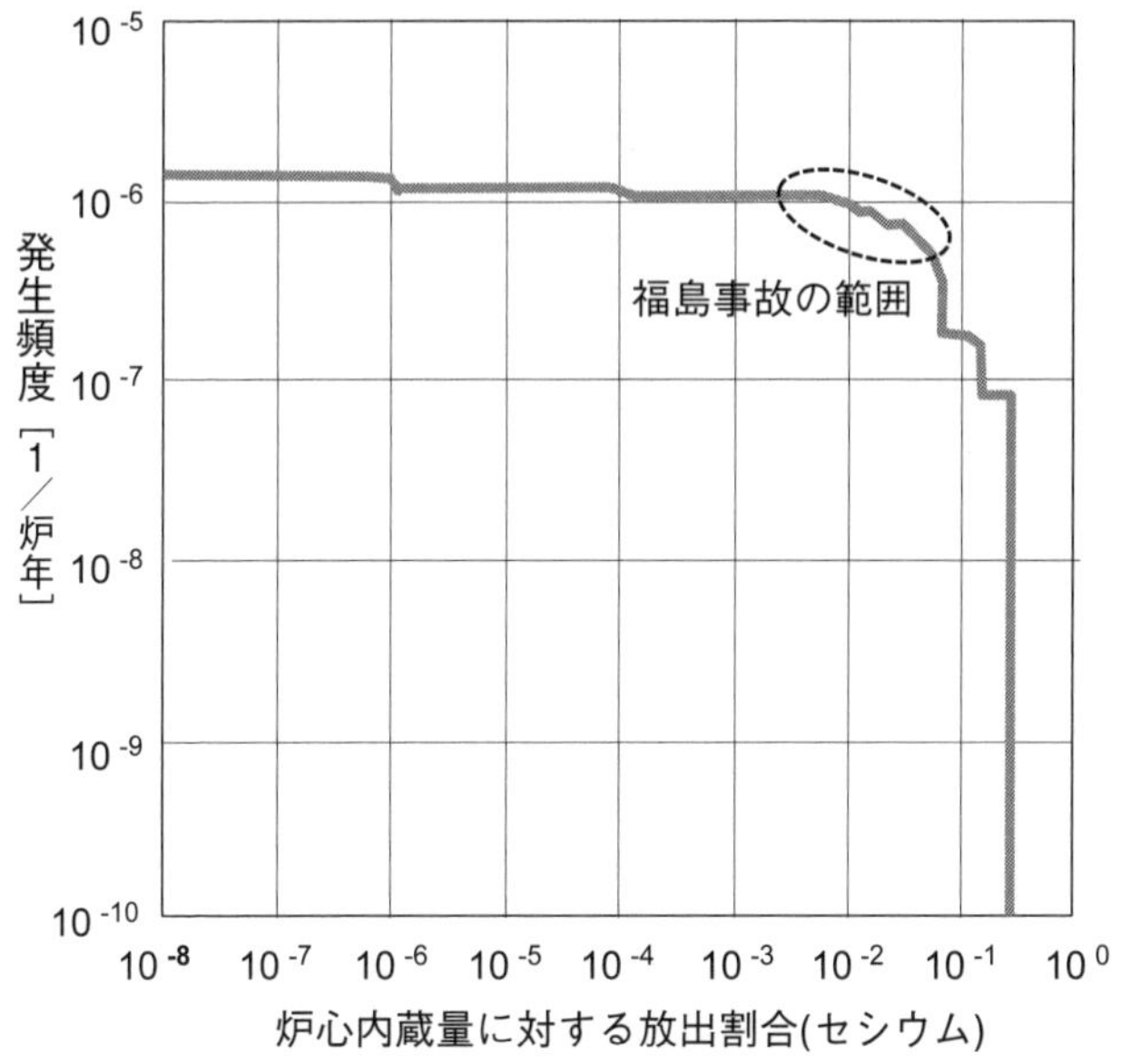

壊的事故が発生しているから、確率とすれば約五〇〇炉年に一回である。すなわち「専門家」の予測の一〇〇万炉年に一回よりも桁ちがいに大きい。原子力関係者はいわゆる「理工系」が多いので「絶対ゼロ」という断定はしないが、ひとたび破滅的な事故が起きれば対処不能となり被害が測り知れない規模になることも知っている。そこでみずからの不安を先送りするために編み出したのが確率論的評価であり、それは辛うじて福島原発事故前までは成り立ってきたが、福島事故で完全に破たんした。専門家こそが工学的思考を意図的に封印した観念論に陥っていたのである。

　しかし本心では不安であり説明の欺瞞性を自覚しているために、客観的な事実を突きつけられると「科学的」な説明を放棄して感情を前面に出した断定的・高圧的な態度を示す。前述の公開討論会の事例をはじめ、会場のフロアの聴衆の発言に対して激昂して口論する様子などがしばしば記録されている。

「東大話法」の造語で注目を集めた安冨歩（東京大学東洋文化研究所教授）も同様に「このような言い換え［注・原子炉の老朽化を「高経年化」とするなど］を随所で行うことで、国民を騙しているのはもちろんですが、それ以上に彼らは、自分自身を騙しているのです。そうなると、自分がやっていることが、正しいのか間違っているのかさえわからなくなり、「まわりの人がみんな、正しい、と言っているようだから、正しいのだろう」というような極めて無責任な判断停止が蔓延します。そして、欺瞞的な公式表現を用いない人を、「素人」と見なして見下すのです。このような事態が起きると、必ず悲劇が生じます[注35]」と指摘している。

【注】

1 総務省消防庁防災情報室「火災年報」各年版

2 道路交通でもトンネルや橋の崩落事故、土砂崩壊等では一度に多数の被害者が発生する場合があるが、これらは一般に「交通事故」には分類されない。

3 「三菱電機 裁量制の三人労災 一四〜一七年、過労自殺も 今春、全社で制度廃止」『朝日新聞』二〇一八年九月二七日

4 労働時間が労働者自身の裁量に委ねられる労働形態とされているが、一方で長時間労働を招くという

批判もある。

5　厚生労働省「労働災害発生状況」　https://www.mhlw.go.jp/bunya/roudoukijun/anzeneisei11/rousai-hassei/

6　加藤やすこ『シックスクール問題と対策』二〇一八年、ケイト・グレンヴィル著・鶴田由紀訳『香りブームに異議あり』二〇一八年、など。いずれも緑風出版

7　東海村に対して国・県から何の指示も情報提供もなく村長が独自判断で避難指示や移動手段の手配をせざるをえなかった。

8　梶秀樹・塚越功編『都市防災学　地震対策の理論と実践（改訂版）』学芸出版社、二〇一二年（ただし対象は地震中心である）

9　"World Risk Report 2017"　https://reliefweb.int/report/world/world-risk-report-2017

10　中央防災会議南海トラフ巨大地震対策検討ワーキンググループ「南海トラフ巨大地震の被害想定について（第一次報告）」　http://www.bousai.go.jp/jishin/nankai/taisaku/pdf/20120829_higai.pdf

11　中央防災会議南海トラフ巨大地震対策検討ワーキンググループ「南海トラフ巨大地震の被害想定について（第二次報告）」　http://www.bousai.go.jp/jishin/nankai/taisaku_wg/pdf/20130318_shiryo2_1.pdf

12　村越淳「〝諦めない町〟づくり」『月刊自治研』二〇一八年三月、四八頁

13　内閣府「平成三〇年版防災白書」付属資料より　http://www.bousai.go.jp/kaigirep/hakusho/h30.html

14　内閣府「国民経済計算」各年版より　http://www.esri.cao.go.jp/jp/sna/data/data_list/kakuhou/files/h10/12annual_report_j.html

15　内閣府「平成三〇年版防災白書」付属資料より　http://www.bousai.go.jp/kaigirep/hakusho/h30.html

16　加藤豊『例解ＡＨＰ—基礎と応用—』ミネルヴァ書房、二〇一三年、高萩栄一郎・中島信之『Ｅｘｃｅｌで学ぶＡＨＰ入門（第二版）』オーム社、二〇一八年など

17　高橋英明「地域の安全度の評価とリスクマネジメント」『安全工学』三四巻二号、八六頁、一九九五年

18　ＮＨＫ放送文化研究所世論調査報告書「高浜原発の再稼働に関する調査」二〇一五年一〇月、単純集

計表による。　https://www.nhk.or.jp/bunken/research/yoron/pdf/20170915_1.pdf
19　たとえば岡本浩一『リスク心理学入門』サイエンス社、二〇〇四年など
20　「放射能は心配ない⁉　福島〝洗脳〟シンポジウム仰天リポート」『女性自身』二〇一五年三月三日号、三九頁、
21　岡敏弘（福井県立大学経済学部・ビデオ出演）https://www.youtube.com/watch?v=rrpY2bQ1PgA
22　福島県伊達市「地域シンポジウム」第二回、二〇一五年二月二三日開催　http://dr-urashima.jp/fukushima/index2.html#wrapper
23　柴田義貞編・山下俊一監修『放射線リスクコミュニケーション　健康影響を正しく理解するために』二〇一二年、長崎新聞社、一一九頁、土屋智子「リスクコミュニケーション実践の留意点～原子力・放射線リスク事例を中心に～」
24　茅陽一「原子力と自動車の安全性」『日本原子力学会誌』五四巻八号、二〇一二年、一頁
25　一例として関根健夫『電力業界のクレーム対応とリスクコミュニケーション』日本電気協会新聞部、二〇一六年
26　土屋智子・小杉素子「市民と専門家のリスク認知の違い―二〇〇九年度調査結果報告―」電力中央研究所報告Y一一〇〇三、二〇一一年一一月
27　たとえば薬や遺伝子を細胞レベルで直接運搬する技術など。一方で倫理面の問題も指摘されている。
28　脱原発弁護団全国連絡会ウェブサイト・全国脱原発訴訟一覧　http://www.datsugenpatsu.org/bengodan/list/
29　佐田務「原発問題の社会学的考察〈現代〉を問い直すためのノート」『日本原子力学会誌』四三巻七号、二〇〇一年、六四六頁
30　広瀬隆『危険な話』八月書館、一九八七年、二二二頁『新版　危険な話―チェルノブイリと日本の運命』（新潮文庫）
31　二〇〇五年一二月二五日の佐賀県主催「プルサーマル公開討論会」「玄海原子力発電所三号機プルサー

マル計画の安全性について」録画よりそのまま文字起こししたもの。https://www.youtube.com/watch?v=UbZXLzYohkM

32　佐賀県「プルサーマル公開討論会に関する調査結果」二〇一一年一一月二二日　http://www.pref.saga.lg.jp/kiji00310533/3_10533_1_plucyousakekka.pdf

33　放出量の推定は、たとえば東京電力福島原子力発電所事故調査員会『国会事故調報告書（参考資料）』九七頁（ＣＤ―ＲＯＭ版）、二〇一二年九月等による。

34　原子力発電・核燃料サイクル技術等検討小委員会（第二回）・資料第一号、二〇一一年一〇月一三日より抜粋

35　安冨歩『原発危機と東大話法』明石書店、二〇一二年、三五頁

第二章　災害便乗事業

震災と惨事便乗事業

大規模な災害に遭遇した被災者の多くは茫然自失に陥り、冷静に判断する余裕を失う。そこに介入するのが「惨事便乗事業」である。たとえば阪神・淡路大震災の直後に、神戸のポートアイランド地区を中心に「創造的復興」という名目で行われたいくつかの便乗事業がそれに相当する。阪神・淡路大震災の復興過程を研究してきた塩崎賢明（立命館大学名誉教授）は、著書で阪神・淡路大震災の復興過程で指摘された多くの問題や活かすべき教訓が、東日本大震災の復興過程で活かされていないと指摘し「復興災害」と批判している。[注1] 古川美穂（ジャーナリスト）は東日本大震災以後、東北の各地で取材した事例を報告している。[注2]

取り上げられているのは、東北メディカル・メガバンク構想、宮城県の水産特区、仙台空港民営化とそれに関連するカジノ構想（その後中止）、釜石市への大規模ショッピングセンター（イオン）出店である。東北メディカル・メガバンク構想とは「遺伝子ビジネス」の一つである。これを運営する「東北メディカル・メガバンク機構」[注3]は東北大学内に二〇一二年二月に設立された。その構想は、東日本大震災の直後の二〇一一年六月に、「東日本大震災復興構想会議」で村井嘉浩・宮城県知事が「創造的復興」を掲げて要望したのが発端であるという。[注4] まだ避難所から出られない人が多数あり、東北はもとより東日本一帯でまだ人々が余震に肝を冷やしている時期である。同機構のウェブサイトでは「未来型医療を築いて東日本大震災被災地の復興に取り組む」としている。研究・地域医療支援・予防医学と関連研究・バイオバンク・ゲノム（遺伝子情報）解析・医療情報のＩＣＴ化（電子化・ネットワーク）・人材育成の部門を有するとともに、気仙沼・石巻などに八か所の地域支援センターも運営する。

早急に復興計画を立案することは必要であり、震災で人材や施設が不足した被災地に医師を派遣する事業など表面的には問題はないように思える。また震災では津波で医療情報の流失が発生したが、電子化すればそのようなトラブルは避けられ避難先でも医療情報が共有できるなど防災・減災の面から期待される機能もある。しかし古川の取材によれば、それらは「おまけ」あるいは口実であり、災害に便乗した遺伝子ビジネスが主である可能性が高いという。ヒト遺伝子の情報を集積する研究について、研究者や研究関連の企業、また間接的には建物を建設する企業などにはメリットがあるが、被災者には負担がかかるばかりでメリットがない。ではなぜバイオバンクが被災地と結びついたかというと、被災地は人の出入りが少なく三世代同居が多いので調査の対象として適しているという。しかしそれは研究者側の都合であって被災者には関係ない。さらに胎児のゲノムまで採取するという倫理的な問題も指摘されている。もともと調査自体が専門的な内容であり、実際に検体を集める際に住民には充分な説明がされなかった。

バイオバンクは専門用語では「コホート研究」の一種である。コホートとは特定の要因（たとえば放射線・飲酒・喫煙・電磁波など）に曝露した集団と曝露していない集団を一定期間追跡し疾患の発生率を比較する調査であり、因果関係が立証されれば疾患の予防の手がかりとなる。対象としてヒト遺伝子のデータに注目する調査がゲノムコホートである。東北メディカル・メガバンク構想では合計で一五万人の遺伝子情報を収集する計画であるという。しかし研究の目的からすればあえて被災地で実施する必然性はない。もとより倫理面の問題もあるが、かりに「研究者の都合」を優先するにしても、非日常的なストレスに晒されている被災地よりも、平穏な生活が続いている地域を対象としたほうがデータの信頼性からも望ましいはずである。それをわざわざ「復興」と結びつけて実施するのは、社会的に抵抗が予測されるプロジェクトを「どさくさまぎれ」に強行する意図があると推定される。

次に大規模ショッピングセンターが取り上げられている。岩手県釜石市は明治期の一八八〇年代から製鉄所が立地し、約一〇〇年にわたって「鉄の町」として戦前・戦後を通じて栄えてきたが、一九八九年に新日本製鐵（現・新日鐵住金）の主力設備の高炉が停止されて以降、鉄鋼産業としては縮小を続けていた。加えて二〇一一年三月の東日本大震災で釜石市は大きな被害を受けた。復興が必ずしも順調に進展しない中、二〇一四年三月に大規模ショッピングセンターの「イオンタウン釜石」が開店した。

「イオンタウン釜石」には四万六一〇〇㎡の延べ床面積に五六店舗が出店している。これには「復興特別区域（復興特区）」の制度が関連している。敷地はもともと新日本製鐵の用地で、大規模集客施設の建設が認められない用途規制があったが、復興特区の適用により立地が可能になった。他にも税制上の優遇を受けたり、避難所として防災機能を兼ねる等の理由から自治体（釜石市）の補助も受けている。イオンは釜石市のほか同年に陸前高田市、二〇一六年にいわき市にも大規模ショッピングセンターを開店している。

「イオンタウン釜石」は二〇一五年と二〇一八年に筆者も訪れたことがあり、たしかに近代的で便利である。また震災で多くの雇用が失われた中で地域の雇用を創出する効果もある。しかし商圏や街のたたずまいに比べてあまりにも規模が大きすぎる印象を受けた。自動車が普及した現代では、震災前から釜石周辺の住民は週末には県内の盛岡市や北上市に行ってしまうため市内はシャッター街の様相を呈していた。「イオンタウン釜石」はあるていどそれを食い止める効果はあるが、既存の商店街ではメリット・デメリット両論がある。打撃を受けたのはもともと震災被害で脆弱性を抱えていた仮設商店街であったという。津波で被害を蒙った後、「イオンという津波」がまた押し寄せてきたと批判する商店主もある。タウンのテナントに参加する選択もあったが、多くの個人商店主はテナント料などの費用やタウンの営業時間に対応する人件費の負担などの条件から断念した。

また同時期に開業した陸前高田市（イオンスーパーセンター陸前高田店）でも同様の問題が起きているという。さらに陸前高田市自体が、近くに三陸縦貫道ができて通過される場所になってしまった。地元の産直販売店「産直はまなす陸前高田」では、三陸縦貫道の開通で来客が二割減り、さらにイオンの開店で五割減った。[注5] 短期的には地域の住民には便利な商業施設として歓迎されるかもしれない。しかし別の地域では業績が不振となったイオン（佐賀県上峰店）が撤退する事例もあり[注6]将来にわたる継続性は確実ではない。

ほかに水産特区、仙台空港民営化、仙台カジノ構想（中止）が取り上げられている。「水産業復興特区（水産特区）」は震災からわずか二か月後に、やはり漁協との十分な調整もないまま村井嘉浩・宮城県知事が主導して始められた事業であり、漁業権を民間に開放して企業化するという構想である。村井はこの時点で「社会実験」と発言している。[注7] ただしこのような構想が二か月後に突然企画されたとは考えにくい。震災前から経団連関係者が提言していたという。[注8]

「ショック・ドクトリン」とは

この言葉はナオミ・クラインの著書『ショック・ドクトリン』[注9]で知られるようになった。ディザスター・キャピタリズム（災害便乗資本主義）という言いかたもある。すなわち災害に便乗して、人々が冷静に判断する余裕を失っている混乱に乗じて、大企業に利益を誘導したり社会制度を一挙に変える動きである。著書は米国の事例を中心に扱っているが、日本の阪神・淡路大震災、東日本大震災でもショック・ドクトリンの実例がみられる。自然災害だけでなく意図的に災害を起こすこともありうる。たとえば戦争や経済危機である。これらは、始めるのは意図的であっても、その後の展開は当事者にも制御できなくなるケースが多く、まさに災害の性格を帯びる。

日本では大規模な自然災害はこれまでにも珍しくなかったが、東日本全域が重大な影響を受ける自然災害（ことに津波被害）は少なくとも戦後では例がなく、さらに原子力災害は未経験の「ショック」が現実化した。同著の訳者あとがきでは「翻って今年の三月一一日、東日本大震災とそれに伴う津波および福島第一原発事故という未曾有の『ディザスター』に見舞われた日本にとっても、本書の内容は重くのしかかる。壊滅的な被害をこうむった東北地方の沿岸部と原発事故による広範囲にわたる放射能汚染に対し、復興・再建はいったいどのような道筋をたどってなされるべきなのか。同じ自然災害でも、アジアの津波やハリケーン・カトリーナの際のようなあからさまな惨事便乗型経済の発動は今のところ伝えられていないものの、復興の名を借りて住民無視・財界優先の政策を打ち出す自治体も出てきており、予断を許さない状況である。ショック・ドクトリンの導入が行なわれないよう、私たち市民は心して目を光らせてゆく必要があろう」としている。残念ながら前述のようにその懸念は的中した。

これと関連して、福島原発事故の発電所内外での処理作業や除染作業に関して、従事する労働者の被ばくの問題とともに、金銭面での不明朗な取り扱いが問題となっている。東電から第一次下請会社には一人一日当たり五〜一〇万円が支払われているが、多重下請けの結果として末端にゆくと一万円前後に目減りしてしまう例もあるという。[注10] ことに資格・免許や高度な技術を要しない除染作業に関してはそうした問題が多く報告されている。全く同じ状況がハリケーン・カトリーナによる災害に際して生じていたことが記録されている。

実際に仕事をする人々の手に入る金はほとんど残っていなかった。ジャーナリストのマイク・デイヴィスが追跡したケースを例に取ると、FEMA〔注・合衆国連邦緊急事態管理庁（Federal Emergency Management Agency）〕は破損した屋根にブルーの防水シートをかぶせる仕事を一平方フィート当たり一七五ドルでショー社に発注したが（防水シートは政府から支給）、下請け業者が次々と金を取ったあと、実際に防水シートを取り付ける作業に対して支払われたのは一平方フィートあたりわずか二ドルだった。「言い換えれば、この契約の〝食物連鎖〟においては、実際に仕事を行なう最下位を除くすべての段階に、異常なまでの大金が流れるということだ」とデイヴィスは書く。[注11]

一般に日本の危機管理体制は分野ごとに縦割りで連携の不足が指摘されるのに対して、FEMAは核戦争まで包括した統合的な組織とみなされ「日本版FEMA」の創設を提唱する議論もみられる。[注12]しかしハリケーン・カトリーナではFEMAの弱体ぶりが露呈した。FEMAはハリケーンよりも前に、正確にその被害を予測して、水の供給方法から被災者用のトレーラーハウスを収容できる空き地の選定までを網羅した詳細な避難・救援計画を策定していた。しかしその計画は、いわゆるコンサル企業に多額の費用を払って策定した机上の計画であり、実際にハリケーンが来た時には全く機能しなかった。[注13]これは日本でも福島原発事故に際して、事前に各都道府県・市町村で策定されていた原子力防災計画が全く機能しなかった状況と似ている。

国土強靱化災害

米国のショック・ドクトリンは新自由主義の暴走であるが、日本では事情が異なり「官製ショック・ドクトリン」と言うべきであろう。東日本大震災の後に提唱されアベノミクスの三本の矢の構成要素にも位置づけられた「国土強靱化」も典型的な災害便乗政策である。

一〇年間で累計二〇〇兆円（二〇一二年の計画時点）を公共事業に投資し、またそれによる需要創出でデフレ脱却の効果も合わせて期待するという。自民党は民主党政権下の二〇一二年に「国土強靱化基本法案[注14]」を提言していたが、政権に復帰後の二〇一三年に「強くしなやかな国民生活の実現を図るための防災・減災等に資する国土強靱化基本法[注15]」として成立させた。「一〇年間で二〇〇兆円」という数字そのものは法案に記載されていないが、強靭化の推進者により各所で提示されている。ただし成立した基本法の内容は当初の法案よりかなり後退している。法案では、法律の目的について「国土の強靱化に関する施策を総合的かつ計画的に推進し、もって我が国経済社会の発展及び国民生活の安定向上を図るとともに、今後長期間にわたって持続可能な国家機能及び日本社会の構築を図ることを目的とする」としていたところを、成立した基本法では、同様の理念はいちおう記述されているものの「基本理念を定め、国等の責務を明らかにし、及び国土強靱化基本計画の策定その他国土強靱化に関する施策の基本となる事項を定めるとともに、国土強靱化推進本部を設置すること等により、国土強靱化に関する施策を総合的かつ計画的に推進し〔後略〕」となっており、いわば「国土強靱化推進本部設置法」ていどの位置づけとなっている。

同法は防災・減災を掲げているものの、具体的にどこにどれだけ事業を実施すれば、どれだけ被害の軽減効果があるのかという方針もみられない。実際に基本法成立後の公共事業に関する国土交通省「箇所付け[注16]」をみるとまさに「バラマキ」である。いかに公共投資を増やすにしても、これでは限られた資源が分散され、真に優先すべき事業まで共倒れになる。会計検査院の二〇一七年度の決算検査報告書によると、二〇一五〜一六年度に杜撰な治山事業が計六四二件指摘されるなど、国土強靭化とは名ばかりの公共事業が漫然と続く実態がみられる。[注17]「国土強靱化」は一見崇高な目的を掲げているようにに見えながら、なぜそのようになってしまうのだろうか。「国土強靭化総合調査会第一次提言[注18]」には次の文言がみられる（強調部分は原文どおり）。

十二、国土強敵化を実現するため、自然科学、社会科学、人文科学、文化、芸術、教育などの分野を含むすべての分野の専門家を総結集して国土強靭化国民会議を設置する。

十三、国土強靭化計画を全国、ブロック、都道府県、市町村で策定する。

十四、国土強靭化への政治的、経済的、社会的、思想的な障害は除去する。最大の障害は無責任で幼児的な考えであり、「コンクリートから人へ」の政治スローガンに代表される反社会資本整備の思想である。

この文面から多くの人は「国家総動員法（一九三八年制定）」を連想するのではないか。言葉の類似性はもとより「国家が需要を提供する」「何が必要かは国家が決める」という中央集権的な発想がその特徴である。国民のニーズを反映した事業ではないために文化や思想の統制に依存せざるをえなくなる。そもそも「コンクリートから人へ」は反社会資本整備の思想ではない。各々の事業の決定の経過が透明性を欠き、直接影響を被る現地住民にすら情報を開示せず、あるいは虚偽の説明を用いてまで事業を強行する事例が後を絶たないことが問題とされてきたのである。この過程の改善こそが効果的な社会資本整備に必要であるにもかかわらず、強靭化の論者はその理解を欠き、正当な議論を「事業の邪魔」として忌避するのである。

また財政出動による公共投資を提唱する論者の多くは、同時にＴＰＰ（環太平洋パートナーシップ協定）に代表されるような米国主導の自由放任経済には強く反対している。[注19]ところが自民党政権はＴＰ

P参加も推進し、多くの分野で米国に追従する姿勢を示している。これについて強靭化論者は何と説明するのであろうか。結局のところ「強靭化」といっても都合のよい部分だけ政権を利用して関連業界に利益を誘導しているにすぎない。

政府の財政出動とは正反対の新自由主義的な経済政策を推進していた竹中平蔵（産業競争力会議メンバー・元経済財政担当大臣その他閣僚を歴任）までが国土強靭化の議論に登場し［（固定資本形成の対GDP比率は」今の水準でみる限りは、国際的に極端に低いとはいえない。しかし、決して高くはないと言っていいと思います」[注20]などと述べ、ケインズ的な国土強靭化に迎合する見解を示している。こうした整合性の欠如からみても国土強靱化は国民の生命・財産の保護は口実に過ぎず、日本版ショック・ドクトリンがその正体である。

たしかに一九七〇年代の高度成長期には、自由経済と計画経済の都合のよい部分を組み合わせたような「バラマキ」が機能した（公害や自然破壊などの負の側面を無視すれば）面がある。しかし当時と状況が大きく異なるのは、財政赤字が続き累積債務が膨張を続けている背景である。バラマキを拡大すれば高度経済成長を再現できると考えているのだろうか。なお強靱化の資料では言及していないが、マクロ経済の観点では軍備増強も公共事業の一種であり、強靭化は軍備増強への誘惑をもたらす。ただし現在の日本では主要な装備を米国から輸入しているため、軍備増強はマクロ経済にプラスにならない。この点は第九章で改めて触れる。

復興や防災・減災は優先度の高い政策であることは確かだが、その間に社会保障・教育など他の政策を止めるわけにはゆかない。合計で二〇〇兆円とされる財源を追加的に作り出すには、増税か公債によるしかない。公債を無秩序に発行すれば法案の趣旨である「我が国経済社会の発展及び国民生活の安定向上」「長期間にわたって持続可能な国家機能及び日本社会の構築」に重大な支障を及ぼす。財政出動を無限に続けることは不可能であり、それが終わった時の不況の圧力を貯め込むようなものである。逆に制御不能な貨幣・国債の信用き損、インフレなど経済・金融の混乱をもたらし国民生活に重大な損害を及ぼす。混乱は起きないとの主張はいずれも論理性がなく、「実際に起きるまでは起きていない」という循環論法に過ぎない。財政出動論者の主張は、原発のリスクが指摘されながら都合のよい楽観論（いわゆる「安全神話」）で対応を先送りして福島の惨事を招いた過程に酷似している。

二〇一八年一二月には、総理大臣官邸で国土強靱化推進本部及び重要インフラの緊急点検に関する関係閣僚会議が開催され、[注21]合わせて国土強靭化基本計画の改訂が公表された。[注22]二〇二〇年度までの三年間に取り組む緊急対策として総事業費約七兆円・一六〇項目が挙げられている。この中で、防止すべき重大な事態に追加された項目として「劣悪な避難生活環境、不十分な健康管理による多数の被災者の健康状態の悪化・死者の発生」「上水道等の長期間にわたる供給停止」「（北海道胆振東部地震の教訓から）発変電所・送電線網や電力システムの災害対応力強化及び復旧迅速化」等が遅まきながら加えられたことは評価できるが、その他は従来から指摘されていた施策の組み換えにすぎない。また原子力災害に関しての言及はない。

こうした中央集権的な計画の一方で、被災した住民の生活再建を妨げる問題が解決されない。二〇一八年夏の西日本水害（「平成三〇年七月豪雨」）で被災した広島県呉市の安浦町市原地区では、被災前から公営水道の供給が行われていない地域があり住民が水道施設を管理する簡易水道が導入されていたが、設備が被災して断水が続いている。復旧には多額の費用がかかるため住民は呉市に支援を求めているが、呉市では民間の水道の修理に税金は使えないとして復旧の見通しが立っていない。このため住宅に被害がなくても避難生活を続けている人や生活再建を断念して地区を離れる人が出ている。[注23]大規模公共事業よりも優先すべき多くの課題に注目すべきである。

オリンピックもショック・ドクトリン

ショック・ドクトリンの引き金は人為的に作り出すこともできる。東京オリンピックもその典型である。オリンピック招致の過程で、安倍首相はＩＯＣ（国際オリンピック委員会）総会における招致プレゼンテーションで「フクシマについて、お案じの向きには、私から保証をいたします。状況は、統御されています。東京には、いかなる悪影響にしろ、これまで及ぼしたことはなく、今後とも、及ぼすことはありません（官邸公式訳）」と述べている。[注24]福島原発事故発生直後には、東京でも水道水から放射性ヨウ素が検出されるなど明らかに実害が発生しており「いかなる悪影響にしろ、これまで及ぼしたことはない」との説明は明らかに虚偽である。

また開催費用の膨張もすでに現実化している。国は当初、オリンピックおよびパラリンピックに関する国の支出額を一一二七億円と説明していたが、会計検査院が二〇一七年度までの実績から試算したところ、八〇一一億円に上るとしている。東京都の負担分と合わせて総額では三兆円に上る見通しである。[注25]大規模かつ一過性の公共投資は、それが終わった後に不況を招く影響が懸念される。前回の東京オリンピック（一九六四年）後の経済成長率の急落もその一例であるし、過去の他の開催国でもオリンピックだけが要因ではないにしても終了後の不況が報告されている。

競技インフラが整っている条件を掲げて誘致したのに、競技用として、あるいは競技と関係が乏しいインフラまで便乗事業が行われ、そのために多くの無関係の人々の生業や生活が妨害されている。福島原発事故の直後に「原子力緊急事態宣言」が発出されて現在も解除されておらず、事故の処理や汚染の除去の見通しも立たないし被害者の救済も進んでいない。事故に責任を負うべき政府がオリンピックを利用して人々の関心を事故から遠ざけようとしている。

開催期間中は都内の鉄道や道路で混乱が予想される。オリンピック組織委員会は、都心の通行量を平日の一五％削減、さらに首都高速道路は二五％削減が必要としている。その対策として車両ナンバーの末尾の数字により通行を制限する案も提示された。これに対して家田仁（交通輸送技術検討会座長）は、利用者のニーズが反映されず公平性に欠けるとして反対する一方で「災害時に限らなくても日本人は団結できる。困った時に助け合う『共助の精神』こそが大切だ」としている。[注26]どのような対策を講じても期間中の混乱は不可避であろう。混乱をあえて持ち込んでおきながら、政権に対する批判を避けるために「共助の精神」を持ち出し、混乱するのは国民の協力が足りないからだという言い逃れを用意している。第十章でも改めて取り上げるが、一見は美風に思われる「共助の精神」が、ナショナリズムの高揚や政権の責任放棄の口実に使われないように注意すべきであろう。福島原発事故に際して「絆（きずな）」のキャッチコピーの下に汚染物質を全国で分かち合おうという動きが進められたことも同様である。

また政府は鉄道駅での手荷物検査の試行を始めるとしているが、これもオリンピックを口実にしている。[注27]平常時でさえ電車のわずかな遅延で混乱が発生する現状での手荷物検査は非現実的であるが、あえて混乱を作り出して人々の活動を規制するとともに、実利面では警備会社や検査装置メーカーへの利益誘導にもつながる。これもショック・ドクトリンの典型であろう。

東京オリンピック・パラリンピックに批判的な論者は多岐にわたる問題点を指摘している。[注28]スポーツとしての観点でも、ごく一部のエリート競技者に参加が限定され、パラリンピックさえも「日の丸」を背負ったメダル競争の圧力が加えられている。また競技者にとっても、監督・コーチと選手という閉鎖的な関係の下での精神的・身体的暴力が横行している実態はすでに多くの事例で表面化している。パラリンピックについては、障害者に対する関心や社会参加を促進するとの意義が掲げられているが、むしろ障害者と健常者、また障害者相互での分離・差別が助長される。競技そのものでなく「感動物語」を強調する伝え方（メディア）・受け取り方（観衆）は本来の意義に沿わないとの指摘もある。ましてバリアフリー設備の整備促進に役立つなどの理由は本末転倒である。

ボランティア活動に関しては、自主性、自発性に委ねられるべきであるにもかかわらず、学校の公式行事や授業・試験・単位等と関連づけたり、さらには参加せざるをえない心理的圧力を醸成して事実上の強制が行われることは重大なモラル違反であるとしている。また現在のオリンピックは大規模なスポーツビジネスとしての営利事業でありながら、非営利の原則に基づくボランティアに依存する不合理についても指摘されている。

オリンピックに便乗したさまざまな国民生活への干渉も懸念される。授与される予定のメダルの地金として、特に銀が不足すると見込まれるため、東京五輪・パラリンピック組織委員会の計画を受けて環境省は秋から小中学校に協力を呼びかけ、使用済みの携帯電話やパソコンの回収を強化するという[注29]。これに対して、学生ボランティア（学徒動員）・サマータイム導入（国家総動員）・打ち水（竹やり精神）とともに、戦時中の金属回収を連想させ、また学校を通じて行われることへの疑問が示されている。さらに二〇一八年一〇月には、東京都がパラリンピック・バドミントン部門の選手の過去のインタビューの一部を文脈抜きに抜き出して「障がいは言い訳にすぎない。負けたら、自分が弱いだけ」とのキャッチコピーを掲載したポスターを作成して掲示（後に撤去）するトラブルが発生した[注30]。選手個人の気持ちを恣意的に一般化して障がい者に向かって言い訳するなと強要しているような差別的なポスターといえる。何段階ものチェックを経て作成されるはずの公式掲示物にこのような表現が登場することは、関係者全体がオリンピック・パラリンピックの趣旨を理解していないことを示している。なおあわせて警戒すべきは、人々の関心がオリンピックに奪われている状況下で、国民に不利益をもたらす重要な決定が行われる可能性である。また天皇の譲位は自民党政権からの発案ではなく天皇の意思によるものであるが、社会の関心が改元に集中する蔭で同様に「改元ショック・ドクトリン」が行なわれる可能性もある。

福島原発事故の影響が残る状況でのオリンピック開催は、放射性物質に起因するさまざまな問題を引き起こす。野球（男子）・ソフトボール（女子）の開幕戦が福島で行われる。当初は開幕戦一試合のみであったが、二〇一八年七月三一日には森喜朗・大会組織委員会長が現地を視察し試合数を現在の計画より増やす意向も示している。室内競技ならまだしも、地面の土埃を吸入する可能性が高い野球・ソフトボールをわざわざ福島で開催する必要があるのだろうか。

予定会場である福島市の県営あづま球場に現状で最も近い測定点でのデータ[注31]によると、空間線量率は、事故直後より下がっているとはいえ現時点（二〇一八年七月）でも東京の平均値の二～三倍である。東京との差をセシウム137の地表沈着に起因するとして推定すると、土埃の皮膚付着による被ばくは約二マイクロシーベルト／時、土埃の吸入による被ばくは約〇・四マイクロシーベルト／時（成人の預託線量評価として）となる。わざわざ東京より線量が高い場所で、しかも女子の試合まで実施する必要があるのか。福島原発事故の影響を隠蔽する政治目的以外には、合理的説明が考えられない。

また、東京オリンピックの聖火リレーとの関連も指摘されている。[注32]二〇一五年一〇月一〇日に、福島県の浜通り地区でNPO法人「ハッピーロードネット」と地元の青年会議所の共同開催で、中高生が参加して国道六号線の全八区間・約五〇㎞のごみ拾い活動を実施した。[注33]避難区域となっている浪江町や富岡町の区域は大人が作業したという。

この活動に対して、特に未成年者への被ばくを懸念する個人や団体から中止を求める意見が多数寄せられたが、その後も毎年続けられている。しかも二〇一七年からは、主催者側が指定した報道関係者以外の見学・取材を固く断るとしている。[注34]主催者が有意義な活動と自認しているならば、なぜ隠れて実施するのだろうか。筆者は各地の国道・地方道を徒歩で調査する機会があるが、確かに道路脇にはペットボトルをはじめ飲食物のごみ、煙草の吸殻、さらには酒やビールの空容器まで散乱している。しかし、放射能の問題がないとしても、排気ガスと土埃を吸いながら子どもに運転者の非常識な行為の後始末をさせる活動が、楽しく住みやすい地域の実現になる（同団体の目的から）のか全く理解できない。国道六号線は二〇一四年九月に通行禁止が解除されたが「帰還困難区域内」の区間では二輪車・自転車・歩行者の通行は認められず、自動車でも停車して車外に出ることはできない。清掃活動ではこの区間は除かれているが、帰還困難区域を通行して粉じんが付着した車両がそのまま通行している傍らで、なぜわざわざ清掃活動を行う必要があるのだろうか。

また福島原発事故と東京五輪の別の関係として、増加する土木工事にかかわってセシウムが再飛散する懸念がある。事故発生当時、地表面へ降った放射性物質は一〜二年以内に五〇㎝から一ｍの深さへ沈むとの予測があったが、二〇一二年の日本原子力研究開発機構の報告[注35]によると、福島県と東北南部・北関東で実施した土壌調査からセシウムは大部分が五㎝以内の浅い場所に残存していたと報告された。

これを受けて福島県やその他の地域では「除染」として表土のはぎ取りが行われるようになったが、首都圏では行われていない。セシウムは首都圏の舗装面にも沈着していると考えられ、現在の空間線量率の源と思われるセシウムは半減期が長いので数年ていどでは放射線の減衰は少ない。東京都内で地上一ｍの空間線量率の定点観測を行っているデータ[注36]によると、上下水道、ガス、地下埋設の電気・電話工事、道路工事の現場付近で線量率の再上昇が観測された。報告者はオリンピック工事が本格化するとこうした影響がさらに増加するのではないかと指摘している。

「ショック改憲」のおそれ

自然災害は全体主義に利用される可能性が高い。関東大震災で甚大な被害を蒙った横浜市では、市長が震災後に公的な研究会である横浜市教育研究会に「震災後の精神教育上特に留意すべき事項」という諮問を行ったところ「皇祖尊崇の念を一層深からしめること」「国家的観念を一層深からしめること」「我家族制の特徴を闡明し一家親和の実を挙げしめること」など全一九項目の答申が示された。[注37]前述の「国土強靭化」でも、戦前回帰をめざす現在の極右団体が掲げるテーマと同じ内容が列挙されている。

新自由主義の代表的な論者のミルトン・フリードマンは、ある講演において経済の高成長を生む確実な方式として「戦争して一国の固定資本の大半を破壊し、全経済構造を解体せよ。この混沌からの復興は急速で、年率八〜一〇％にはなろう」と述べ、第二次大戦後の日本・ドイツ・旧ソ連等の高成長がそれにあたると指摘した。[注38]一般に戦争は外からやってくる脅威であり受動的な現象のように考えられるが、すべての戦争は「自衛」を口実に始められる。日本でも「緊急事態」を国内向けの統制手段に利用しようとする動きが着々と進展している。緊急事態になれば憲法を無効にして、国民の基本的権利を制限する戒厳令を施行し、それを恒久化することもありうる。安倍政権あるいは自民党がその意図を有していることは、自民党の改憲案（「日本国憲法改正草案」[注39]第九八・九九条）からも明瞭に読み取れる。「こんなに大変な事態になっているのに不平を言うな」という国内向けの圧力が目的である。

自民党の改憲案にある「緊急事態条項」は、一見すると外国の武力侵攻を念頭に置いているように見えるが、あらゆる機会を捉えて国民の権利を制限する意図を有している。同改憲案では下記のように記述されているが、ことに「その他」「等」「特に必要がある」等のただし書きを拡大解釈すれば、憲法に制約されず閣議だけであらゆる分野に無制限に適用しうる規定となっており、いわば憲法で憲法無視を定義することになる。

第98条（緊急事態の宣言）

内閣総理大臣は、我が国に対する外部からの武力攻撃、内乱等による社会秩序の混乱、地震等による大規模な自然災害その他の法律で定める緊急事態において、特に必要があると認めるときは、法律の定めるところにより、閣議にかけて、緊急事態の宣言を発することができる。

第99条（緊急事態の宣言の効果）

緊急事態の宣言が発せられたときは、法律の定めるところにより、内閣は法律と同一の効力を有する政令を制定することができるほか、内閣総理大臣は財政上必要な支出その他の処分を行い、地方自治体の長に対して必要な指示をすることができる。

政府・企業は自然災害がなければ意図的に戦争・紛争・政変を引き起こしてでもショック・ドクトリンを強行する。原発事故や大規模な自然災害はいつ起きるかわからないが、戦争・紛争・政変は人為的に作り出すことができる。北朝鮮の脅威はまさにショックとしてうってつけのものであった。今にもミサイルが飛んでくるかのような危機感が煽られ、日本の領土・領海に影響のないミサイル飛行に対しても「Ｊアラート」が発信され、「地面に伏せて頭を守れ！」等と実効性のない儀式のような国民保護訓練が幼児まで巻き込んで繰り返された。[注40] しかし二〇一八年以降の頭越しの米朝会談をはじめとして朝鮮半島の緊張緩和に向けた動きが高まると、今度は対象を中国に転換して危機感を煽り続けている。これは戦時中の「防空」とよく似ている。水島朝穂は著書『「内なる敵」はどこにいるか』[注41]で次のように述べている。

防空訓練の狙いは、空襲に対する備えというよりも、むしろ地方機関や市民を効果的に統制し、末端にまで管理を浸透させることに主な狙いがあった。「民間防空」ないし「国民防空」も、軍が行う「軍防空」と不可分一体の形で、国防目的に奉仕するものとして位置づけられていた。「民間防空」の目的は、国家体制の保護であって、国民の生命・財産の保護はその反射に過ぎなかった。

すなわち住民保護は最初から念頭になく、戦況が不利になるほどそれを中央集権体制の強化に利用したのである。

青森大空襲（一九四五年七月二八日）では、米軍の空襲予告ビラに反応して自主避難を試みた住民に対して、知事が防空法を根拠に罰則や配給の停止を掲げて帰還を強制したところに、実際の空襲が行われ多大な犠牲を生じた例もある。[注42]もっとも防空演習は一九二八年七月（張作霖爆殺事件[注43]の直後）から始まっているが、この当時はまだ対米開戦後のような全員参加型ではなく、消防出初式を見物するかのような態度の市民も少なくなかったという。[注44]また黒田康弘（高校校長等を歴任）によると対米開戦の一年前の時点でも、東京で一週間の防空訓練が始まると、訓練への参加を嫌って逃避する人々で熱海や伊東などの温泉宿が繁盛していたという。[注45]

【注】

1　塩崎賢明『復興〈災害〉阪神・淡路大震災と東日本大震災』岩波書店（岩波新書）、二〇一四年
2　古川美穂『東北ショック・ドクトリン』岩波書店、二〇一五年
3　東北メディカル・メガバンク機構ウェブサイト　http://www.megabank.tohoku.ac.jp/
4　古川（前出）三六頁
5　古川（前出）一六四頁
6　『朝日新聞（Web版）』二〇一八年五月二三日
7　古川（前出）七二頁
8　古川（前出）六五頁
9　ナオミ・クライン著、幾島幸子・村上由見子訳『ショック・ドクトリン―惨事便乗型資本主義の正体を暴く（上・下巻）』岩波書店、二〇一一年
10　和田肇「多重下請関係にある原発事故作業現場の法的問題」『学術の動向』二〇一四年二月、七二頁
11　ナオミ・クライン（前出）、（下）六〇〇頁
12　「やはりFEMAが必要だ（大機小機）」『日本経済新聞』二〇一八年七月二六日
13　ナオミ・クライン（前出）、（下）五九五頁
14　自由民主党ホームページ・政策トピックス「国土強靭化基本法案」　http://www.jimin.jp/policy/policy_topics/117114.html
15　http://elaws.e-gov.go.jp/search/elawsSearch/elaws_search/lsg0500/detail?lawId=425AC1000000095
16　「箇所付け」とは、公共事業の予算や補助金について、個別の事業別に、どこに・どれだけ予算が割り当てられたかを公表する数字であり、主に国土交通省や農林水産省の事業について行われる。実際には

その割り当ては「陳情」などによって影響されると考えられている。国土交通省「事業実施箇所（補正予算）」 http://www.mlit.go.jp/page/kanbo05_hy_000361.html

17 日経XTECK「お粗末な国土強靭化、検査院が治山事業の不備指摘」二〇一八年一一月一三日 https://tech.nikkeibp.co.jp/atcl/nxt/column/18/00142/00284/?n_cid=nbpnxt_mled_km

18 自由民主党国土強靭化総合調査会編『国土強靭化 日本を強くしなやかに』相模書房、二〇一二年四月、六頁。

19 藤井聡『列島強靭化論 日本復活5カ年計画』文春新書八〇九、二〇一一年、一六五頁、藤井聡『維新・改革の正体 日本をダメにした真犯人を捜せ』産経新聞出版、二〇一二年、二二頁～（第一章）、中野剛志『TPP亡国論』集英社、二〇一一年、中野剛志・三橋貴明『売国奴に告ぐ！いま日本に迫る危機の正体』徳間書店、二〇一二年など。

20 竹中平蔵「固定資本形成と日本経済」、自由民主党国土強靭化総合調査会編『国土強靭化 日本を強くしなやかに その2』相模書房、二〇一二年一〇月、六〇三頁。

21 官邸ウェブサイト「国土強靱化推進本部及び重要インフラの緊急点検に関する関係閣僚会議」https://www.kantei.go.jp/jp/98_abe/actions/201812/14kokudo_infra.html

22 「国土強靱化基本計画―強くて、しなやかなニッポンへ―」二〇一八年一二月一四日 https://www.cas.go.jp/jp/seisaku/kokudo_kyoujinka/pdf/kk-honbun-h301214.pdf

23 「豪雨3か月も簡易水道復旧せず」『ＮＨＫ（ＮｅｗｓＷｅｂ）』二〇一八年一〇月五日

24 首相官邸ウェブサイト「ＩＯＣ総会における安倍総理プレゼンテーション」 https://www.kantei.go.jp/jp/96_abe/statement/2013/0907ioc_presentation.html

25 「東京五輪 国支出額が八〇一一億円 国説明の七倍に」『毎日新聞（Ｗｅｂ版）』二〇一八年一〇月四日、ほか各社報道

26 「五輪渋滞、ナンバー規制案 ＩＯＣが対策提示」『東京新聞』二〇一九年一月一日号

27 「駅で手荷物検査 検討 五輪向け 政府、鉄道テロ対策」『東京新聞』二〇一九年一月六日

28 「二〇二〇東京五輪災害おことわリンク」ウェブサイトhttp://www.2020okotowa.link 「反五輪の会」ウェブサイトhttps://hangorin.tumblr.com
29 「銀回収ボックスに『金属供出か』 高まる不信」『毎日新聞』二〇一八年八月二七日
30 「障がいは言い訳　ポスター、批判で撤去」『毎日新聞』二〇一八年一〇月一六日、ほか各社報道
31 福島市ウェブサイト「市内の環境放射線量測定結果」 https://www.city.fukushima.fukushima.jp/kankyo-houshasen/bosai/bosaikiki/shinsai/hoshano/sokute/shinaisokute/20170318.html
32 http://happyroad.net/
33 「子供がセシウムを吸い込む〝被ばくイベント〟が福島で決行された！」『女性自身』二〇一五年一一月一〇日号、一六三頁 「地元高校生が強制参加？ 放射能に汚された福島〝6国〟清掃活動は美談でいいのか社会」『週プレＮｅｗｓ』二〇一五年一〇月一七日 https://wpb.shueisha.co.jp/news/society/2015/10/17/55093/
34 http://www.happyroad.info/2017/10/16/「みんなでやっぺ！きれいな6国２０１７」報道関係者
35 日本原子力研究開発機構「放出された放射性物質の分布状況等に関する調査研究結果」二〇一二年 https://fukushima.jaea.go.jp/initiatives/cat03/entry05.html
36 小川進・有賀訓・桐島瞬『放射能汚染の拡散と隠蔽』緑風出版、二〇一八年、一〇六頁ほか
37 岸本肇「学校と教育から見た二つの震災―関東大震災と阪神大震災の比較考察―」東京未来大学研究紀要、二〇一〇年第三号、四頁（原典は大日本教育通信社「教授資料・関東大震災史」一九二三年・横浜市教育研究会「震災と教育」『教育研究紀要特別号（第二輯）』一九二五年等）
38 市村真一、ローレンス・クライン『日本経済のマクロ計量分析』日本経済新聞社、二〇一一年、一九四頁。
39 自民党憲法改正推進本部ウェブサイト　http://constitution.jimin.jp/draft/
40 上岡直見『Ｊアラートとは何か』緑風出版、二〇一八年

41　水島朝穂『「内なる敵」はどこにいるか　国家的危機管理と「民間防衛」』三省堂ぶっくれっと一一五号、一九九五年、水島朝穂・大前治『検証防空法　空襲下で禁じられた避難』法律文化社、二〇一四年

42　「青森空襲を記録する会」ウェブサイト　http://aomorikuushuu.jpn.org/

43　一九二八年六月四日に中華民国（当時）奉天付近で、日本の関東軍が奉天軍閥の指導者張作霖が乗車した列車を爆破して暗殺した事件。

44　原田勝正（第八章）「総力戦体制と防空演習―「国民動員」と民衆の再編成―」（原田勝正・塩崎文雄編『東京・関東大震災前後』日本経済評論社、一九九七年）三七四頁

45　黒田康弘『帝国日本の防空対策』新人物往来社、二一九三頁

第三章

避難を「権利」で考える

避難と権利

福島原発事故の後、同県いわき市の市役所に「被災者帰れ」のスプレー落書きが発見された。事故の後まもなく、筆者が首都圏の飲食店を利用したところ、そこの客と従業員が「あいつら（原発被災者）は補償金をたんまり貰っているんだぞ」とうわさ話に興じていた。各地で今も続く避難児童・生徒に対するいじめ[注1]は大人の意識の反映である。こうしたいじめは必ずしも原発との関連にとどまらず、阪神・淡路大震災の際にも、古くは敗戦後の外地からの引揚者に対しても記録されており、[注2]災害と避難に関する人々の基本的な認識が問われるべきであろう。原発にかぎらず災害に伴う避難では「被災者なのだから我慢すればいい」という発想がみられる。これと表裏一体の関係として被災者に対する支援も「憐れみ・施し」にとどまっているように思われる。避難を権利として総合的に考えるべきではないだろうか。

大きな災害に伴って「避難」は必ず発生する。筆者は福島原発事故以後の原子力政策に関して課題の一つである避難計画を検討し著書[注3]にまとめたが、避難は原発事故だけでなく自然災害の多い日本では期間と規模の差異はあっても常に発生している。本章では「避難は権利」という観点から論じる。その「権利」にはいくつかの側面がある。

第一には避難に際して安全な移動手段（方法）や適切な情報を提供される権利である。第二には避難先での環境の改善である。避難が一～二日で解消し、実害なしにそのまま自宅に戻れるケースもあるが、それでも実際に遭遇すれば大変なストレスをもたらす。まして避難が年単位に及び、さらには「移住」を余儀なくさせられるケースもある。二〇一一年三月には東日本大震災とそれに続く福島原発事故が発生し、今なお本来の居住地を離れて収束の見通しが立たない避難状態が続いている人々が多数残っている。

短期的に身体の安全を確保するための避難は不可避であるが、二〇一八年夏の西日本水害（「平成三〇年七月豪雨」）に際して注目されたように避難所の環境は劣悪（冷暖房の不備、トイレ不足や不衛生、狭いスペースに密集した就寝、災害弱者に対する対応の不足など）である。日本の避難所の設備が国連の難民キャンプの水準を下回ることは以前から指摘されてきた。熊本地震（二〇一六年四月）の際に避難所やその周辺で性被害が多発していたとの報告もある。[注4]良識を欠いた加害者が一定の割合で存在することは、呼びかけや注意では防止できない。多数の世帯がプライバシーのない避難所でごろ寝する状態は、問題が現実化する誘因となる。またそうした状態を予想して避難を躊躇することにより、派生的に被害を拡大する可能性もある。

避難の初期の段階は、徒歩にせよ自動車にせよ人が動く現象であり、物理的には交通の問題である。しかし各種の地域防災計画やその下位のマニュアル類・防災施策等においては、人の移動について十分な考察がなされているとはいえない状況である。災害時の避難を権利として捉えることは交通権学会で先駆的な検討が行われている。交通権学会では一九九八年に「交通権憲章」を提起し、その第二条に「安全性の確保」の項目があり「人は、交通事故や交通公害から保護されて安全・安心に歩行・交通することができ、災害時には緊急・安全に避難し救助される」と記述されている。第二条の前段は交通に起因する日常的なリスクを対象としているのに対して、後段は災害が発生した後の人の移動を対象としている。

憲章の策定は一九九五年の阪神・淡路大震災（兵庫県南部地震）の記憶が未だ新しい時期という背景もあり、避難交通を人権の側面から位置づけた考え方は先進的であった。しかし、二〇一一年三月に東日本大震災（東北地方太平洋沖地震）が発生し、続いて発生した原子力災害における広域・長距離・大規模な避難に関しては、過去の自然災害に対する経験では対処できない多くの問題が発生した。現在でも原子力緊急事態に対応する各自治体の広域避難計画では移動手段の目処が立たず苦慮している。

国土交通省の資料では避難の時間的経過を「緊急対応期（発災後概ね一週間）」「応急期（発災後概ね一週間から一か月）」「復旧期（発災後概ね一か月以降）」と分類している。[注5] 避難とは、地域の避難所まで移動すれば完了するのではなく、その先の「避難所に行ってからどうするのか」という面でも多くの課題がある。一〜二日で帰宅できる程度なら仮眠設備で間に合うかもしれないが、大規模な自然災害では長期の避難生活が必要になる。被災者に対する制度的な対応として一九四七年に制定の「災害救助法」の法体系がある。同法でいう「救助」とは、避難所や応急仮設住宅の供与、食品や飲料水の供給、生活必需品の給与・貸与、医療や助産、被災者の救出、被災した住宅の応急修理、生業に必要な資金等の給与・貸与等である。従来は大規模災害といえども都道府県単位で対処する想定であったと思われるが、福島原発事故では地理的・時間的な被害の拡大が発生して今も国レベルで多くの課題が未解決となっている。

人間の生活には最低限といえども衣・食（水）・住が必要である。発災直後は備蓄品の利用を主とするとしても、二～三日以降は「避難」から「生活」の段階となる。この段階では救援物資・生活用品の配送や廃棄物の処理など、すなわち物の移動が大きな問題となってくる。さらに「生活」避難が長期化すると「居住」の段階となる。この段階では日常交通の手段、例えば自動車が利用できない人のための移動手段等が問題となる。

いつまで「体育館にごろ寝」なのか

大前治（弁護士）は、災害大国とも言うべき日本で避難が「体育館生活」が常態であって、海外の避難所とは大きな格差があることを指摘している。[注6] 大前によると、二〇〇九年四月のイタリア中部ラクイラ地震では約六万三〇〇〇人が避難したが、これに対して四八時間以内に六人用のテント約三〇〇〇張が設置され、最終的に六〇〇〇張が提供された。テントは約一〇畳の広さで、電化されてエアコン付きである。またテントに避難したのは約二万八〇〇〇人であり、他に約三万四〇〇〇人がホテルでの避難を指示された。その費用は公費で負担される。日本では慣習的に床に直接寝ることに抵抗感が少ない違いはあるが「平成三〇（二〇一八）年七月豪雨」の避難所で指摘されたように、猛暑の下にエアコンもなく体育館に密集して寝るという日本の実態はイタリアと比較して大きな差がある。なお同年七月一一日に安倍首相は被害の多かった岡山県倉敷市・真備町の体育館を視察したが、その前夜にそれまでなかったエアコンが急に設置されたという。[注7]

また平成三〇年七月豪雨の直前、同五月にはＮＨＫで「避難所の女性トイレは男性の三倍必要～命を守る「スフィア基準」」の特集記事が発表されている。[注8] ひとまず身体の安全が確保されるはずの避難所に関して「命を守る」との文言があるのは、避難所の環境が劣悪なために生じる災害関連死に注目しているからである。ここでも日本の避難所は難民キャンプ以下との指摘がある。「平成二八年熊本地震」（二〇一六年四月）では、二一一人（二〇一八年四月現在）が「災害関連死」と認定され、建物の倒壊など地震の直接死者の五〇人に対してその四倍に達している。

「スフィア基準」とは、スフィア（Sphere）すなわち国際的に被災者が安定した状況で尊厳を持って生存かつ回復するために提供されるべき最低の基準を述べたものである。アフリカ・ルワンダの難民キャンプでの死者の発生を契機に国際赤十字社（赤新月社）などＮＧＯが共同で作成した。内容はＪＱＡＮ（支援の質とアカウンタビリティ向上ネットワーク）ウェブサイトで解説されているが、スフィア基準は単に「避難所の設備マニュアル」ではなく、基本的な人権の概念を記述したものである。[注9] その経緯からして途上国を念頭に置いた基準であり、先進国では当然達成されている基準と考えられるにもかかわらず、先進国であるはずの日本でその基準にすら達しない状態が続いている。たとえば避難所の一人あたりの面積は基準では三・三㎡となっているが、日本では一般に二㎡で計算され、中には一畳（一・六㎡）にも満たないケースもみられる。ホール等の固定椅子（横臥できない）の床面積を単純に割り算で計算しているケースもあった。このほかトイレの設置などに関しても基準を下回っている。ダンボールによる仕切りの設置も次第に進められているが、[注10] まだ「ごろ寝の改善」の段階にとどまっている。

平成三〇年七月豪雨では広島県で一〇八人の死者が発生した。しかしその中には避難指示が発出されていても避難しなかった人が多くあり、広島県の調査によると、土砂災害による死者の半数近くがもともと被害の想定されていた「土砂災害警戒区域」などで被災し、避難情報も行動に結びつかず、「逃げ遅れ」が被害を拡大したと判断した。大雨特別警報が発令された七月六日一九時四〇分から、各市町が避難指示などを出し終えた二二時三〇分までに、実際に避難所へ行った住民は、呼びかけた対象者二二六万九六〇九人のうち五七八八人しかいなかったという。[注11] 避難の遅れあるいは避難放棄の一因として「正常性バイアス」が指摘されている。変化に敏感に反応せず異常事態も過小評価して「自分は大丈夫」と平静を保とうとする心の働きであり、一面では人間が日常生活を平穏に営むための防衛本能の一つでもあるが、このために被害が発生する場合がある。また「昔は大丈夫だった」という経験から避難しないなど「経験の逆機能」が働いた可能性もある。[注12] しかし避難に消極的になる理由は「正常性バイアス」よりも、避難所の環境が劣悪であることが周知の事実であるため、できれば避難所に行かずに済ませたいという心理が強く作用していると考えられる。この点から多々納裕一（京都大学防災研究所）は「行きたいと思う避難所を」と提案している。[注13]

〔避難所のイメージは一般に暗く、汚く、疲れる場所です。本気で避難を促すならば避難の負担を軽くし、行くのが楽しみになるぐらいの工夫をすべきだと主張しました。バーベキューができたり、温泉や誰でも使いやすいトイレがあったりすれば、避難する人の割合も上がるのではないでしょうか。空振りになっても「まあ、皆無事でよかったな」と思えるものです。

今回の災害でも避難所の環境はあまり改善されていません。最初は段ボールベッドさえなかったようです。現状では避難の負担や心理的ハードルが高すぎます。国がそこまで面倒をみる必要があるかという意見もあるでしょうが、避難の頻度が高いところは、考えていいと思います。

日本の災害救援は基本的に自治体（市区町村）が中心となるが、NHKの別の特集ではイタリアの例を紹介している。[注14] イタリアでは、一九八〇年のイルピニア地震（一九八〇年一一月二三日・死者二五〇〇人以上）では直接死より関連死が多かった反省から、災害対策の見直しが行われた。自治体中心の災害対策から市民保護の国家機関を設立し、国が直接関与する体制に移行させた。他の欧米諸国もほぼ同様に国が主導して行っている。次いで二〇〇九年のラクイラ地震（二〇〇九年一月〜四月にかけて断続的な地震、死者三〇〇人以上）では、仮設トイレが発災当日に届き、暖かい夕食が当日夜に提供された。簡易ベッド、シーツ、枕と毛布のセットがテントと一緒に翌日までに準備された。こうした対応が可能となった理由は、①避難所には四八時間以内にテントやベッド、仮設トイレや食堂などを提供しなければならないことが法律に明記してあること、②支援物資が大量に備蓄されていること、③災害支援物資を運搬・配布する「職能支援者」が多数いることが挙げられている。

「職能支援者」とは、調理人・運転手などの技能を有し災害時の対応訓練を受けて国に登録している市民で、イタリア全体では三〇〇万人が登録している。ボランティアと異なり交通費や報酬が提供される一方で義務もある。日本では予備自衛官がこれに似た性格を持つが定員は約五万人であり規模的には桁ちがいである。また職能支援者は、自治体職員への過剰な負担を緩和する効果もある。東日本大震災に際して各地でみられたように、自治体職員は自分自身も被災者であり、家族の安否が不明でも救援のために何週間も泊まり込みで救援作業に従事しなければならない。あるいは「自分の家族の安否も不明な中で町内会長の仕事を果たさなければならなかった」「小学校が避難所になると、そこの教職員が避難所を運営しなければならない」「同じくＰＴＡの女性が中学生を避難所運営に手伝わせた」等の報告がある。[注15] これらは防災体制の不備が露呈したものであり、決して美談では済まされない。また「防災隣組[注16]」として近隣の助け合いを強調する考え方（第十章参照）もみられるが、国でなければ実施できない設備や制度の整備が不十分なままで、責務だけを市民に転嫁してはならない。阪神大震災以降、ボランティアの重要性が認識されたが、「緊急対応期」には宿泊・食事を自前で用意できないボランティアは逆に現地の負担を増す可能性があるため、その後の「応急期」「復旧期」に関して慎重に対応すべきであろう。どの役割を果たせる人が何人集まるか事前に計画が立てられないボランティアよりも、公的な体制が構築されているほうが効果的な救援が可能と考えられる。

このような問題に対して、東日本大震災の経験をもとに内閣府で「避難所の確保と質の向上に関する検討会」が開催されるなど検討は行われている。[注17] しかし優先的な政策課題として反映されることもなく、二〇一八年七月の西日本水害では再び同じ問題が発生している。

オスプレイより従来型ヘリを

熊本地震で初めてオスプレイ（ＭＶ―22）[注18]が実際に災害派遣に使用された。在日米海兵隊岩国基地のＭＶ22が、陸上自衛隊高遊原分屯地（熊本県益城町）や海上自衛隊のヘリコプター搭載型護衛艦「ひゆうが」を経由して南阿蘇村の白水運動公園に着陸し物資の輸送を行った。オスプレイはヘリコプターのように垂直離着陸（滑走路を必要としない）が可能であるとともに、固定翼機（通常の「飛行機」）なみの速度と航続距離を持つとされている。しかし防災の観点ではオスプレイの利点はない。空地さえあればどこでも離着陸できるわけではなく、地表面の状況や周辺の障害物（建物・地形など）などの制約がヘリコプターよりも厳しい。またヘリコプターのような細かい動きができないので着陸に三倍ほどの時間がかかる。[注19] たとえば岩手県岩泉町の水害（二〇一六年八月）では福祉施設の屋上にヘリコプターが強行着陸して救助活動にあたったが、オスプレイではこのような活動はできない。さらに機体の自重がヘリコプターよりも大きい一方で、最大搭載量・最大搭乗人数とも劣る。

福島原発事故で上空から冷却水の投入を試みたり、御嶽山噴火[注20]で登山者の救出に従事したのは自衛隊の従来型ヘリコプターであるチヌーク（CH―47型）である。そもそも福島原発事故や御嶽山での飛行のように突発的で未経験の任務は、パイロットや運航関係者が十分に慣熟した機体だからこそ、多少の無理を承知で従事できたのであり、米国でもまだ実績の乏しいオスプレイに多くは期待できない。

飛行速度が高いことも、防災の観点からは特段の利点ではない。後述するように救援物資は末端の現場に現物が届かなければ意味がない。従来型ヘリならば離着陸できる場所でもオスプレイは離着陸できない場合があり、そこから先の被災現場までの総合的な時間として短縮にならなければ、飛行速度や航続距離のメリットは意味がない。あくまで従来型ヘリコプターの補助になるだけである。

オスプレイは従来型ヘリコプターに比べて構造が複雑で整備費用がかかる。陸上自衛隊が導入を計画するオスプレイの一七機に対して、防衛省は二〇年間使用として修理費用を一四七六億円と見積もっている。五年に一度のオーバーホールを想定すると一回約二九億円にあたる。これに対してチヌークは一回あたり一・三億円ていどであるという。また米軍普天間基地に所属する海兵隊のオスプレイが日米共通の整備拠点である陸上自衛隊木更津駐屯地で定期整備を受けているが、当初予定の七か月を過ぎても完了できず既に一年七か月が経過（記事取材時点）しているという。[注21]オスプレイ一機の価格でチヌークが二機あるいはそれ以上買えることを考慮すれば、数が勝負になる防災はもとより本来の防衛任務に対しても、オスプレイの利点を強調する根拠はない。熊本地震でのオスプレイの登場は、国情に合わない高額の機体を米国から買わされた経緯（第九章参照）を正当化する政治的デモンストレーションである。

災害弱者の課題

障害者・高齢者の避難が困難を伴うことは今に始まった問題ではないが、阪神・淡路大震災を契機に「災害弱者」の概念が注目された。『平成三（一九九一）年度版防災白書』では次のような状態にある人を「災害弱者」として例示している。

○自分の身に危険が差し迫った場合、それを察知する能力がない、または困難な者
○自分の身に危険が差し迫った場合、それを察知しても適切な行動をとることができない、または困難な者

○危険を知らせる情報を受け取ることができない、または困難な者
○危険を知らせる情報を受け取ることができても、それに対して適切な行動をとることができない、または困難な者

この時点では「災害弱者」という用語にとどまっていたが、後述するように法律の改正等を経て現在は「避難行動要支援者」と呼ばれている。

日常生活に他者からの支援を常時必要とする障害者等は「最初の一泊をどこにするかが生命にかかわる」との指摘がある。[注22] 内閣府は二〇〇六年に「災害時要援護者の避難支援ガイドライン」[注23]を作成したが、東日本大震災に際して高齢者や障害者の死亡率が被災住民全体の死亡率の約二倍に達するなど、まだ実効性は十分ではない。

こうした経験から二〇一三年に災害対策基本法の改正と合わせてガイドラインが改訂[注24]された。同法では「高齢者、障害者、乳幼児その他特に配慮を要する者」を「要配慮者」と定義し、そのうち「自ら避難することが困難な者であって、その円滑かつ迅速な避難の確保を図るため特に支援を要するもの」を「避難行動要支援者」としている。市町村が実施すべき内容が拡大され「避難行動要支援者名簿（以前の「要支援者」から名称変更）」の作成が市町村の義務とされることとなった。現時点では大部分の市町村で整備されているが、熊本地震（二〇一六年四月）では庁舎自体が被災して名簿が利用できなかった等の課題も指摘されている。

内閣府防災情報のページでは「災害時要援護者の避難支援ガイドライン」が提示されている。これ

らに基づいて市町村では「災害時要援護者支援プラン」「個人避難支援プラン」を策定することになっているが、整備はまだ充分ではない。

一方で災害弱者の側からみた改善すべき点も指摘されている。[注25] 避難指示が発出された地域に居住する住民でも、家庭の事情や避難所生活の不安、移動そのものが危険（常時介護が必要）などの理由から残留を希望する住民もあり、どのように対処すればリスクが最小となるのか課題は多い。電気・水道などライフライン途絶に加えて、生活用品・ガソリン・介助用品の不足や、それから派生する介助者の派遣困難などが健常者に比べてより深刻な影響をもたらす。

東日本大震災時に際しての災害弱者の避難に関する記録は多数あるが、報道から一例を示す。茨城県つくば市の障害者自立支援団体では、県内の市町で生活する約三〇人の会員のうち避難所を利用した障害者はいなかったという。避難所に障害者の対応設備がない、必要な支援が受けられない、さらには「他の避難者に迷惑をかける」等の心理的抵抗もあるという。[注26]

現在も「福祉避難所」の制度がある。これは阪神・淡路大震災の経験から旧厚生省で提唱され、前述の「要配慮者」を対象として市区町村が開設する。もともと要配慮者に対応する設備が設けられている高齢者施設等が指定される場合が多い。しかしこれまで発生した大規模災害ではこれらが適切に活用されていないという。[注27] また運用方法として要配慮者はいったん一般避難所に行き、そこで福祉避難所の開設を待って移動することが想定されているが、これは要支援者にとって大きな負担となる。最初から福祉避難所を開設し、必要な人は直接そこへ向かえばよいと考えられるが、大規模災害時には市区町村の人手が足りない、福祉避難所の運営方法がわからない等の理由から福祉避難所の開設が遅れ、あるいは開設されない場合があるという。また混乱時には一般避難者も福祉避難所に殺到するなどの問題もみられる。

分秒単位での行動が求められる津波避難では、避難所を利用するにしてもそこまでどのように辿り着くかにも課題がある。東日本大震災の例でいえば、三陸地域は昔からたびたび津波の被害を受けているが、車いすが屋外での移動手段として常用されるようになってからの大規模な津波は東日本大震災が初めての経験である。岩手県大槌町の例では、車いすの高齢者が避難所に続く道の階段を上れず津波に流された。地元町内会では以前から対策の必要性を訴えていたという。[注28]また岩手県宮古市田老地区の記録によると、神社（高台）への階段入口に車いすが並んで入口を塞いでしまったため避難してきた人が上に上がれずに流されたという証言がある。[注29]

食物アレルギーへの対応の問題もある。これは東日本大震災でも問題となったがその後も大きな改善がなく、熊本地震（二〇一六年四月）・西日本水害（二〇一八年七月）・北海道胆振東部地震（二〇一八年九月）でも「避難所にいる食物アレルギーの子どもたちの食べるものがない」との訴えが寄せられた。[注30]短期間であれば自宅の備蓄を利用できるが、長期化すると避難所での生活が困難となる。東日本大震災での反省から、国や都道府県でもアレルギー対応食の備蓄が行われているが、現場の市町村では対応が十分ではないという。ある人は「避難所には親族が犠牲になったり、自宅が流されたりした人もいる。そうした状況の中で、アレルギー対応食はありますか？とは聞きづらい」と述べている。これは前述の障害者の避難と同様に「他の避難者に迷惑をかける」という懸念から避難所の利用をためらうケースと似ている。こうした事態を改善するためにも「避難は権利である」という認識を強調してもよいのではないか。

物資も人権

人間の生命・健康はたとえ最低限といえども衣・食（水）・住に依存しており、現場に現物が届かなければ、どれほど備蓄があっても意味をなさない。大規模災害時には、短期的には支援物資等の需給のミスマッチ、中・長期的には避難所や集落から生活関連施設へのアクセス性の低下がみられる。生命・健康の保護が防災対策の最優先の課題であるとすれば、前述の「スフィア基準」でも指摘されているように物資の供給も人権問題である。

国土交通省によると、東日本大震災における東北地域の被災地では、食料の七割、水の六割がトラック輸送によるものであった。多くの救援物資がトラックで輸送できた背景として、重要な輸送道路の復旧率は震災翌日には九〇％に達しており緊急車両が通行可能となっていたためという。しかし救援物資が不足している地域や避難所に救援物資が届かないケースが発生した。被災者に対する必要な物資の送達が滞ったのは、むしろ現地側の問題があったことが指摘されている。すなわち、必要な物資の情報が適切に共有されないことによる需要と供給のミスマッチ、一次集積場所の不足、雑多な形態（一つの箱に種類の異なる物品が梱包され仕分けに労力がかかる）で届けられたことによる混乱などである。

岩手県宮古市（人口約五万六〇〇〇人）での救援物資の配送に関する事例が報告されている。[注31]県は救援物資の一次拠点を滝沢村（現・滝沢市）の「アピオ」に設置し、二次拠点を「新里トレーニングセンター」に設置した。一方、盛岡〜宮古間の国道一〇六号線は通行可能であった。また米国第七艦隊は宮古市内の小山田地区に物資を揚陸した。宮古市の記録によると、一次・二次および自衛隊・米軍による拠点までの供給は円滑に行われた。しかし二次拠点の「新里トレーニングセンター」に物資が滞留し、発災から二週間経過してもなお末端への配送が停滞した。その他の地区でも同様の報告がある。二次拠点となった「新里トレーニングセンター」の状況が図3―1の写真のように記録されている。[注32]

また大規模災害時には救援物資の調達・配送に関して行政だけでは対応が困難であり、内閣府の中央防災会議は民間企業との間で災害協定を締結するように推奨している。この観点から東日本大震災における災害協定の機能実態等を調査した報告もある。具体的には、宮城県の仙台市、石巻市、亘理町における救援物資の状況と震災前の災害協定の締結状況を調査し、今回の震災時にどのような問題が発生したのかを整理した。その結果、民間企業との物資に関する災害協定のうち、東日本大震災時に機能した協定は、仙台市が二二件中二件、石巻市が一六件中五件であり、特に全国展開している企業（スーパー・コンビニチェーン等）との協定が機能していることが判明した。[注33]

また東日本大震災では東北地域で長期にわたってガソリン不足が発生した。分析によるとガソリン不足の主要因は、東北太平洋側の港湾で大きな被害が発生し復旧に時間を要したため、西日本からの転送の失敗が大きな要因であったと推定されている。[注34] 福島市内での体験者によると、発災直後には水・食料の不足が深刻であり「ガソリンがないと水も食料品も入手できない」事態が発生した。給水所の場所が遠く人力で運べる水の量が限られたり、食料品を求めて市内を巡る行動が必要となったが、

図３—１　満杯となりパンク状態の二次拠点

かりに自動車があってもガソリンの不足により思うように動けなかった。報告者は「ガソリンこそが命の水」と表現している。[注35] これは自動車が利用できない人にとってはさらに深刻な問題となる。また報告者は、一般にライフラインと認識される電気・水[注36]の他に、商店（食料品店）もライフラインであり、大型店進出による既存商店街の衰退もライフライン脆弱化に関連すると指摘している。今後予想される南海トラフ地震など広域大規模災害に対して、被害想定と救援物資輸送計画の検討も行われているが、今後なお検討を要する課題である。[注37]

原子力災害と避難

原子力災害における避難に関しては、まず被ばくを避けることが優先課題であるが、放射性物質の放出量が多ければ避難が長期化する可能性が高いため「避難した後にどうするか」が大きな課題となる。被災者に当座の住居を供与することは「災害救助法」で都道府県の義務として定められているが、同法は一九四七年の制定であり原子力災害は想定されていなかった。また他の都道府県にまたがる避難や市町村全体が避難する事態も想定されていなかった。このため福島原発事故の避難者に対しては「災害救助法」の拡大解釈・運用として応急仮設住宅が供与されることとなった。「仮設」と称しているとおり公有の空地に設置されたプレハブ村のような設備を想定したものである。ところが原子力災害については避難期間がどれだけ継続するか見通しが困難ということもあり、公営住宅や借り上げ賃貸住宅も「みなし仮設」として利用することとなった。災害救助法で「供与」と記載されているように無償で提供されてきたが、二〇一七年三月以降に供与の打切りが提示された。

「原子力災害対策特別措置法」その他の原子力関連の法体系でも、原発事故の区域外避難者[注38]に対する住宅の供与は考慮されていない。また避難者の支援の観点からは、物理的な住居があればいいというものではなく、多岐にわたる支援が求められる。二〇一二年六月に「東京電力原子力事故により被災した子どもをはじめとする住民等の生活を守り支えるための被災者の生活支援等に関する施策の推進に関する法律（略・子ども被災者支援法）」が民主党政権下で成立・施行された。

これは国・自治体の指示によるだけでなく区域外避難者の「避難の権利」を認めたものである。本来の同法の考え方では国による避難指示区域よりも広い範囲を対象とし、そこに留まる・避難する・帰還する等の選択の権利を尊重し、各々の選択に応じた支援をすべきことが規定されている[注39]。特に子ども（および胎児）の健康影響の未然防止、健康診断および医療費減免などが盛り込まれた。対象となる範囲は「支援対象地域」と呼ばれ「その地域における放射線量が政府による避難に係る指示が行われるべき基準を下回っているが一定の基準以上である地域」とされている。これを数字で示せば、制定当時の避難指示の基準は年間二〇ミリシーベルトであるが、これを下回る地域も対象となる。少なくとも福島県は全域該当するという議員答弁もなされている。[注40]

ところが法律本体には理念・方針が記述されているのみで、具体的な施策の内容は「基本方針」を以て定めることとなっていたため、内容面の実効性はその基本方針に依存することになった。政府の担当省庁では「実質的には何もしない」という方針を舞台裏で策定していた。二〇一三年一月には具体的な施策の「基本方針」を策定することになっていたが、二〇一二年一二月の政権交代を契機として自民党政権は被災者の支援に消極的となったことから、その策定が引き延ばされた。

二〇一三年三月には「基本方針」ではなく「原子力災害による被災者支援施策パッケージ[注41]」が策定されたが、その内容は従来から存在していた施策を各省庁の縦割りで列挙しただけではないかとの批判が聞かれた。続いて法律で規定された「基本方針」の案が提示されたのは二〇一三年八月になってからであり、同一〇月に閣議決定された。この段階で、法律に記載されたとおりの支援が実施される支援対象地域は、いわき市など福島県の「浜通り」と、福島市・郡山市など「中通り」の三三市町村に限定された。また「汚染状況重点調査地域（年間一ミリシーベルト超）」とされる茨城県や栃木県、千葉県も外された。このように、自民党政権が復活した以後は、被災者支援の範囲と内容は狭められる一方で、「復興」の優先が表に出てくることになる。

今も福島県による公式報告値でも県内避難者九三二三人・県外避難者三万二七六八人（二〇一九年

一月末)[注42]が自宅に戻れず避難生活を送っている。政府が指定した避難区域(地点)から避難した人と、それ以外で個別の判断により避難した人がいるが、いずれも放射能の影響、特に子どもやこれから出産の可能性がある女性に及ぼす影響の懸念は同じである。逆にさまざまな事情から、放射線の影響を懸念しつつ福島にとどまり、あるいは家族が分かれて二重生活を余儀なくされている人々も少なくない。それにもかかわらず国と福島県は、避難の線量基準を緩和し、一般公衆の被ばく限度である年間一ミリシーベルトをはるかに超える年間二〇ミリシーベルトまで許容するとともに、汚染された住宅や土地から放射性物質を取り除く「除染」が進展したとして、一部(帰還困難区域)を除いて避難地域の指定解除を実施した。その結果として、もともと避難区域から政府の指示によって避難していた人も今後は「自主避難者」とみなされ、もともと自主避難者であった人とともに支援が打ち切られる。政府の「原子力災害からの福島復興の加速に向けて改訂(二〇一五年六月一二日)」によると「二〇二〇年の東京オリンピックを念頭に置いて」と記述されているが、福島事故の被害者がなぜ「東京」オリンピックに協力しなければならないのか。

福島原発事故の被災地の汚染状況について、個人でも容易に測定できる数値は空間線量率であるが、現在でも福島県内は首都圏と比べれば数値は全体に一桁高く、局所的にはさらに高い場所がある。空間線量率から推定できる量は外部被ばくであるが、それだけではなく内部被ばくはより深刻である(第五章参照)。前述の政府資料では「帰還に向けた安全・安心対策」を掲げているが、もともと法律に基づいて一般公衆の被ばく限度を年間一ミリシーベルト(第九章参照)と定めているのに、それを大幅に緩和して年間年間二〇ミリシーベルトまで問題ないとして「安全・安心」とはいかにも無理があるのではないか。

【注】

1 横浜市教育委員会・いじめ重大事態に関する再発防止検討委員会『いじめ重大事態に関する再発防止検討委員会報告書』 http://www.city.yokohama.lg.jp/kyoiku/bunya/jidouseito/290321shiryo.pdf

2 安岡健一「引揚者と戦後日本社会」『社会科学』四四巻三号、三頁、二〇一四年一一月

3 上岡直見『原発避難計画の検証』合同出版、二〇一四年

4 「熊本地震　避難所で性被害続発　泣き寝入り多数か」『毎日新聞』二〇一八年四月一七日

5 国土交通省総合政策局「地域のモビリティ確保の知恵袋　二〇一二〜災害時も考慮した「転ばぬ先の杖」〜」参考資料編「A地震・津波による被害が甚大な沿岸地域における交通サービス等提供状況」 http://www.mlit.go.jp/sogoseisaku/soukou/sogoseisaku_soukou_tk_000037.html

6 大前治「自然災害大国の避難が『体育館生活』であることへの大きな違和感　避難者支援の貧困を考える」『現代ビジネス』講談社、二〇一八年七月一〇日 https://gendai.ismedia.jp/articles/-/56477

7 田中龍作ジャーナル「【倉敷・真備町報告】これが安倍首相訪問の前夜に付いたクーラーだ」 http://tanakaryusaku.jp/2018/07/00018498

8 ＮＨＫ　Ｎｅｗｓ　Ｗｅｂ　ＮＨＫ特集「避難所の女性トイレは男性の三倍必要〜命を守る『スフィア基準』」二〇一八年五月一日 https://www3.nhk.or.jp/news/web_tokushu/2018_0501.htm

9 ＪＱＡＮ（支援の質とアカウンタビリティ向上ネットワーク）ウェブサイト https://jqan.info/documents/others/

10 『河北新報』「いのちと地域を守る　防災・減災のページ」二〇一八年一一月一一日

11 『毎日新聞』二〇一八年八月二〇日

12　同記事、広瀬弘忠・東京女子大名誉教授（災害リスク学）
13　多々納裕一「行きたいと思う避難所を」朝日新聞「オピニオン＆フォーラム」「みんなが避難するには」二〇一八年七月二七日
14　解説アーカイブス「人道的な避難所設営と運営を」（視点・論点）　http://www.nhk.or.jp/kaisetsu-blog/400/299804.html
15　『河北新報』「いのちと地域を守る　防災・減災のページ」二〇一八年一一月一一日
16　山村武彦『近助の精神　近くの人が近くの人を助ける防災隣組』金融財政事情研究会、二〇一二年、一八三頁
17　内閣府「避難所の確保と質の向上に関する検討会」http://www.bousai.go.jp/kaigirep/kentokai/hinanzyokakuho/index.html
18　基本型のＶ―22のほか、米海兵隊向けのＭＶ―22Ｂ、米海軍向けのＨＶ―22Ｂ、米空軍向けのＣＶ―22Ｂ等がある。
19　清谷信一「オスプレイの拙速導入は、安倍政権による濫費」『東洋経済オンライン』二〇一四年九月五日　https://toyokeizai.net/articles/-/47070
20　二〇一四年九月二七日に御嶽山が噴火し、火口付近で登山者ら五八名が死亡し約二五〇人が取り残された。
21　「横田基地に正式配備　オスプレイによる際限なきコスト増」『日刊ゲンダイＤＩＧＩＴＡＬ』二〇一八年一〇月二日　https://www.nikkan-gendai.com/articles/view/news/238565
22　鈴木絹江（ＮＰＯ法人ケアステーションゆうとぴあ理事長）発言「市民による女川原発の安全性を問うシンポジウム　Ｐａｒｔ２」二〇一六年五月二九日
23　内閣府「災害時要援護者の避難支援ガイドラインについて」二〇〇六年三月　http://www.bousai.go.jp/taisaku/youengo/060328/index.html
24　内閣府「避難行動要支援者の避難行動支援に関する取組指針」二〇一三年八月　http://www.bousai.go.jp/taisaku/hisaisyagyousei/youengosya/h25/pdf/hinansien-honbun.pdf

25 「ゆめ風基金」ホームページ・「障害者　防災の資料」　http://yumekazey.web.fc2.com/
26 「災害弱者はどう乗り切ったのか」『常陽新聞』二〇一一年四月三日
27 鍵谷一「福祉避難所を考える―活用されない福祉避難所」『ガバナンス』二〇一八年一一月号、一一〇頁
28 「避難阻んだ三九段」『東京新聞』二〇一一年六月一五日
29 （特非）立ち上がるぞ！宮古市田老「東日本大震災―二〇一一年三月一一日平成三陸大津波田老伝承記録」二〇一四年五月、七頁
30 ＮＨＫ ＮｅｗｓＷｅｂ特集「避難所でわが子は生きていけない」二〇一八年一〇月四日　https://www3.nhk.or.jp/news/web_tokushu/2018_1004.html?utm_int=tokushu-web_contents_list-items_025
31 伊藤秀行・Wisetjindawat Wisinee・横松宗太「大規模災害時下における避難所への支援物資供給とそのロジスティクスのパターン」第五三回土木計画学研究発表会・講演集（ＣＤ―ＲＯＭ）、二〇一六年五月
32 宮古市ホームページ　http://www.city.miyako.iwate.jp/data/open/cnt/3/2940/1/17-33p_2syo_taioujyoukyou_keika.pdf
33 日本交通政策研究会「大規模災害時の物資輸送を考慮した道路整備計画に関する研究」『日交研シリーズ』、日本交通政策研究会Ａ―五五五、二〇一二年一一月
34 赤松隆・大澤実・長江剛志・山口裕通「巨大災害時のガソリン不足に対する戦略とその社会経済評価：東日本大震災における実証分析」第五二回土木計画学研究発表会・講演集（ＣＤ―ＲＯＭ）、№Ｓ―１、二〇一五年一一月
35 東日本大震災後の福島市民生活　http://www2.educ.fukushima-u.ac.jp/~abej/ErdB.htm#kaimono
36 市街地では都市ガスもライフラインに挙げられるが、この報告者はＬＰＧを使用しており当面支障がなかったためガスには触れていない。
37 荒木一視・岩間信之・楮原京子・熊谷美香・田中耕市・中村勉・松多信尚『救援物資輸送の地理学』ナカニシヤ出版、二〇一七年
38 政府の設定した避難区域外からも放射線の影響を懸念して避難した人々があり一般に「自主避難者」と

呼ばれるが「必要がないのに勝手に避難した」との印象を与えかねないことから「区域外避難者」と呼称してほしいとの要望が当事者から提起されている。

39 ＦｏＥ Ｊａｐａｎ「原発事故子ども・被災者支援法のポイントと課題」 http://www.foejapan.org/energy/news/120621.html#06

40 「福島県は全地域含まれる」（森雅子議員、二〇一二年六月一五日、衆議院東日本大震災復興特別委員会）との答弁より。

41 復興庁「原子力災害による被災者支援施策パッケージ」 http://www.reconstruction.go.jp/topics/post_174.html

42 避難者の数は報告主体や集計範囲によって異なるが、数字は福島県の報告による。把握されていない避難者を加えるとさらに多いと考えられる。 http://www.pref.fukushima.lg.jp/site/portal/shinsai-higaijokyo.html

第四章

人災としての水害

減らない水害

図4―1に水害による死者・行方不明者と経済的被害（一般資産・営業停止・農作物・公共土木施設・公益事業の合計）の推移を示す。[注1]人的・経済的被害とも収束する傾向にはなく依然として大きな被害が生じている。現在ではレーダー画像や衛星写真と天気図を重ねて容易に見ることができるので天気図と気象現象が一体化している印象を受けるが、一九六〇年代前半まで台風の位置や進路は、降雨・気圧・風速などの点データから天気図を描く「想像図」に過ぎず、局地的な豪雨等は予想も困難であった。

一九六五年から富士山レーダーが、さらに一九七七年から気象衛星『ひまわり（現在は第九号）』が運用を開始し、気象現象を直接観測できるようになった。こうした観測技術の進歩がありながら被害が減らないのはなぜであろうか。また実際に氾濫が生じた場合、避難対策の改善により人的被害は防止・軽減が可能であるが、家屋・事業所・農地などの水没で人々の生活基盤が一挙に失われる経済的被害は防ぐことができない。また水害被害密度（一平方kmあたりの被害額）も増加傾向にある。理由として末次忠司（山梨大学研究推進・社会連携機構）は都市水害の増加が原因としている。[注2]また気候変動による物理的な影響力の増大も指摘されている。気象庁の定義では時間あたり雨量五〇mm以上を「非常に激しい雨」としているが、近年は気候変動の影響で極端な雨の降り方（時間あたりの降雨量）の増加、降水量そのものの増加、施設計画の想定を上回る洪水の発生頻度が増加し、このまま推移すれば

図4—1　水害による人的・経済的被害とダム整備状況

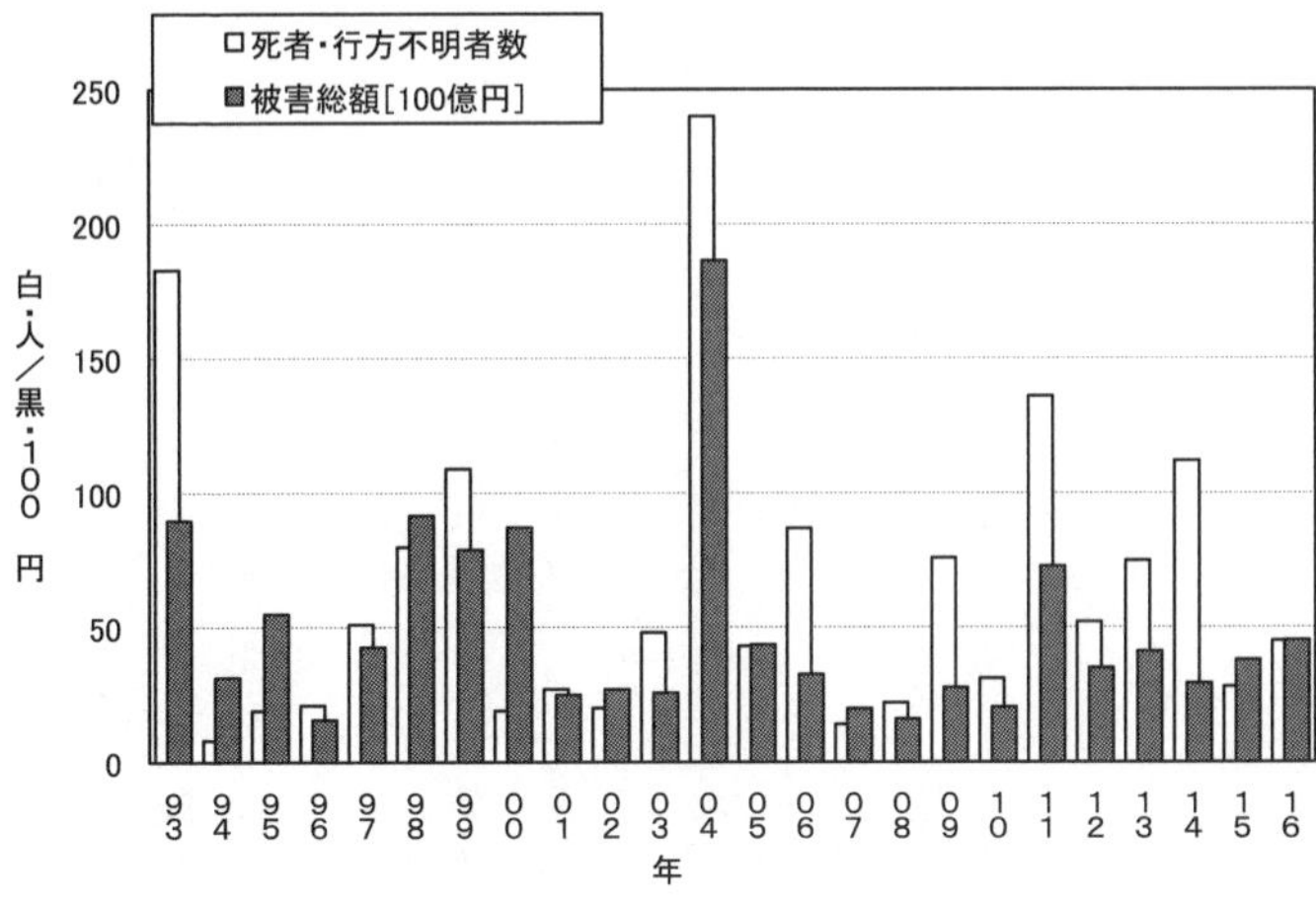

将来はさらに深刻化するものと予想されている。[注3]二〇一二年六月からは「これまでに経験したことのないような大雨」との用語も用いられている。

水害の形態と防災

「水害」は文字通り水の破壊力に起因した災害であり、津波も物理的作用は同じであるが、一般には台風・豪雨など大気中の気象現象に起因する氾濫・高潮を指す。氾濫には「外水」「内水」の区別がある。これは堤防を境にして水が外から来るか中から来るかの相違である。外水は河川の水が堤防を越えて市街地や農地に侵入する状況であり、内水は市街地の降雨が排水路や下水管の処理能力を超えて溢れるなどの状況である。外水氾濫のほうが被害が甚大・広範囲に及ぶケースが多いが、河川の水位が上昇すると市街地などの排水が困難になるため外水氾濫が内水氾濫を誘発する場合もある。

河川の流量が増加した場合、一定限度までは堤防によって氾濫を防ぐことができるが、さらに降雨が続いて流量が増加すれば水が堤防を越えて越流を起こし、続いて破堤（いわゆる決壊）に至る場合もある。ただし堤防の抵抗力が大きければ瞬間的な破堤を起こさず、かりに越流が生じても時間あたりの氾濫量が抑制されるので避難時間の確保や被害面積の局限が期待できる。水害に対するハード的な防災対策は「貯める（増水をダムで受け入れる）」「流す（河川を整備して流下能力を増す）」「止める（堤防で氾濫を防ぐ）」が挙げられる。ただしハード対策を講ずるにしても資源・費用・時間は有限であるから全体的な優先順位や最適化を考慮しなければならない。

さらにハード対策の計画の前提を超えた気象条件には対応できないので、次の段階の防災として「逃げる（避難）」を考慮する必要がある。ただし避難では人命を救うことはできるが経済的被害を防ぐことはできない。このため本質的には浸水の可能性のある場所には少なくとも住宅など生活の基盤を設けず、最初から物理的破壊力を受けないように「免れる（免災）」の思想が提唱される。[注4] この考え方は今に始まったものではなく古くから指摘されているが、現代社会ではこの考え方が希薄になり、後述するように住宅はもとより避難所が危険区域に設けられている例も少なくない。

嶋津輝之（水源開発問題全国連絡会共同代表）は下記の諸点から「人災としての水害」と指摘している。すなわち、①ダムは計画を超えた洪水が来ると洪水調節機能を失う。下流ではダムの洪水調節効果を前提とした流下能力しか確保されていないので、ダムが洪水調節機能を失うと氾濫必至となる。②ダムは洪水諦節機能を失うと放流量を急激に増やすため、下流の住民が避難する時間を奪う。③上流のダムによる洪水調節効果は下流では大きく減衰し下流部の氾濫防止にはほとんど寄与しない。④河川予算の大半をダム建設に配分する政策の影響で河川改修が遅れ、近年では鬼怒川水害（二〇一五年九月）・西日本水害（二〇一八年七月）等の要因となっている。

ダムの現況と機能

河川法では堤高が一五m以上の設備が「ダム」と定義され、それに満たないものは「堰」であるが広義には双方がダムと通称される。『ダム年鑑』によると二七四九基（二〇一五年。ただし年鑑では一部の堰と遊水地も集計）である。[注5]この中には空海が改修したとして知られる香川県の「満濃池（まんのういけ）（八二一年）」もダムの定義に該当するため集計されており、日本では治水・利水が古くから重視されてきたことを示している。

日本のダムはこれまでいくつかの理由で推進されてきた。一九六〇年代までは電力用として建設が進められたが、その後は火力発電が優勢になり新たな大規模発電ダムは建設されなくなった。次いで高度成長期の生活用水と工業用水の需要の増加が挙げられたが、高度成長期でさえ実績は予測を大きく下回った。高度成長が終わり、製造業の海外移転や水の消費量が多い業種の生産減少からもはや工業用水は理由にならない。次に農業用水の確保が掲げられたが、これも需要は減少を続けている。定期的に発生する都市部の渇水対策も理由に挙げられたが、これについてもダムの寄与は少なく根拠が乏しいことが指摘されている。[注6]たとえば東京都の上水道の一日最大給水量は一九九二年の六一七万㎥をピークに減り続けている。東京都は二〇〇三年に将来の需要を六〇〇万㎥と予測し、二〇一二年に若干下方修正して五九二万㎥としたが、近年の実績は五〇〇万㎥以下となっている。将来も東京への人口の一極集中が続く予測に従うとしても、水供給の面からは新たにダムを作る必要性は説明できない。残るのは「治水」すなわち水害の防止にはダムが必要という理由である。ことに全地球的な気候変動による降雨の激甚化が指摘され、それに対応してダムが必要という主張もある。

ダムに求められる機能は、洪水調節による防災（宅地・農地）・灌漑（農業用水）・上水道・工業用水・発電・消流雪用水・レクリエーションなどがある。「治水ダム」は洪水調節機能のみを受け持つタイプで、通常は原則として貯水量がなく空であり、貯水量＝洪水調節容量となる。「利水ダム」は発電・上水道・工業用水・農業用水などの機能を受け持つタイプで、通常時でも満水で使用される場合があるため原則として洪水調節機能は持たない。これらを複合した機能を持つ「多目的ダム」もある。多目的ダムでは、一定の貯水率までが利水容量であり、その上に洪水調節容量が加わる。『ダム年鑑（前出）』によると、洪水調節および農地防災用の単機能ダムは一一一基であり、その他の複合目的ダムで洪水調節および農地防災の機能を有するダムは七四六基である。またダムの所有・管理者は国（国土交通省および地方局・沖縄開発庁・農林水産省および地方局）のほか都道府県・市区町村・水資源開発公団・電力会社・電源開発株式会社・その他企業など多岐にわたる。よく知られる例としてはJR東日本が所有・管理する信濃川発電所が首都圏の鉄道用電力を供給している。このほか砂防ダムや治山ダムがある。砂防ダムは山からの流出土砂を止める目的で、基本的に貯水せず土砂を貯める構造となっている。砂防ダムでも一般ダムに匹敵する巨大な施設もある。また治山ダムは砂防ダムと似ているが、川底や川岸の土砂崩壊を防ぎ背後の森林の保護を目的としている。

図4―2は「平成三〇年七月豪雨（西日本水害）」により大きな被害が発生した愛媛県肱川水系に設けられている鹿野川ダムの例である。鹿野川ダムは発電と洪水調節の機能を有する多目的ダムで、平常時には季節による区分として洪水期（六月〜一〇月）と非洪水期（それ以外）の設定がある。これと別に気象情報から異常な降雨が予想される場合は洪水時の設定となる。非洪水期の平常時には図の①のように洪水調節容量として六五〇万㎥を見込んで①の水位で運用される。洪水期には予め水位を下げて②で運用される。さらに気象情報から異常な降雨が予想される場合には予め放流してさらに水位を下げた洪水時の③で運用され、これより上が流入の増加量を受け入れる容量となる。死水容量とは、発電用のダムで落差を大きくするために最低水位をかさ上げする目的で設けられる水位である。ただし同ダムは発電機能を廃止して容量の一部を洪水調節に転用する工事中であった。また河川の水には土

図4―2　鹿野川ダムの運用方式（計画）

図4—3　貯水量と洪水調節容量の類型

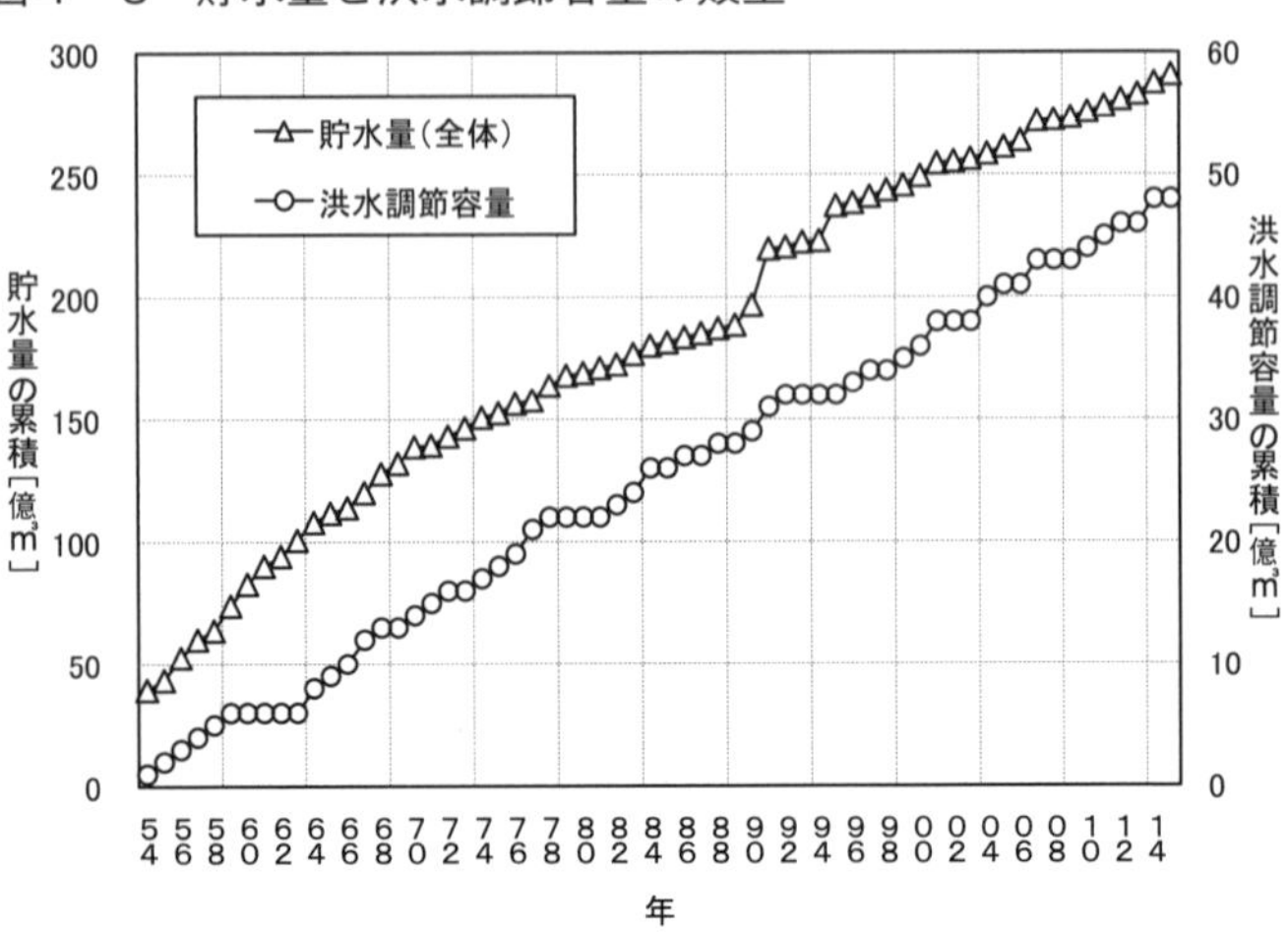

砂が混入しているためダムには次第に土砂が堆積し、総貯水容量のうち一部は堆砂のため埋まってゆく。通常は一〇〇年分の容量を想定しているが、近年は森林の荒廃による土壌保全機能の低下と一方では人工林による表土侵食の影響で、土砂の流入が想定よりも増加しているとの指摘もある。鹿野川ダムでは図に示すように一二〇〇万㎥の堆砂容量が見込まれているが、二〇一五年度末での堆砂量は四二二万㎥である。[注7]

図4―3は、ダムによる貯水容量[注8]（全体）と末次（前出）による洪水調節容量[注9]の全国合計の一九五四年以降の累積である。ダムの貯水容量・洪水調節容量とも一貫して増加しているにもかかわらず、水害による人的・経済的被害の軽減とは連動せず、しばしば甚大な被害を生じている。

鬼怒川水害・西日本水害等に際して、インターネット上では民主党政権による「事業仕分け」で公共事業を制約したために水害を招いた等のデマが流布されたが、図にみられるように民主党政権でダム建設が停滞した影響はみられない。それより以前には田中康夫・元長野県知事（二〇〇〇年一〇月～二〇〇六年八月）による「脱ダム宣言」の提案もあったがこれも大きな変化は及ぼしていない。治水事業はきわめて長期にわたるため短期間の政策で急激な方向転換が生じたわけではない。それではダムの整備をさらに推進していれば水害が防げたのだろうか。自民党による六〇年以上にわたるダム優先・ハード対策優先の防災政策が適切であったのかを総合的に検証する必要がある。

「貯める」対策の限界

ダムへの流入量は上流側の流域の雨が集まる自然現象であるから人為的にコントロールできない。一方でダムからの放流量はゲート操作で調節できる。上流での降雨が増加してダムへの流入量が増加した場合は前述の洪水調節容量を利用して貯留するが、想定した貯水量（洪水調節容量）を超える流入があって貯水池（ダム湖）が満杯になってしまったら、その後は流入しただけ流出させるしかない、すなわちコントロールの余地がなくダムが存在しないのと同じになる。これは「異常洪水時防災操作（ただし書き操作）」と呼ばれ、これを実施する流入量や水位の条件は流域の自治体等と協議のうえ決められている。ただしこの操作を実施する場合には河川の流下能力を超えた放流量に達する可能性があるため、流域の自治体・住民等への速やかな情報提供が必要となる。この関係をもう少し詳しくみる。まず単純に一本の川に一つのダムがあるケースを考える。ダムの水位（貯水量）はダムへの流入量と放流量のバランスにより増減する。流入量と放流量が同じであれば水位は変わらない。流入量が放流量を上回れば水位は次第に上昇し、その逆ならば次第に下降する。平常時は発電・上水道や工業用水の取水・農業用灌漑（かんがい）など目的に応じた水位を保つように調節されている。

洪水調節にかかわるダムの運用法として、気象予報から降雨（ダムへの流入量の増加）が予想される時は、まだ流入量が増加しない時点でも、下流で過度の水位の上昇が起きない範囲であらかじめ放流量を増して水位を下げ、受け入れの余裕を持たせる準備が行われる（前述の③）。このためダムの下流側では雨が降っていなくても水位が上昇することもある。「ダムは急に放流することがあるから注意せよ」「サイレンが鳴ったらすぐに川から上がれ」等の警告看板が設けられているのはこのためである。

続いて実際に雨が降り出して流入量が増加してゆくと、水位を監視しつつ下流に害がない範囲で放流量を次第に増加させる。この過程で水位が満杯になるまでに流入量が落ち着けばダムの洪水調節機能が有効に利用できるが、想定を超えた降雨が発生した場合は短時間のうちに流入量が急上昇して急速に満杯に近づく。満杯になってもなお流入量が収束しなければ入った分だけ流す成り行きに任せざるをえなくなり、ダムは存在しないのと同じことになる。ある流域に降る雨の総量は自然現象により決まる量であるためダムの有無にかかわらず人為的な調節はできず、ダムの洪水調節機能とは時間的な緩和を行うだけである。

実際の河川や水系は複雑であり、複数の河川とダムで構成されている。前述の肱川水系についてみると、主流の肱川の上流側に野村ダム、下流側に鹿野川ダムがあり、さらに鹿野川ダムの直後で合流する支流の河辺川に山鳥坂（やまとざか）ダムが建設中である。ダムには一定の洪水調節機能があるが、それ

図4—4　鹿野川ダムの時間的経過

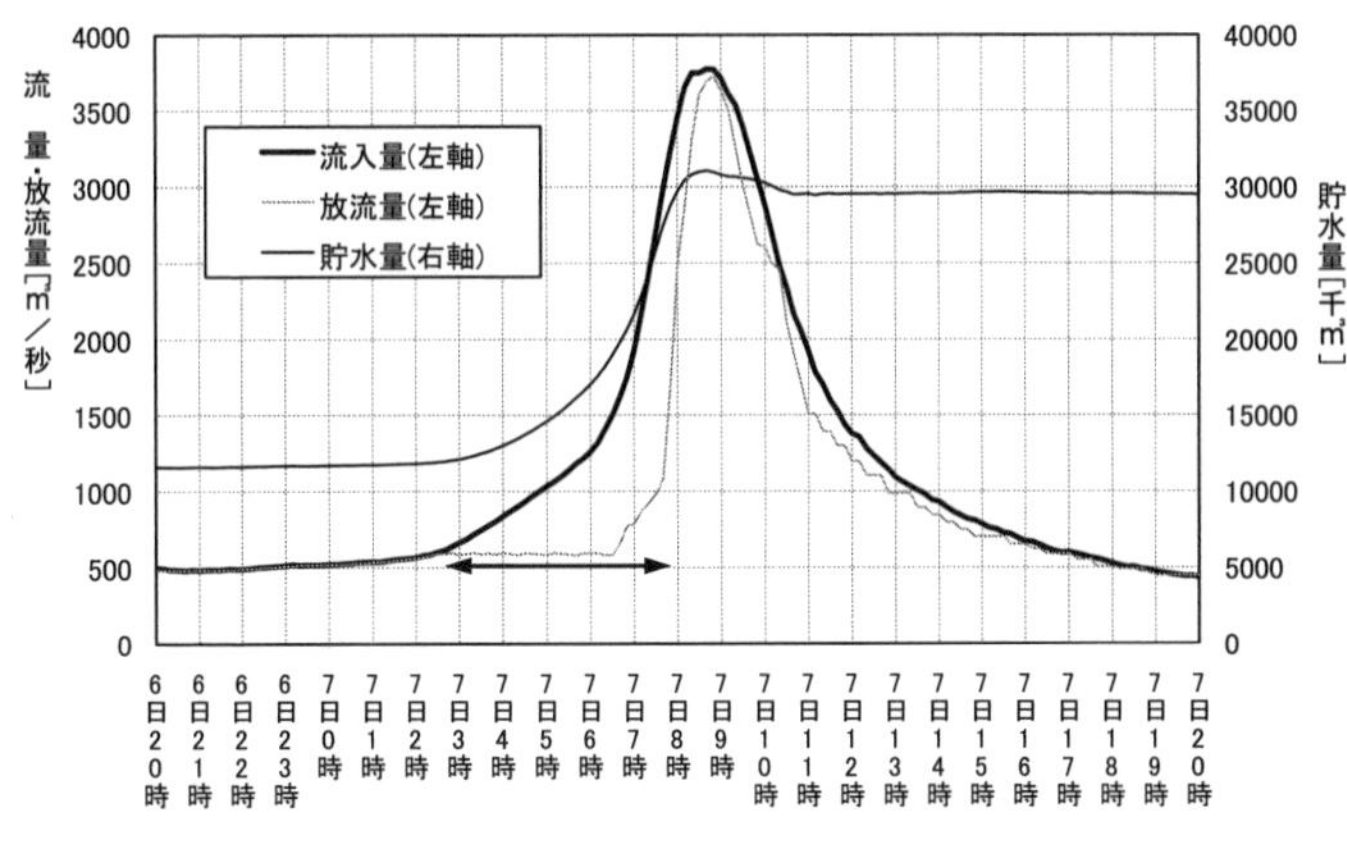

より下流で合流する流入量に対しては調節機能がない。さらにダムの洪水調節効果が不確実となる理由の一つは、降雨が時間的・局地的に大きく変化するためである。場合によっては、せっかく洪水調節容量の大きなダムがあっても、その集水域には降雨がなく「空振り」となる一方で、ダムのない地域に激しい降雨がある等のばらつきもしばしば発生する。それでは流域の川すべてをダムで埋め尽くし貯水容量を増やしてゆけばよいのだろうか。有限の財源と時間の下ではそれは非現実的である。しかし自民党の治水対策はそれに近い方向性で漫然と続けられ、現実的な期間内では完成する見込みのないダム整備を継続してきた。

　前述の愛媛県の水害では、ダム管理者の不適切な放流操作や情報提供の不備により被害が激甚化したとの指摘があるが、現実のデータをもとに検討する。肱川水系の野村ダムでは総貯水容量が一六〇〇万㎥に対して洪水調節容量は三五〇〇万㎥、同じく鹿野川ダムは総貯水容量が四八二〇万㎥に対して、洪水調節容量は一〇七〇～一六五〇万㎥である。図4―4はその大きいほうの鹿野川ダムの流入量（黒線）・放流量（灰色線）・貯水量（細線）の実績値である。二〇一八年七月六日中は流入量と放流量は五〇〇㎥／秒ていどで安定しており、流入イコール放流であるから貯水量は一定である。しかし七月七日の早朝から強い雨が降り流入量が増加を始めるが放流量は一定のままで、貯水量が増加を始めこの状態が七日の七時ころまで続く。ここで降雨が治まれば問題はなかったが、想定外の降雨が続き同八時ころにはついに満杯に達してそれ以上の調節ができなくなった。すると流入した分をそのまま放流せざるをえず、ダムがないのと同じ状況となった。すなわちダムの洪水緩和機能は数時間分しかなかったことになる。

流入量が六〇〇㎥／秒から三五〇〇㎥／秒まで上昇するのに約五時間を経過しているが、放流量は約二時間で六〇〇㎥／秒から三五〇〇㎥／秒まで上昇している。もしダムがなければ流入量がそのまま下流に流れるが、ダムに貯めていたために緊急放流をせざるをえなくなり逆に流量の急上昇を招いた。いずれにせよ想定を超えた流入によりダムが満杯になれば流入分だけ放流する成り行きに任せざるをえなくなる。流入側の三五〇〇㎥／秒は自然現象であるので人為的な調節はできないが、七日の三～四時の段階から放流量を増やして洪水調節容量を多少とも先延ばしするとともに避難を開始していれば被害の軽減ができたのではないか、また現行の操作規則は一九九四年に定められたままであり現状に即した見直しが必要だったのではないか等の指摘もある。[注10] 一方で下流側における避難に関しても、ダムを過信したためにかえって避難を遅らせた可能性があると指摘されている。[注11] ダムを管理する国土交通省四国地方整備局では、放流操作は事前に決められていた規程に従ったとしているが、一方で放流手順の改良や情報伝達について改善の余地があるとも報告している。[注12]

また満杯になる前に所定の洪水緩和機能が発揮されたとしても、ピークカットの効果は下流にゆくほど減衰する。その理由は、実際の水系では多くの支流があってダムの下流で合流してゆくため、雨の降り方の地域的・時間的なばらつきや河川の長さの違いなどからピーク発生時間がずれたパターンが重なって合流後のピークカット効果が小さくなること、また勾配が緩い河川では河自体が大きなプールとなって貯留効果が働くためさらにピークカット効果が減殺される。嶋津暉之（前出）によると、鬼怒川水害（二〇一五年九月）では上流に四つの大規模ダム（川俣・川治・五十里・湯西川）があって合計一億二五三〇万㎥の洪水調節容量を有し、一部のダムでは「異常洪水時防災操作」寸前まで追い込まれたが実施は回避され、規程どおりの運用がされていたにもかかわらず下流で大規模な洪水が発生した。後日の分析によると、各ダムの地点におけるピークカット効果は毎秒二〇〇〇㎥、すなわちダムがなかったとした場合に比べてこの分だけ緩和されたはずであるが、実際に水害が発生した下流の常総市付近でのピークカット効果は毎秒二三〇㎥しかなかった。[注13]

「流す」「止める」の問題点

一方で「流す」に関する問題もある。前述のようにダムに異常な流入量が予想される場合はダムから事前に放流して水位を下げて洪水調節容量を温存し、突発的な「異常洪水時防災操作」の可能性を低減することが求められる。しかし下流の河川の流下能力に部分的にでも低い区間があるとそこがネックとなり事前放流操作の制約となる。このため河川の流下能力の整備とダムの放流操作の手順は一体である。今回大きな被害が発生した肱川水系では二〇〇四年に「肱川水系河川整備計画」[注14]が策定されこれに基づいて各種整備が進められているが、整備計画ではダム建設・改造を優先し、河道整備はダム事業が完成した後に実施されることになっている。整備計画の完了時点は策定から概ね三〇年後とされており、計画完了時には浸水地域がほぼ解消される予定となっているが、現在では河道整備が後回しになっているために洪水時には被害が避けられない状態になっている。しかも今回のように大規模な水害があるたびに計画の完了は遅滞せざるをえない。図4―5は肱川下流部での計画高水位と現状の堤防整備状況[注15]を示す。最終的に堤防が整備されれば計画高水位に対して全区間にわたって防護できるが、現状では堤防のない区間がかなり残っている。この状態では計画高水位が出現した場合には洪水が不可避となるだけでなく、事前放流量も制約される。また河川敷に繁茂する樹木や竹の処理も被害に関連する。全国には河川敷に樹木が繁茂するまま放置されている地区が多い。同じ水量が流れても抵抗物が多いと水位が上昇しやすくなるとともに、流出した樹木や竹が橋や水門などに衝突・堆積して被害につながる。河川敷の樹木は生物の生息環境を提供しているとの指摘もあるが、防災の観点からは河川敷の樹木の伐採等が重要である。また流下能力を増すために河床の掘り下げる方法も行われる。

水位が上昇した場合に最も危険なのは堤防の破堤（いわゆる決壊）である。都市部で見かける堤防は全体をコンクリートで覆った構造が多いが、一般に大きな河川の堤防は地盤の上に土を盛った構造である。破堤のパターンはいくつかあるが、①越流の力により堤体裏側（河川と反対側・住宅や農地など防護される側）の根元が削られそこから全体が崩れる、②堤体の下の地盤に水の通り道ができてそれ

図4―5　下流の無堤防区間

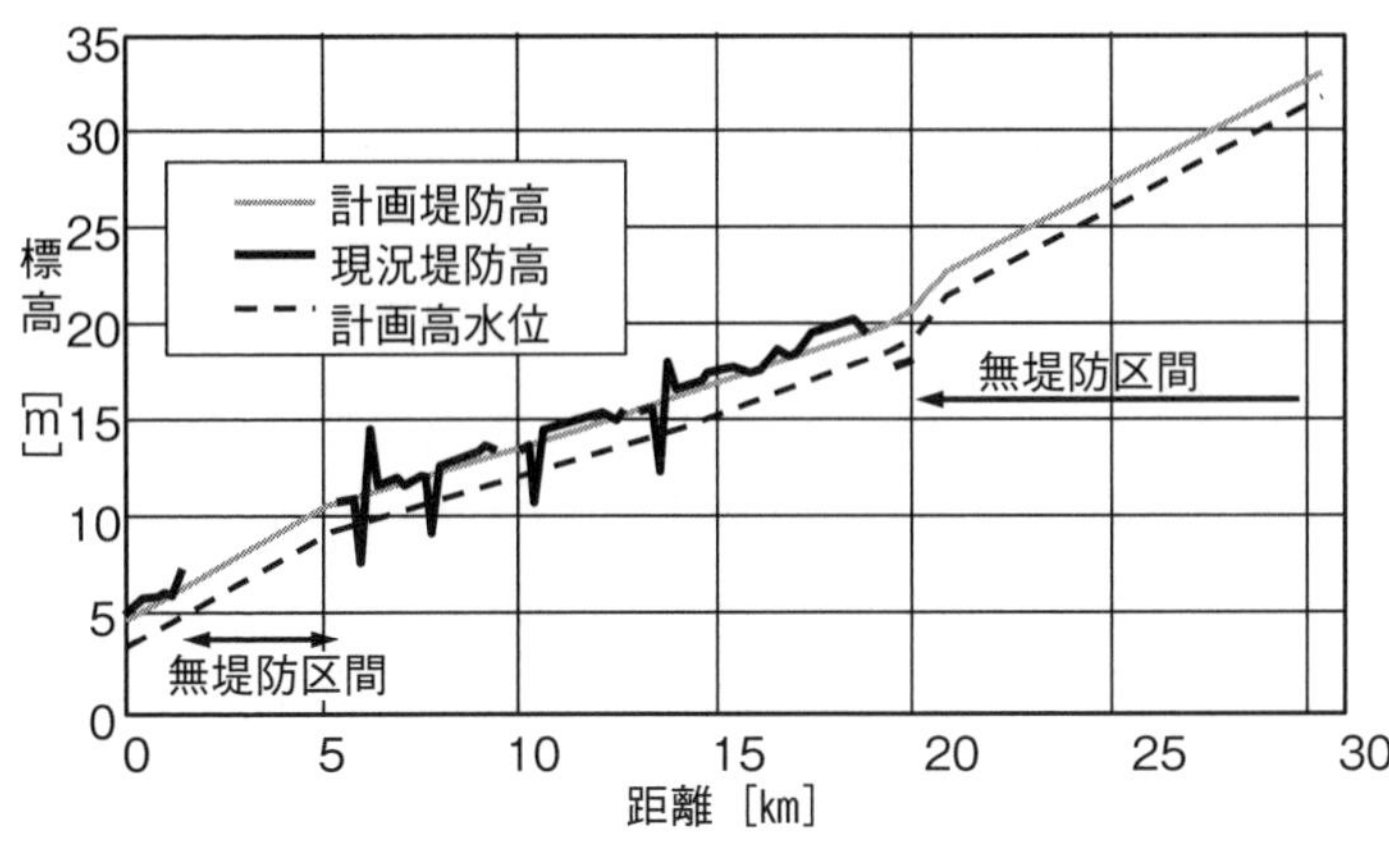

が拡大して全体が崩れる、③堤体全体に水がしみ込み土の強度が低下して堤体裏側が崩落する、④水流の力で河川に面した側から侵食を受け削られて崩落する等のケースがある。②～④のパターンでは必ずしも水が堤防を越えない段階で発生する。かりに越流まで至ったとしても、最終的に破堤せず持ちこたえる時間が長ければ氾濫の広がる速度や浸水面積を抑制できるとともに、避難の際にも時間に余裕が生じる。越流してから二～三時間の耐久力があればピーク流量が収まる可能性が高く、被害の拡大防止に大きな効果があるとされる。このため堤防の耐久性を強化する対策が重要である。

堤防の効果を高めるには、堤防の高さ管理（時間とともに土が沈下するため）、部分的に低い不連続区間をなくす、劣化箇所の点検・補修、万一越流した場合の耐水性の向上などが推奨されている。[注16] また土を盛っただけの堤防は一見すると脆弱に思われるが耐水性を向上させる対策が提案されている。河川側（水側）を水を通しにくい材料で覆う、水害防備林を整備する、浸透した水が抜けやすい通路を設ける、堤体に遮水板（遮水壁）を設ける、セメント等を混入した土を用いる（新設の場合）などの方法がある。これらは流域全体に対して行う必要があるため大工事ではあるが、一mあたり五〇〜一〇〇万円の費用でありダム建設よりも費用対効果が高いとの試算もある。

旧建設省でも一九七〇年代後半から「越水しても簡単には決壊しない堤防」の研究が進められ普及のための指針が策定されていた。しかしその後、国土交通省に再編（二〇〇一年一月）されてから指針が廃止された。その理由について国土交通省は実効性がまだ立証されていないためと説明しているが、一方でダム事業の見直しの議論において、堤防の耐久性を向上させればダムは不要ではないかとの提案がなされたため、堤防の強化がダム推進の妨げになるとして意図的に廃止したのではないかとの指摘もある。[注17]

また河川の流下量を制約する要因として河川の合流部における「バックウォーター現象」がある。本流とそれより小さな支流が合流する地点で、降雨等により本流の流量が増加して水位が上昇すると支流の水が入りにくくなり、状況によっては逆流（バックウォーター）を引き起こして支流の水位が上昇する。バックウォーターは特に河川勾配の大きな奔流に対して勾配の小さな支流が合流する場合に起こりやすい。西日本水害では岡山県高梁川と小田川の合流におけるバックウォーターによって被害が拡大したと考えられる。根本的な対策としては合流部の付け替えが望ましく、著名な実施例としては新潟県の大河津分水路（信濃川付け替え）がある。ただし付け替え事業は技術的に大規模である上に、水利権者・地権者など影響を受ける関係者も多い。大河津分水路の事業は享保年間（一七〇〇年代）から始まり今世紀初頭まで要した。高梁川に対する小田川の付け替え工事も一九六〇年代に計画されながら紆余曲折の結果最近まで具体化しなかった。

「逃げる」「免れる」について

いかにハード対策を講じても完全に被害を防止することは困難であり、「逃げる（避難）」対策も考慮しなければならない。実効性のある避難のためには適切な情報提供が必要であるが、多くの課題が指摘されている。西日本水害では岡山県倉敷市真備(まび)地区（旧真備町）で死者五一名の被害が発生した。その多くはハザードマップで浸水域と表示されていた場所で発生しており情報が活用されなかった。

また大洲市での鹿野川ダムに関する当時の情報提供は次のような経過（抜粋）で行われた。この経過と図4―4の放流量の時間経過を合わせてみると「避難準備情報」あるいは「避難勧告」から「異常洪水時防災操作」開始までわずか三〇分～一時間ていどの余裕しかなかった。また市全域に避難指示が発出されたのは操作開始とおおむね同時であり、それから現実の越水まで一時間ていどであった。広報車が巡回したのは操作開始から三〇分後である。実際にはそこから消防団員等が各戸を訪問して避難指示・安否確認等を行う等の行動が必要となる点を考慮すると、時間的には非常に厳しい状況であった。これに対して情報を受け取る側の住民からは「サイレン、スピーカー（防災無線）等が聞こえなかった」という物理的な問題や、「避難指示の発令が遅かったのではないか」「避難勧告がなくいきなり避難指示が発出された」など伝え方の問題も指摘された。また「ダムがあるから大水害は起こらないと思っていた」「放流による被害規模のイメージが十分に共有されていなかった」等の基本的な背

景も指摘されている。[注18]

二〇一八年七月七日

五時一〇分　「異常洪水時防災操作の可能性あり」の通報を受け水防サイレン吹鳴

五時四〇分～五〇分　市役所から下流六～七㎞地区に防災無線での放送と市災害情報メールで「避難準備情報」の連絡

六時一〇分　市役所から下流八～一〇㎞地区に防災無線での放送と市災害情報メールで「避難勧告」の連絡

六時二〇分　市役所から二～三㎞東側地区に防災無線での放送と市災害情報メールで「避難準備情報」の連絡

六時三〇分　肱川河口地区に防災無線での放送と市災害情報メールで「避難勧告」の連絡

七時〇分　市役所から下流六～七㎞地区に防災無線での放送と市災害情報メールで「避難勧告」の連絡

七時一〇分　市役所から下流八～一〇㎞地区に防災無線での放送と市災害情報メールで「避難勧告」の連絡

七時三〇分　大洲市全域に防災無線での放送と市災害情報メールで「避難指示」の連絡

七時三五分　　ダム側で「異常洪水時防災操作」を開始
八時〇分　　広報車で呼びかけ
八時四一分~四三分　　国土交通省エリアメールで氾濫危険水位到達と「避難指示」の連絡
九時二二分および一〇時二九分　　市災害情報メールで越水の連絡

より根本的には「免れる（破壊力を受けない）」対策を考慮する必要がある。嘉田由紀子（前滋賀県知事）によると、倉敷市真備（まび）地区では一八九三（明治二六）年に死者一八〇名の被害を発生した後、数次にわたり床上浸水を伴う氾濫に襲われているが死者を生じていない。[注19]しかし高度経済成長の時期から水島工業地帯の建設に関連して住宅地が形成されるとともに、伝統的な水防活動組織が機能しなくなったことが今回の被害拡大の背景にあるとしている。また過去には地域の自主事業であった治水事業が国・都道府県による公営となるにつれて利権との結びつきが生じ、ハード中心の防災対策に変化した経緯を指摘している。

滋賀県では嘉田由紀子前知事時代に「ダム凍結」を決定し、ダムに依存したハード対策からソフト対策重視へ転換を試み「滋賀県流域治水の推進に関する条例（二〇一四年三月成立）[注20]」を制定した。当初はハザードマップの公表自体にも不動産価値の低下を懸念して反対が表明される等の経緯もあったが、最終的には先進的な取り組みとして注目されている。河川整備・地域ごとの危険情報の提供と活用、公園・森林・農地等での雨水貯留や浸透対策等に加えて、特徴的な内容として浸水リスクの高い地域における建築規制・立地規制を制度化した点がある。条例では「浸水警戒区域」を指定し、近く

図4—6　浸水想定区域に設けられている避難所

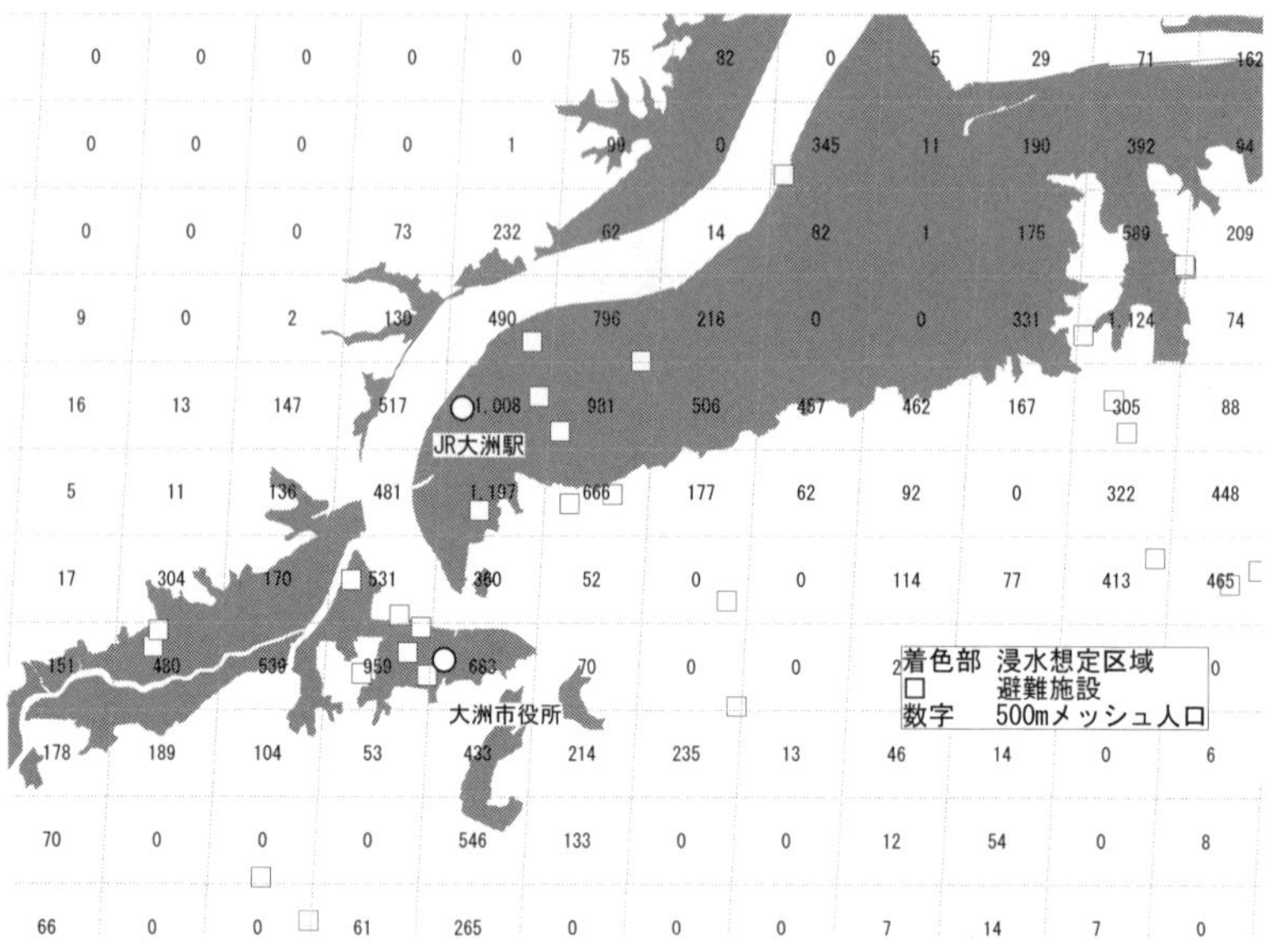

に避難場所がなく嵩上げもしない場合、区域内の住宅や福祉施設等の新築・増改築を認めないとした。住民が居住している既存の住宅を建て替えたり転居したりすることは現実に難しいが、嵩上げなど改築時（個人の住宅）や地域の避難場所整備に対する経済的補助の制度も準備されている。

同じく大きな被害を生じた愛媛県大洲地域でも、歴史的に水害常襲地域であるため伝統的には防災対策が講じられてきた。低地には家屋を設けない、退避空間の確保として家屋を二階建て構造とする、一階も地面から嵩上げする等である。しかし近年は市域の一部が「拠点都市地域」に指定され、低地部に企業が進出して人口や経済的資源の集積が高まっていた。図4—6は大洲市の中心部分であるが着色部分は「浸水想定区域」に指定されている。浸水想定区域とは「水防法」に基づいて、対象となる河川が氾濫した場合に浸水する区域を国あるいは都道府県（河川管理者）が指定している箇所である。図に示すように浸水想定区域には多くの住民が居住しているとともに多数の避難所も設けられている。避難所といっても多くの場合は専用施設ではなく公共施設・学校・福祉施設等が避難所として指定されたものであり、水害時の避難所としてはもともとリスクを抱えていた状態がみられる。

土砂災害も人災

水流が直接の破壊力として作用する洪水のほかに、降雨が誘因となって土砂崩れ・土石流をひき起こす土砂災害がある。「平成三〇年七月豪雨」では、西日本全体の死者・行方不明者のうち半数以上が土砂災害によるものである。特に土砂災害による被害の割合が高かったのは広島県であり、過去には住宅の建設が避けられていたリスクの高い地域（崩れやすい土質・狭隘な谷筋）に高度成長期から住宅開発が進んだことが被害の背景にあるとされている。前述のように土砂災害の防止のために「砂防ダム」が設けられるが、広島県では土石流が砂防ダムを越流したりダム自体が破壊された事例も発生した。

藤田恵（元徳島県木頭（きとう）村長）は、土砂災害は①「拡大造林」後の手入れ不足による山肌の過大浸食、②急峻な地形に対して幅員が広過ぎる農林道の開設、③川・沢の直線化（天然の淵が埋まって流れる経路が短絡・単純化して水の保持機能が低下する）、④里山の喪失、⑤砂防ダムを要因とする「人災」であると指摘している。[注21]「拡大造林」とは、戦後の住宅用材の需要のため広葉樹を皆伐し、その跡に主に杉を密植する方式であるが、輸入材の影響で価格が暴落して間伐や下草刈りの手入れができず荒れ放題となり山肌が侵食されている状態である。これと並行して幅員が広過ぎる農林道が開設された影響で大雨の時に道路やその周辺が崩壊しやすくなった。これらの影響が複合して土砂流入量の増加、降雨時の流量が急上昇、流木による堰き止め現象などが発生しやすくなった。土砂の流出を防ぐ目的で砂防ダムの設置が促進されてきたが、砂防ダムが設けられる地形は既に浸食が進んでそれ以上崩れない安定した場所である。そこに砂防ダムを設けるとかえって周辺の土砂崩壊が誘発されるのでさらに土砂対策として予算が配分され、際限なく砂防ダムが建設される。藤田は土建業者にとっては公共事業が続く「打ち出の小槌」と批判している。

ダム自体が作り出す危険

群馬県の吾妻(あがつま)川に設置される八ツ場(やんば)ダムは、カスリーン台風（一九四七年九月）と同等の降雨に対する下流の利根川流域の洪水調節と、増大する首都圏の水需要への供給を目的として一九五二年に計画・調査が開始されたが、酸性水の流入、長野原町の水没地域での反対運動など技術的・社会的な問題が続いて事業は進展しなかった。その後二〇〇四年には「流水の正常な機能維持」が、また二〇〇八年には「発電」が目的に追加された。二〇〇九年八月の民主党政権の発足に伴ない中止の方針が示されたが、二〇一一年一二月には同じ民主党政権下で評価（費用対効果）を見直して再開が決定され、二〇一五年一月に本体工事が開始された。

この間の目的や評価の変更の経緯から防災上の新たな問題が生じている。もともと同ダムは下流の利根川流域の洪水調節が目的であるから下流域におけるピーク流量緩和効果を評価すべきであるが、国土交通省の試算によるとその効果はゼロであることが示されていた。[注22] 群馬県伊勢崎市八斗島（やったじま）地点（治水の基準となる点）における洪水ピーク流量は、①上流にダムがない場合は毎秒二万二一七〇㎥、

図4—7　八ツ場ダムの操作ルールの変更

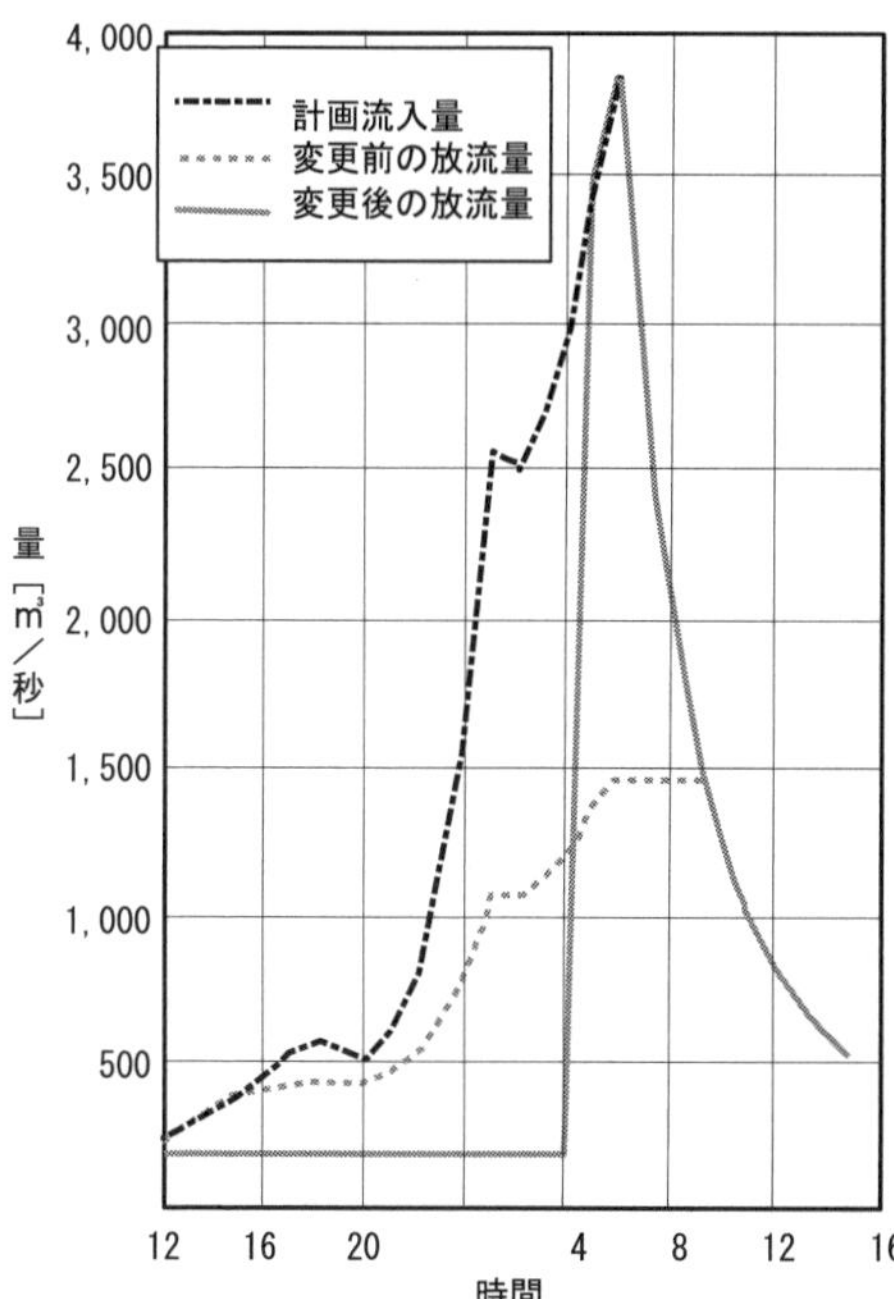

②八ッ場ダムを除く既設の六ダム（相俣・藤原・奈良俣・矢木沢・薗原・下久保）の場合は毎秒二万〇四二一㎥、③八ッ場ダムを加えても同じ二万〇四二一㎥となっており、八ッ場ダムは洪水調節効果に関係ない。またその後の検討でも同様の結果が示されている。

一方で二〇一三年一一月に八ッ場ダムの操作ルールが変更された。[注23] 過去の台風の条件等から図4—7の黒線に示す流入パタ

図4—8　中部地域の活断層・活火山とダム一覧

ーンを計画の前提として下流の基準点での流量を一定以下に抑えるように放流量を制御するのであるが、変更前は図の破線のように流入量が毎秒四〇〇㎥に達したら調節（ダムの調節容量のスペースに貯めてゆく）を開始し、流入がピークを超えた以後は一定流量で放流するパターンであった。

これに対して変更後は流入量が毎秒二〇〇㎥に達したら調節を開始してピーク時までそのまま維持した後に放流するパターンとなった。変更の目的は、八ッ場ダム事業の継続可否をめぐる費用対効果の評価に際して、ダムの洪水調節効果を計算上で大きくするためであった。ところがその結果として、計画の前提となっている洪水時の流入パターンに対して変更後の操作ルールを適用すると、図のグレー線のようにある時点から短時間で急激に放流量が増加する結果を招く状態になる。すなわち西日本水害で大きな被害を引き起こした状況が利根川下流すなわち首都圏で再現する可能性が生じたのである。

機能としての危険性の他に、ダムそのものが災害を誘発する危険性も指摘されている。[注24]日本国内でも活断層の近くにダムが建設されている例がある。このような地域ではダム本体付近や貯水域の地層は脆弱な岩が続く断層破砕帯となっており、その上にダムを築くこと自体が危険である。ダムの水圧で岩の割れ目から水が漏出して決壊事故に至った事例が少なくとも外国では報告されている（米国アイダホ州・ティートンダム、一九七六年）。またダム湖周辺で地滑りが発生することがある。無数の断層が走って岩が脆弱なところに湖水が浸透して地下水位を上昇させ地滑りが起こりやすくなる。大規模な事例としてはイタリア・バイオントダムの事故（一九六三年一〇月）がある。ダム湖の周囲の山が大規模に崩落し、堤体には大きな損傷がなかったにもかかわらず一挙に津波状の溢水が生じて二〇〇〇人前後（諸説あり）の死者を出した。なお崩落のかなり前から地震や地滑りが発生していたが適切な避難措置がとられなかったことも被害を拡大した要因とされる。

日本でも「ダム地震」が指摘されている。活断層の付近にダムを設置すると水圧で断層の奥深くまで水が浸透して断層を滑りやすくして直下型地震を呼び起こす可能性がある。

図4―8は中部地域で知られている活断層[注25]と活火山[注26]の位置と、ダムの一覧を示す。日本ではこれまで設計や施工の不良によるダム決壊の事例はないものの、強い地震による破損の可能性がある。ダムは一般に山岳地帯に設けられることから噴火による被害も考えられる。ダム本体に損傷がなくても、噴火にともなう火砕流等がダム湖に侵入してバイオントダムのような形態で被害を発生する事態もありうる。

【注】

1 国土交通省「水害統計調査」https://www.e-stat.go.jp/stat-search/files?page=1&toukei=00600590&result_page=1

2 末次忠司『水害から治水を考える　教訓から得られた水害減災論』技報堂出版、二〇一六年、四頁

3 国土交通省社会資本整備審議会「水災害分野における気候変動適応策のあり方について〜災害リスク情報と危機感を共有し、減災に取り組む社会へ〜（答申）」二〇一五年八月二八日　http://www.mlit.go.jp/report/press/mizukokudo03_hh_000892.html

4 野中賢「自然災害と闘わない『免災』という考え方」『日経クロステック』二〇一八年一二月一一日

5 国土交通省「国土数値情報」（元データは（財）日本ダム協会『ダム年鑑二〇一五』）より　http://nlftp.mlit.go.jp/ksj/index.html

6 嶋津暉之『水問題原論　増補版』北斗出版、一九九九年

7 水源開発問題全国連絡会「ダム問題の資料・データ」http://suigenren.jp/reference/information/

8 国土交通省「国土数値情報」（前出）

9 末次忠司（前出）四頁

10 風間晋「ダム管理は『異常洪水時防災操作』で開き直ったら負け」『ＦＮＮ・ｊｐプライムオンライン』https://www.fnn.jp/posts/00340800HDK

11 八ッ場あしたの会ウェブサイト「ダムがあるために避難の時間が失われた（肱川の水害）」https://yamba-net.org/42606/

12 国土交通省四国地方整備局「野村ダム・鹿野川ダムの操作に関わる情報提供等に関する検証等の場」http://www.skr.mlit.go.jp/kasen/kensyounoba/kensyounoba.html

13 嶋津暉之「西日本豪雨と鬼怒川水害で明らかになった治水ダムの限界と危険性」八ッ場あしたの会ほか主催「荒れる気候の時代に命を守る水害対策を考える」、二七頁、二〇一八年一二月一六日より

14 国土交通省四国地方整備局・愛媛県「肱川水系河川整備計画」二〇〇四年五月 http://www.skr.mlit.go.jp/kasen/seibi/seibipdf/hijikawa.pdf

15 嶋津暉之（前出）二七頁

16 末次忠司（前出）一二七頁

17 嶋津暉之（前出）三〇頁

18 国土交通省四国地方整備局「検証」（前出）より

19 嘉田由紀子「水害多発時代の治水政策の提案～滋賀県流域治水条例の可能性と課題～」「荒れる気候の時代に命を守る水害対策を考える（前出）」より

20 滋賀県「滋賀県流域治水の推進に関する条例」 http://www.pref.shiga.lg.jp/h/ryuiki/jyourei/seiteigo26.html

21 藤田恵「土石流災害は拡大造林が元凶の人災」八ッ場あしたの会ウェブサイト https://yamba-net.org/22187/

22 第一六九回通常国会・衆議院質問主意書答弁第四三一号 http://www.shugiin.go.jp/internet/itdb_shitsumon.nsf/html/shitsumon/b169432.htm

23 嶋津暉之（前出）四五頁

24 嶋津暉之『水問題原論　増補版』北斗出版、一九九九年、一六〇頁

25 産業技術総合研究所「活断層データベース」https://gbank.gsj.jp/activefault/index_gmap.html

26 気象庁「日本活火山総覧」Ｗｅｂ版 https://www.data.jma.go.jp/svd/vois/data/tokyo/STOCK/souran/menu_jma_hp.html

第五章

原発災害

福島原発事故は人災

福島原発事故はまさに人災である。既に多くの論者により指摘されているが、本章では改めてその経緯を整理するとともに新たな情報を提供したい。図5―1は一九二三年以降に記録のある地震で、被害の可能性があるマグニチュード七以上の地震の震央位置（震源の直上の地上位置）と活火山および原発の位置を示す。[注1]この他に多数の活断層が知られている。[注2]地震、活断層、活火山に埋もれて原発を動かしていれば福島原発事故あるいはそれを上回る事故がいつ起きてもおかしくない。

福島原発事故は、福島に原発を設置した時に始まっている。福島原発事故は事前に予測されていた。藤田祐幸（慶應義塾大学・当時）は「津波が押し寄せた場合、かりに頑強につくられている主な建造物が助かったとしても、非常用の補助発電機が冠水してしまえば、原子力発電所の全体が停電して、冷却水ポンプを回すこともできなくなり、炉心溶融につながることを覚悟しなければならない[注3]」と指摘していた。

また二〇〇六年一二月に吉井英勝・元衆議院議員は安倍内閣（第一次・二〇〇六年九月〜〇七年九月）に対して「巨大地震の発生に伴う安全機能の喪失など原発の危険から国民の安全を守ることに関する質問主意書[注4]」を提出した。吉井は「強い地震の際に送電鉄塔が倒壊すると、停止した原発を冷却するための外部電源が得られなくなるのではないか」「外部電源も代替電源も得られなくなった場合、原子炉はどのようになるか」「崩壊熱を除去出来なかったら核燃料は焼損（バーン・アウト）するのではな

図５—１　Ｍ７以上の地震の震央と原発

いか。その場合どのような事故になるか」等を質問した。これに対して安倍首相は「そのような事態が生じないように安全の確保に万全を期している」との漠然とした答弁に終始したが、福島原発事故で質問どおりの事態が現実化した。

安倍首相はオリンピックの招致プレゼンテーションで「東京には、いかなる悪影響にしろ、これまで及ぼしたことはなく、今後とも、及ぼすことはありません（官邸公式訳）[注5]」と述べているが、これは明らかに虚偽である。

原発の爆発から一〇日目頃には、東京都の水道水から乳児の摂取制限値を超える放射性ヨウ素が検出されている。二〇一二年七月五日、東京電力福島原子力発電所事故調査委員会（国会事故調）は報告書を衆参両議長に提出するとともに国民に公開した。[注6] 報告書の「まえがき」には事故の背景として「ほぼ五〇年にわたる一党支配」との文言があり、また「事故の根源的な原因は、地震の発生以前にある（予見されていた危険を無視したこと）」としている。

福島原発事故は民主党政権の時期に発生した。しかし地震・火山活動の盛んな日本列島に原子炉を五〇基以上も設置し、原子力政策を推進した責任、あるいはそれをチェックできなかった歴代政権の責任、自民党国会議員の責任は明確である。事故後に設置された原子力規制委員会（二〇一二年九月発足）は、電力会社の書類を追認するだけの「原子力推進委員会」との揶揄も聞かれるが、自民党政権のままであったら規制委員会すら設けられなかったであろう。少なくとも事故前よりは情報公開や再生可能エネルギーの導入が進んでいるのは民主党政権が残した成果である。

安全神話も再始動

二〇一二年に自民党が政権に復帰してから、本質的に原発の安全性が何も改善されていないのに再稼働が続いている。核廃棄物の処理も決まっていない。原発の再稼働にかかわる意思決定の主体として、政府・自治体（都道府県・市区町村）・規制委員会・事業者（電力会社）の四者がある。中でも市区町村は最前線で住民の安全に責任を負う立場である。しかしこれら四者は互いに責任を押しつけ合い、誰も最終的に安全に関して責任を取らない「集団無責任体制」であり、住民の意思も反映されない。

原子力災害対策基本法では、自治体の責務は「予防・緊急・事後」の三側面にわたる。予防対策は法律に基づいた自治体の責務であって、過酷事故が起きてからの避難のみが防災計画ではない。筆者は九州電力玄海原子力発電所三・四号機の再稼働に際して佐賀県危機管理・報道局から意見を求められた。原子力災害の「予防・緊急・事後」の三側面の対策を講ずる責務が定められているからには、当該の原発の特性や地域の特性を踏まえて住民の生命・財産の保護に検討を尽くすべきところ、佐賀県の現状の施策はそれに相当するレベルではないから、再稼働を容認することは疑問である旨を述べた。意見書は佐賀県のホームページ[注7]にも記載されているが再稼働の判断にあたって特に反映された様子はない。他の多くの立地自治体（原発が立地する市町村）の代表者（首長）は再稼働を容認しているが、いかなる根拠で「予防・緊急・事後」の三要素をクリアできると判断したのか説明を聞いたことがない。

また原子力規制委員会の田中俊一前委員長（二〇一二年九月～一七年九月）は二〇一四年七月一六日に、九州電力川内原発の新規制基準適合の判断に際して「規制委員会は基準に適合しているかどうかを審査するだけで自分は安全だとは言わない、稼働させる政治判断はしない」と述べている。[注8]その後委員長は交替しているが、この判断はそのままである。一方で政府は審査に合格した原発の再稼働は進めてゆくとしており、たとえば鹿児島県の川内原発に関する避難計画その他の緊急時対応についても「具体的かつ合理的なものとなっていること」を確認・了承したとしている。[注9]また愛媛県の伊方原発に関して、県は3号機の再稼働を検討する際に四電へ追加の安全対策を求め、国には「再稼働の最終責任について首相が明言すること」「原発事故時の避難道路の優先整備」を要望した。これに対して安倍晋三首相から「責任を持って対処する」との言葉を引き出したことを以て二〇一五年一〇月に中村知事が再稼働を認めた。[注10]いずれも言葉の上だけであり実態は皆無である。

事業者はもとより保有している原発を稼働しなければ不良資産として経済的な負担が積み上がるだけなので再稼働を望んでいるが、自発的に最善の安全対策を講じるというよりも、書類の上で新規制基準をクリアすることのみを目標としている。あらゆる面において集団無責任体制が横行している。たとえば福島第一原発では現在も汚染水の発生が続き、放射性の核種を取り除いた後にタンクに貯留しているが、トリチウムだけは技術的に除去できない。しかしタンクの増設は限界に達しており海洋放出が提案されているが、それには福島県民や周辺の漁民の強い抵抗が予想される。これに関しても国と東京電力は責任を押しつけ合っている。国は海洋放出しかないとの見解を示唆しているが、東京電力は国の方針が明確になるのを待つ姿勢を示している。田中前委員長は、東京電力との規制委員会における意見交換（二〇一七年七月）において「責任は東京電力にあり、国ではない。東京電力は真摯に福島県民と向き合っているのか」と強く批判している。[注11] これは一見すると規制委員会が東京電力を叱咤しているように見えながら、実際は国が矢面に立つことを避け、困難な役割を東京電力に押しつける意図が明白である。しかも現在は「東京電力ホールディングス」の形態となり国が多くの株式を保有しているのであり、東京電力の責任は国の責任でもあることを認識すべきである。このように関係者が互いに責任をたらい回しにしており、集団無責任体制は福島事故前と変わっていない。

原子力に関する防災政策には、他の防災の分野と比べて前提に大きな相違がある。東日本大震災後の二〇一一年一二月に「津波防災地域づくりに関する法律」が制定された。[注12] 同法に基づく「基本方針」について国土交通省の解説[注13]によると、基本事項では「最大クラスの津波が発生した際もなんとしても人命を守る」「ハード・ソフトの施策を総動員させる多重防御」等の基本方針が記述されている。また津波浸水想定の設定について指針としては「都道府県知事が、最大クラスの津波を想定し、悪条件下を前提に浸水の区域及び水深を設定」「津波浸水シミュレーションに必要な断層モデルは中央防災会議等の検討結果を参考に国が提示」としている。すなわち基本的な姿勢として「悪条件下で最大想定」「シミュレーションは国が主導する」ことが示されている。

これを原子力防災と対比して「浸水」を「被ばく」に置き換えると、原子力事故では津波と比較すればそのシナリオと被害規模が工学的に想定しやすいにもかかわらず、最大想定を意図的に避けて楽観的な前提を設けていること、[注14] 自治体の避難計画では悪条件下での避難（複合災害）はつけ足し程度の検討にとどまること、放射性物質拡散シミュレーション（ＳＰＥＥＤＩ等）の利用を放棄して放射性物質放出後に被ばく前提の避難計画へ転換したことなど[注15]、津波対策に比べると大きな前提の差異がみられる。これは同じく国民の生命を守るという国・地方公共団体の責務において、政策の整合性という点から矛盾があるというべきである。

福島原発事故前には、緊急事に放射性物質の放出があったとしても広範囲の住民の避難が必要となる事態を想定する必要はないと認識されていたことが、前述『国会事故調報告書』に記録されている[注16]。しかし福島原発事故を経て、より深刻な条件を想定する必要性に迫られ二〇一二年一〇月に「原子力災害対策指針（以下「指針」）」が策定された。原発から五㎞圏では、緊急事態に際して放射性物質が放出される前から予防的に避難等の防護措置を実施し、五〜三〇㎞圏では防護措置の準備を実施する考え方が示された。また国の防災基本計画に対応して三〇㎞圏の自治体ではそれぞれ地域避難計画の策定が求められることとなった。

しかし書類の上で対策を講ずるべき範囲を三〇㎞と決めただけであって「放射線の影響が三〇㎞で収まる」ことを意味しない。その「指針」も、策定いらい一三回の改訂（二〇一八年一〇月現在）が行われているが、そのつど内容が後退している。策定時には放射性物質の放出量は福島原発事故と同等の前提で試算していたのに、二〇一四年五月の改訂にあたりその前提を桁ちがいに低く変更している。新規制基準では「過酷事故（容器破損）に際してセシウム１３７の放出量が一〇〇テラベクレル以下」が目標となったことに合わせたためである。この放出量は福島原発事故で放出されたと推定されるセシウム１３７の量[注17]の約一〇〇分の一にとどまる。しかしそれに収まるという実証的な根拠はなく「目標を決めたからそれを前提とする」としただけ、すなわち「新安全神話」の登場である。この結果、五km圏の事前（放射性物質の放出前）避難は従来どおりであるが、五〜三〇km圏については屋内退避を原則とする方針に転換した。その背景は、避難範囲を先に三〇km圏と決めてしまった後に、各原発で避難時間シミュレーションを実施すると、五km圏はともかく三〇km圏の住民が現実的な時間内で避難することは不可能との結果が続出したためと思われる。また住民を避難指示によって動かすと住宅の提供や補償が必要となるため、その負担を回避したい思惑もうかがえる。

次の惨事はどこか

国内の各原発で次々と再稼働が進められているが、日本原子力発電（原電）の東海第二発電所は再稼働を前提とした準備が行われている。いずれの原発でも再稼働すれば緊急事態の可能性は避けられないが、特に東海第二は首都圏に近く緊急事態に際しての影響はきわめて大きい。同発電所は一九七八年一一月に営業運転を開始し、国内の沸騰水型炉では最古である。二〇一一年三月一一日の東日本大震災では原子炉の停止後、外部電源が停止したため非常用ディーゼル発電機により冷却操作を続けたが、津波の影響により一部が停止するなどの影響があり、四日後の一五日にようやく冷温停止状態に到達した。

防潮堤は津波の高さよりわずかに高かったが、もし津波が防潮堤を超えていれば福島原発事故と同じ事態に至っていた可能性があった。原電は再稼働を前提に安全審査を申請し、原子力規制委員会は二〇一八年九月二六日に「審査書（いわゆる合格証）」を了承した。ただし同年一一月で運転開始から四〇年を経過することから、その後に再稼働するには運転期間延長の審査に適合する必要があり、規制委員会は同年一一月七日に運転期間の延長（最大二〇年）を認可した。

福島第一原発（東京都庁を基準とすれば直線距離で二三〇km）よりはるかに首都圏に近い東海第二原発（同一二〇km）で放射性物質の大量放出があった場合、放射線の影響はどのようになるであろうか。放射性物質は、ガス状、粒子状などさまざまな形態で気流に乗って移動する。初期のガス状については屋内退避でやり過ごすことにより被ばくの軽減がありうるが、次の段階では粒子状で地上に降下した核種（セシウム134、セシウム137など）からの被ばくが主となるため、その場に留まる時間に比例して被ばくする。

被ばくの影響に関しては、瀬尾健（京都大学原子炉実験所・当時）らにより整理された方法[注18]で福島事故前から既に報告されていたが[注19]、改めて筆者がシミュレーションを試みた。図5―2は五〇〇mメッシュごとに、直接の被ばくによる急性死者数と、その後の晩発性死者数を推定した結果である。被害は事故の進展シナリオや気象条件などにより変化するが、沸騰水型原子炉における中程度の事故（炉内に内蔵されているセシウムの一〇％前後が放出）と想定し、北東の風二m／秒、気象安定度は中間程度としたときの試算例である。このシミュレーションでは地形の影響（山岳など）を考慮できない制約があるが、関東地方はおおむね平面として考えてよいと思われる。前述の「指針」では五km圏内では放射性物質の放出前に避難するとされているので五km圏内での被害はゼロと仮定している。

一方でそれより外側のひたちなか市・水戸市では急性被害が発生し、急性死者は約四万二六〇〇人と推定される。その他の茨城県内および首都圏で晩発死者が約七一万七〇〇〇人と推定された。加え

図5—2　中程度の事故における急性および晩発死者の推定

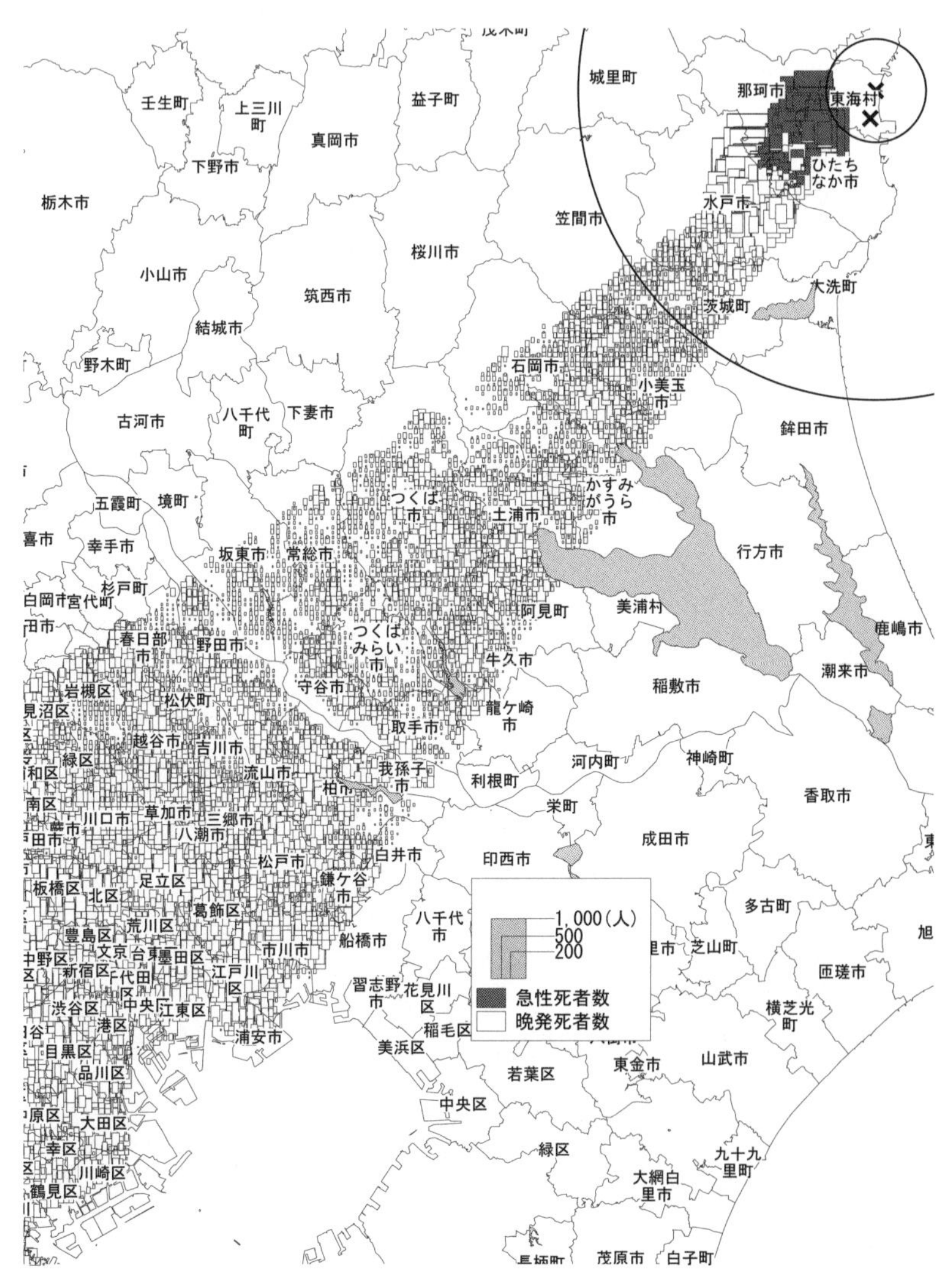

て東海村には、原発に近接して日本原子力研究開発機構の再処理施設があり、セシウム137だけでも東海第二の使用済み燃料を上回る放射性物質が不安定な状態で貯留されている。[注20] 東海第二の緊急事態から派生して同施設の管理もできなくなればさらなる大量放出に発展するおそれがある。

避難はできるのか

東海第二原発の周辺の市町村では避難計画を策定しており、たとえば東海村では茨城県内の取手市・守谷市（約九〇km）などに向かうことになっている。この距離では他の自然災害と異なり自動車の使用が不可欠となる。各自治体が地域避難計画を策定する過程で、三〇km圏の住民がその圏外に避難するにはどのくらいの時間を必要とするかシミュレーションが行われた。茨城県によるシミュレーションでは、設定条件（悪天候・一部道路不通・交通規制の状況など）にもよるが、五kmからの脱出だけでも三〇時間かかるとの結果も示されている。脱出時間を短縮するために五km圏内からの脱出者を先に通し、五〜三〇km圏はそれが終わるまで待機する「段階的避難」が推奨されているが、現実にそのような対応が可能かは疑問である。福島原発事故では公式の避難指示が出される前に多くの人が自発的に動き出している。地震翌日の二〇一一年三月一二日朝には、すでに浪江町や双葉町から内陸部へ向かう道路にすき間なく車が詰まっている様子が衛星写真（グーグルアース）に捉えられている。今や「一人に一台」に近い保有率の地域の自動車が一斉に動き出すと極度の渋滞が発生する。

東海第二原発から三〇km圏内で避難に利用可能と思われる道路は、片側一車線の道路が延べ二二四

図５―３　避難路と東日本大震災時の通行支障箇所

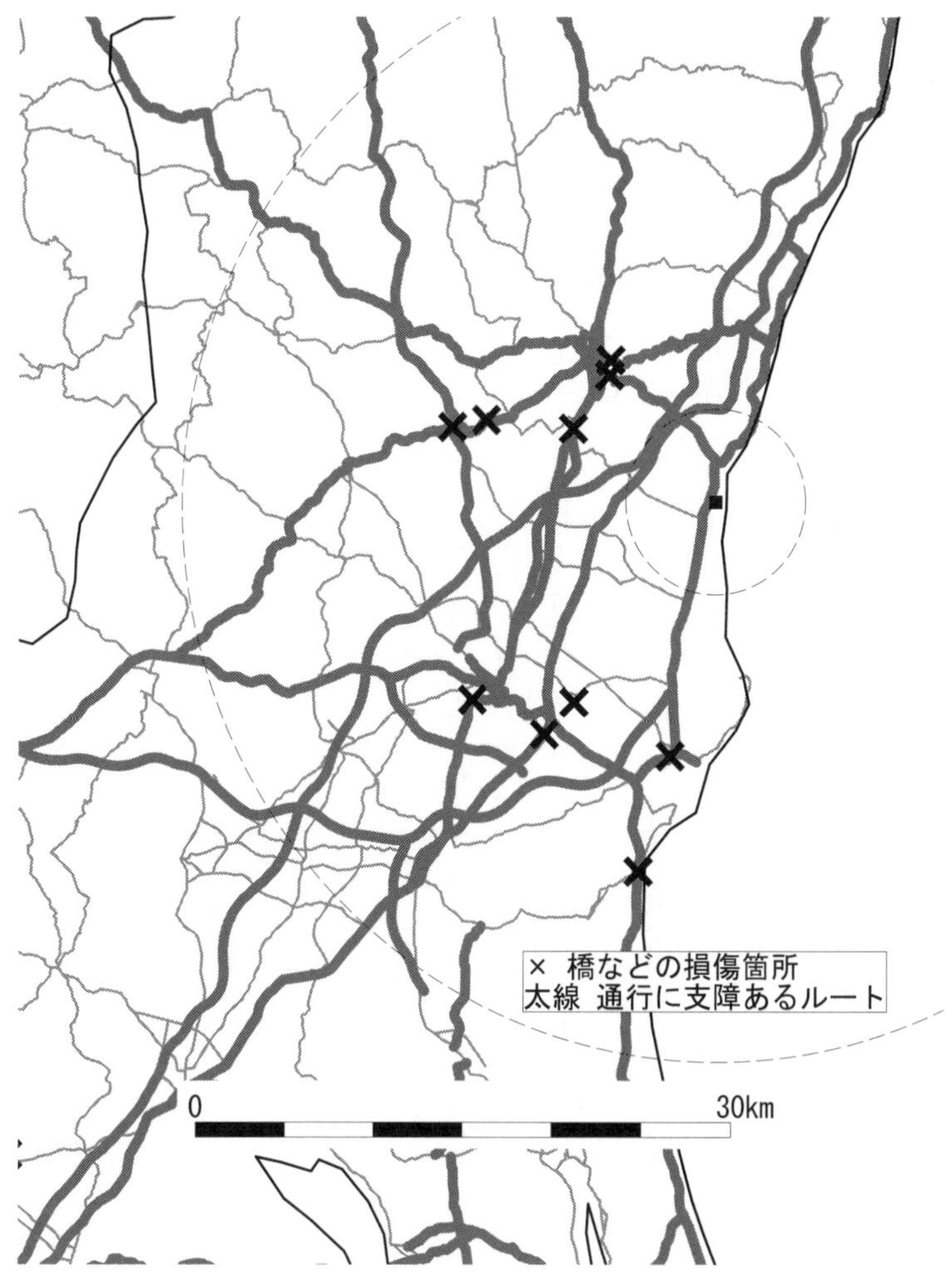

一㎞、同二車線（以上）が延べ三七四㎞ある。単純な推計として、ここに三〇㎞圏内の市町村の乗用車・軽乗用車の全車両が路上に出てきたとすると、その間隔は約五・五m、すなわち前の車と後続車が一mほどの間隔で接して並ぶことになる。専門的なシミュレーションを行うまでもなく、福島原発事故直後にみられたような身動きの取れない渋滞が発生することは不可避である。

渋滞の観点だけでなく道路そのものの支障で自動車が動けない状況も考えられる。図5―3は東海第二周辺で避難路となりうる国道・県道を示すが、東日本大震災の記録[注21]によると、震源から比較的遠かった茨城県内でも多くの道路で通行支障が発生している。×マークは橋梁の損傷などによる通行止め、太い線は一時的にせよ通行の支障が生じたルートを示す。これらは主なルートだけであって、東日本大震災では集落内の生活道路にも多くの損傷が報告されているから、そもそも自宅から避難路にも出られない状況も起こりうる。すなわち放射性物質の汚染雲が通過したり粒子状の放射性物質が降下している状態で、動くこともできず被ばくする状態になる。原子力災害と他の自然災害の複合災害はどのような形態で発生するかは予測しがたいが、他の原発でも同様である。内閣府の調査によると、二〇一八年七月の西日本豪雨では、例えば伊方原発に関して住民避難計画で定めた避難経路のうち通行止めが発生した道路が八道府県・計三七か所あった[注22]。

また東海第二原発に関して、三〇㎞圏内で移動にあたり第三者の支援を必要とする高齢者や障がい者は約六万人に及ぶ。これらの人々の移動手段が確保できていない。ストレッチャーなどを載せられる福祉車両を準備できるめどは立たず、自治体が指定する一時集合場所まで自宅から連れて行くことすら困難である。さらに、集合場所から避難所へ移動するバスを調達する県の計画も白紙状態であるという。茨城県那珂市のある自治会でのヒアリングでは、「要支援者」は防災備品のリヤカーで運ぶしかないのではないかと述べている。移動に第三者の支援を要する人は自治会が把握しているだけで約二〇人あり、リヤカー一台で要支援者宅と集合場所の一km前後を往復すると全員で二〇時間かかると想定される。[注23] さらに各地の一時集合場所にたどりついても、そこから三〇km圏外に脱出するバスの確保ができていない。県のバス協会に登録された約三〇〇〇台のうち約四割は路線バスで、基本的に避難には使えない。県は七月二五日に県バス協会と事故時の協定を結ぶと事前に発表していたが、前日になってキャンセルした。ドライバーに被ばくの可能性を説明していなかったことなどが理由だという。他県の例であるが、運転従事者に対するアンケートでは、一般公衆の年間被ばく限度である一ミリシーベルトを超える可能性がある際に、住民の脱出や屋内待機中の住民に対する物資搬送に関して業務依頼があった場合、約七割が「行かない」と回答している。[注24]

また地域の住民が安全に避難するためには、実際に動き出す以前に「事故の正確な現状と今後の見通し」「いつ・どこへ・どの経路で移動すべきか（あるいは屋内退避すべきか）」等の具体的な情報が必要である。また防護措置の司令塔となるべきオフサイトセンターが機能するにも発電所からの正確な情報提供が前提である。しかし緊急事態に際してこのような情報が取得できるのかは疑わしい。福島原発事故の経過を考慮すると、避難に必要な情報が県・市町村に対して適切に提供されるとは思われない。福島事故の初期、現場がどのような状況であったかは東京電力テレビ会議の記録から知ることができる。福島第一原発の現場でさえ事故の状況が把握できず、従ってその後の見通しを国や県・市町村に伝えられる状況ではなかった。次項は三号機が爆発した後の状況である。[注25]

※三月一四日一一時〇一分四五秒より（聞き取り不能部分は「＝」）

本店保安班　えっと、保安班からです。一応、被曝評価については、今の風向きで先に評価したソースターム（註・外部に放出される放射性物質の種類と量）で評価をします。実際のソースタームでどれだけ出たかは、観測地（ママ）と比べて後でフィッティングさせますので、それはちょっとお時間かかりますけども、とりあえず仮想事故の四〇％の炉心損傷のモードで出します。四〇％、一〇〇％でいいんですね？

1F　吉田所長　《電話》あっ、すいません、吉田でございます。一番＝と思われます。はい。はい。はい。＝だと思いますけど。＝あ、すいません、いまですね、二度目の爆発が起こりました。

本店　高橋フェロー　《ピー音》君、避難の要否の話になるから早く線量のやつ、ちょっと…。

本店　いまは、風はですね、南西方向です。

本店　西南西七m。

本店　海側に行っているはずなんですけど。海側に大きく……。

本店　高橋フェロー　それ発信できるように早く準備して。

本店　あとは実際の風、２Ｆなんですよ。１Ｆの風向きが＝なんとか見えませんかね。煙の方向とか何とかで。

1F　吉田所長　《電話》今度はですね、震動がなくてかなり高く爆発しております。これは私どもも分かりません。煙の中でですね、見えないんです。パラメータどうなってる？　各号機の。三号、変化ない？一発目の直後は変化ないですけど。はい？三号機だと思われます。これは我々もテレビでしか分からないんですね。はい、分かりました。はい。

本店　高橋フェロー　《清水社長に向かって》事務所がちょっと離れてるんですね。

1F　保安班　保安班から連絡します。この部屋の環境ですが、五〇マイクロシーベルトで、変化ありません。中性子は検出限界値以下に戻りました。以上です。

2F　増田所長　すいません、北東に風が流れていっています。北東です、すいません、間違えました。２Ｆです。

ここで情報伝達に関して注目されるポイントがいくつかある。本店保安班とされる発話で「とりあえず仮想事故の四〇％の炉心損傷のモードで出します。四〇％、一〇〇％でいいんですね？」の部分である。今後の被ばく予測のシミュレーションに際しては、最初の設定条件として炉心や格納容器の損傷の状況に応じて、どの種類の放射性物質が、どれだけ出てくるかを推定することが不可欠となる。それにより放出される放射性物質の種類や量が変わることになり、さらにその結果は退避を必要とする距離に影響する。

しかし現場でさえ炉心の状況がわからないために「四〇％か一〇〇％か」などと担当者のその場の思いつきだけで条件を仮定せざるをえない状況であった。その設定によってシミュレーションを実施したとすれば、退避を必要とする距離や予想される線量が大きく変動する。避難する側の市町村からみれば「避難対象地域になるのかならないのか」「いつ動き出せばよいのか（あるいは屋内退避か）」「どのような防護措置が必要かなど」具体的な内容が次々と変転することになり、とうてい対応できない混乱に陥る。東電本店の発話でも「避難の要否の話になるから早く線量云々」「それ発信できるように早く準備して」等と、住民の避難対策に必要な情報を伝達しようと試みていた意図はうかがえる。しかし「我々もテレビでしかわからない」という現場の発話や、風向や風速の報告が次々と変転するなど、発電所外に対して避難の支援となるような情報が発信できていない。

一方で東京電力は地震発生から約二時間三〇分後に、原子炉水位が下がっていた一号機の核燃料が約一時間後には露出すると予測していながら、法律で義務付けられた報告を国や福島県にしていなかったことが二〇一六年四月になって報告される等[注26]、情報を把握しながら伝達がなされていなかった経緯も発覚している。こうした点からみても住民の避難その他防護措置に必要な情報の伝達に関しては重大な懸念が残ったままである。また「指針」では三〇㎞圏では放射性物質の放出後に緊急時モニタリングにより避難を決定するが、そのための測定ネットワークが十分であるかも検証されていない。

また自治体の情報収集・危機管理体制も課題である。原子力災害ではないが二〇一五年九月に発生した茨城県常総市の鬼怒川水害に関して後日行われた調査では、市民・報道機関・周辺自治体・関連機関からの問い合わせ電話が特定の回線に集中して必要な情報の収集ができなくなるとともに、職員がその対応に忙殺されたため司令塔となるべき危機管理部門の活動が妨げられた状況が記録されている[注27]。水害では大規模といっても多くの場合は避難対象区域は市町村の一部であるが、市町村全体が避難対象となりかねない原子力災害では、さらに困難な状況が発生することは当然である。

避難に起因する経済的被害

原子力災害における避難とは、第一義的には被ばくを避けることが目的であるが、一定距離圏外に脱出できたとしてもそれで問題が収束するわけではない。避難後の生活をどうするのか、社会的・経済的な負担はほとんど回復不能なほど深刻である。また避難しないまでも、屋内退避が指示された状況では現地の社会的・経済的な活動は停止する。住民の避難あるいは屋内待機により商品の購入、サービス業の利用等が停止する。また農業・製造業・商業その他の事業者が存在するが、これらも活動を停止せざるをえない。事業者が活動を停止すれば被雇用者の収入あるいは雇用そのものも失われる。

このような社会的・経済的な面での影響はどうなるか、東海第二原発を例として試算した。経済に対する派生的な影響を推計する方法は多数提案されているが、茨城県に関しては「産業連関分析」[注28]の手法で経済波及効果の分析シートが提供されている。[注29]なお同様のツールは各都道府県でも提供されている。もともとは新たな需要が発生した場合に、県内の生産や雇用にどのくらい派生的な効果があるかを推定することが目的であるが、逆に需要が消失した場合に生産や雇用にどのくらいマイナスの影響が及ぶかを推計することも可能である。県の財政としても、雇用者の所得や事業者の利潤から県民税（個人・法人）と事業税（個人・法人）を歳入として得ることができるが、逆に生産や消費が停止す

表5—1　三〇km圏内避難・退避による経済的損失

（雇用者数は「人」）（▲はマイナスを示す）	合計（円）	民間消費支出消失の分（円）	事業者生産停止の分（円）
直接効果	▲七兆九七七六億	▲一兆〇五一六億	▲六兆九二五九億
第一次間接効果	▲三兆六六四八億	▲三〇一四億	▲三兆三六三四億
第二次間接効果	▲一八一五億	▲一八一五億	○
効果合計	▲一一兆八二三八億	▲一兆五三四五億	▲一〇兆二八九三億
うち粗付加価値額（GDPに相当）	▲五兆六一七一億	▲九〇四八億	▲四七一二三億
うち雇用者所得	▲二兆六〇八九億	▲三九五九億	▲二兆二一三〇億
県民税（個人・法人）	▲六〇七億	▲九二億	▲五一五億
事業税（個人・法人）	▲二四〇億	▲三六億	▲二〇四億
雇用者誘発数	▲六七万一七四〇	▲一〇万五五九五	▲五六万六一四五

ればそれらも損なわれる。

この前提で試算すると表5—1のような結果が想定される（数値はいずれも「年度あたり・単位億円」である）。三〇km圏内の住民が不在となり消費活動が消失することによるGDP（茨城県内の総生産）の損失が約九〇四八億円、および同圏内の各種の産業の生産者が活動を停止することによるGDPの損失が約五兆六一七一億円などである。県庁所在地である水戸市が三〇km圏内のため影響が大きく、合計すると茨城県内の年間ＧＤＰの約半分が失われる。

　またこうした消費・生産の消失の結果として派生的に失われる雇用は六七万人に達する。現実には原子力緊急事態と同時に解雇が発生するわけではないとしても、事業が停止して再開の見込みがなければ従業員に給与・報酬を提供できない。試算はデータの制約もあり茨城県内に限定して行っているが、たとえば茨城県内で他の都道府県の事業所向けに部品や資材を供給していたとすると、派生的に他の都道府県の関連する事業所も操業を停止せざるをえなくなる。

　一方で東海第二原発がかりに稼働すれば、県内ＧＤＰや雇用に一定のプラス効果があり、その効果も前述の波及効果と同様に推定できる。しかしそれを試算すると、ＧＤＰへの貢献は六六〇億円、雇用の創出効果は三七〇〇人ていどに過ぎない。被ばくによる生命・健康への影響を別としても、想像もできない社会的・経済的な損失が発生し日本が国の体をなさなくなる。社会的・経済的な面でも再稼働は考慮に値しない愚策といえよう。

「野球被ばく」と精神論

　二〇一一年三月一一日の福島原発事故の発生以後、同年五月ころになっても原子炉の状態に関する不安は続き、報道でも各原子炉の圧力や温度、放射線量が連日報道される状況であった。そのような時期の五月三日、福島県の避難区域内の高校野球部が練習を再開したとの報道があった。[注30]原発事故のため部員が分散して避難していたが、夏の甲子園大会出場に向けていわき市内の高校のグランドを借りて練習を再開した。この時点の国からの避難区域の指定は、二〇一一年四月二二日に政府により設定された「警戒区域」「計画的避難区域」「緊急時避難準備区域」の三種である。

このうちいわき市に最も近いのは市の北側で接する広野町・川内村の「緊急時避難準備区域（いつでも屋内退避や避難が行えるように準備をしておく地域）」である。原子炉の状態が安定していないため、放射性物質の大量放出の可能性が否定できないとして設定された（解除は同年九月三〇日）。当時の政府（官邸）の説明では、子供・妊婦・要介護者・入院患者は退去が推奨され、保育所・幼稚園と小・中・高校は休園・休校とされた。[注31]その境界線は単にいわき市と広野町・川内村の行政境界であり、放射性物質がそこで止まるわけではない。高校のグランドはその外側ではあるが第一原発から約四〇㎞の近くにある。

この時点では、事故直後と比べれば空間線量率の値は下がっているが、野球は日常生活とは異なる。図5―4（写真）のようにスライディングなど土埃が皮膚に付着したり粉じんを吸い込む機会が多い野球競技では、放射性物質が付着した土埃が皮膚に触れることによる被ばく（皮膚被ばく）や、それを吸い込んだり一部は飲み込むことによる内部被ばくは、空間線量率の値だけでは評価できず影響が大きく異なる。この時期には東京でさえホットスポットが観測されており、局所的に地表面の放射性物質の濃度が高い地域もあったと思われる。

この「野球被ばく」は数量的にどのていど考えられるだろうか。日本原子力研究開発機構の「土壌資料・環境資料分析」のデータベース[注32]によると、高校周辺の測定点で、二〇一一年五月の平均の空間線量率、すなわち照射される放射線による人体への影響の度合いとしては〇・四四マイクロシーベルト／時ていどである。これでも東京の平常時の一〇倍以上あり、その状態でそこに一年留まれば公衆の年間被ばく限度の一ミリシーベルトを大きく超えるのだが、さらに問題は土壌の汚染である。
　計算の簡略化のためセシウム137だけを考えると、土壌の汚染は同データベースの五月の平均値によればおよそ三一〇〇ベクレル／kg（土壌一kgあたりのセシウム137の分）である。これを表面沈着量に換算するとおよそ一六〇〇キロベクレル／m^2（土壌一平方メートルあたりのセシウム137の分）ていどになる。

図5—4　野球のヘッドスライディングの例
写真提供：baseball photographer

　この土埃が皮膚に付着した場合の人体への影響は二二マイクロシーベルト／時となり、空間線量率とは桁ちがいの被ばく量に相当する。運動後に体を洗うなどの対処により被ばくは低減できるが、それでも土埃の一部は気づかないうちに室内に持ち込まれ、本人とともに家族の被ばくをもたらす可能性もある。
　また呼吸による内部被ばくに関しては、スポーツ時は呼吸量が増える（一般には休息時の二〇倍ていど）から、それに応じて土埃に付着した放射性物質を吸い込む量も増える。また公表されている再飛散係数（地表の土埃のうちどのくらいが空気中に巻き上げられるか）は平常時の値であって、地表の状態（地表面の土質や植生、乾燥・湿潤）、風速の強弱などによって大きく変わるが、野球でスライディングやボールの捕球・走塁などことさら土埃が巻き上げられる状況に対しては、再飛散係数は大きく見込まなければならない。同様に推定すると、人体への影響としては四マイクロシーベルト／時ていどとなる（成人に対する預託線量として）。前述のようにこれはセシウム137だけを考慮しているが、その他のいくつかの放射性物質を合わせると数値はさらに上がる。これらの具体的な計算方法は資料を参照していただきたい[注33]。運動が終われば呼吸量は休息時に戻るから常時この数値ではなが、平常時と桁ちがいの被ばく量が観測される環境でなぜ生徒を活動させたのか疑問を抱かざるをえない。

北海道系統崩壊

北海道胆振（いぶり）東部地震（二〇一八年九月六日）に起因して北海道で発生した全域停電事故（系統崩壊）も、原発災害の性格がある。事故の経過としては表5―2のように記録されている[注34]。また、需要側の変動を図5―5に示す[注35]。

この系統崩壊に関して事故直後から「泊原発が動いていれば系統崩壊はなかった」との言説が流布された。しかしこれは、原子力政策や原発の安全性に関する見解以前に、工学的に意味をなさない説明である。供給力が不足した場合に発電機を停止するのは一見すると逆のように感じられるので、電力会社側の操作ミスではないかとの指摘も寄せられたが、操作上の問題ではなく別の技術的理由がある。電気は、水道のように圧力を落として供給を続けることはできない。火力でも原子力でも、発電機は蒸気タービンと直結されて周波数と同調して回転している。また全ての発電所は連携して運転している。何らかの理由で発電側の能力が不足（負荷が超過）すると周波数が低下してタービンの回転数が落ちてゆく。周波数を維持するためにはタービンへの蒸気を増加させる必要があるが、ボイラー（火力）あるいは原子炉（原子力）の蒸気発生能力は有限なので負荷の超過が一定以上になると周波数の維持ができない。

表5―2　北海道系統崩壊の時間経過

時刻	経過
（地震発生前）	地震直前の負荷二九二万kW
九月六日三時七分	苫東厚真火力発電所二号機（六〇万kW）と四号機（七〇万kW）が緊急停止
三時八分	周波数が四六・一Hzまで低下（通常は五〇・〇Hz）
三時九分〜一〇分	一部地区を強制的に停電する負荷遮断を実施、本州から約六〇万kWの融通等で周波数をほぼ回復
三時一〇分〜	地震を感知した多くの家庭で照明・テレビ等の電力需要が急増
三時一五分〜	伊達火力発電所等で出力増加
三時二〇分	苫東厚真火力発電所一号機（最大出力六〇万kW）の出力低下
三時二二分	周波数が四七・六Hzまで低下、二回目の負荷遮断を実施、周波数が一時回復
三時二四分	苫東厚真火力発電所一号機（三五万kW）が緊急停止、残存した三火力も緊急停止
三時二五分	系統崩壊に至る

タービンには固有の危険回転数の領域があり、この回転数で運転を続けると振動が発生してタービンが吹き飛んでしまう。危険回転数とはスピード超過もあるが、逆に回転数の低い側にも共振点がある。正確ではないが、たとえると自転車を漕ぎ始める時は不安定だが、一定のスピードになると安定する感覚がそれに近い。このため周波数が一定値より低下した時には発電機を緊急停止せざるをえない。これは火力でも原子力でも共通であり、一つの発電所が脱落すればその分が他の発電所の負荷となるため、将棋倒しのように脱落を招く。脱落した場合は、火力ならばボイラーの緊急消火、原子力ならばスクラム(制御棒を挿入し核反応の停止)となる。ここで火力ならボイラーの火を消すだけでそれ以上の破壊的な状況には発展しないが、原子力は核反応を停止した後も冷却水を回して崩壊熱を除去する必要がある。それができなければ福島原発事故と同じメルトダウンを招く。そのために冷却用の電力が必要だが、系統崩壊の場合にはそれが途絶するから別途非常用の電源が必要となる。

もう一つの問題は、仮に安全に停止できたとしてそこからの復旧である。北電の資料によると、苫東厚真火力発電所の損傷は九月六日未明(地震による)に発生したが、一一日にはボイラーの内部を点検し損傷管の取替を決定している。続いて一九日には作業が完了して通常運転に復帰した。苫東厚真のような石炭ボイラーでは、ボイラー管の損傷は平常時でも日常的に起きるトラブルであるため、発電所としては手慣れた作業だったはずである。もしこれが原発だったらどうだろうか。ボイラーに相当する部分は、PWR(圧力水型)の泊原発の場合は蒸気発生器であり放射線の環境下であるから、そもそも「内部を点検」という作業そのものが容易ではない。一九九一年二月の関西電力美浜発電所の蒸気発生器損傷の事例がこれに近いが、再起動まで半年以上かかっている。かりに放射性物質の放

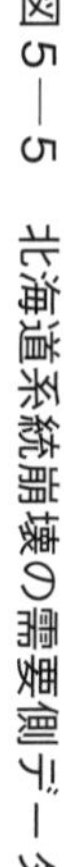

図5—5　北海道系統崩壊の需要側データ

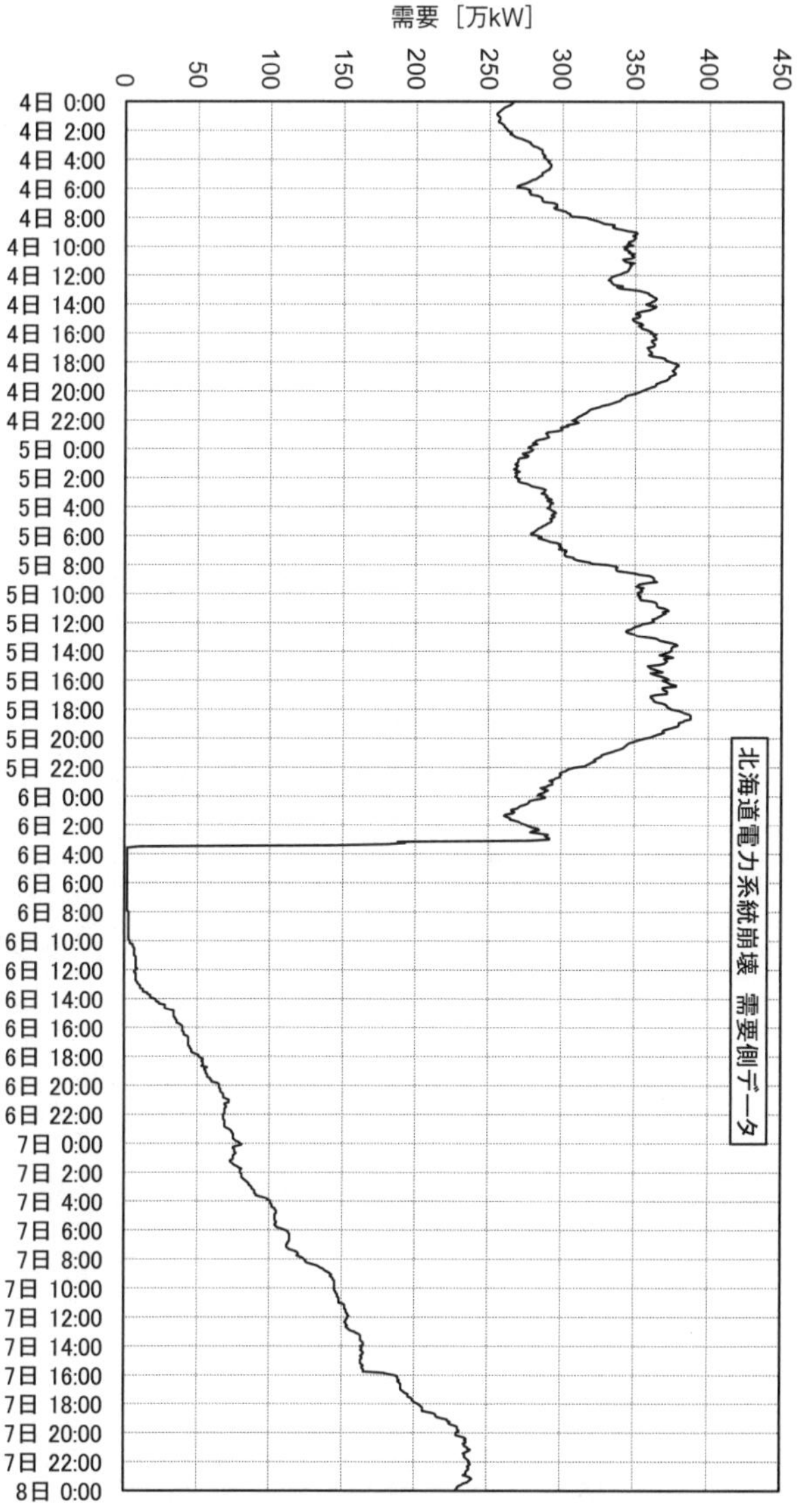

出など重大事態には至らないにしても、火力発電所が二週間弱で通常運転に復帰できるところを原発では半年以上動かせない。電力供給の点だけからみても原発は安定電源ではなく、むしろ最も脆弱な電源といえる。

また系統崩壊をもたらした本質的な問題点として、自然災害あるいは何らかのトラブルによって、火力・原子力にかかわらず大きな供給力が一挙に失われたこと、すなわち大規模集中型の電源構成になっている電源構成が揚げられる。本州と北海道との間の連携線の容量が小さいため電力の融通量が限られていたことも要因の一つである。連携線は、足りない時に他者から融通を受ける目的の他に、太陽光発電や風力発電など気象条件の影響を受けやすい発電設備を広域に連携させて、変動を緩和する目的など、再生可能エネルギーの普及の観点からも重要である。九州電力では、二〇一八年一〇月に供給超過による系統崩壊を防ぐためとして太陽光発電（一〇キロワット以上）からの電力受け入れを遮断する出力制御を行った。すでに火力発電と太陽光発電で需要を賄える状態となっているにもかかわらず原子力発電所（川内・玄海）を稼働したことがその背景にある。今回は供給超過の問題であったが、九州の電力需給が大規模集中型になっていることから、地震・津波あるいは何らかの技術上の単独事故により原子力発電所が停止すれば、北海道のように系統崩壊が発生する可能性が高い。

【注】

1 気象庁「震源カタログ」 https://www.data.jma.go.jp/svd/eqev/data/bulletin/hypo.html 「世界の被害

地震の表（宇津カタログ）」 http://iisee.kenken.go.jp/utsu/ 気象庁「日本活火山総覧」 https://www.data.jma.go.jp/svd/vois/data/tokyo/STOCK/souran/menu_jma_hp.html

2 産業技術総合研究所「起震断層・活動セグメント検索」 https://gbank.gsj.jp/activefault/index_gmap.html

3 藤田祐幸『脱原発のエネルギー計画』高文研、一九九六年、二七頁

4 第一六五回国会・質問第二五六号「巨大地震の発生に伴う安全機能の喪失など原発の危険から国民の安全を守ることに関する質問主意書」 http://www.shugiin.go.jp/Internet/itdb_shitsumon.nsf/html/shitsumon/b165256.htm

5 首相官邸ウェブサイト「ＩＯＣ総会における安倍総理プレゼンテーション」 https://www.kantei.go.jp/jp/96_abe/statement/2013/0907ioc_presentation.html

6 東京電力福島原子力発電所事故調査委員会『国会事故調報告書（冊子版）』徳間書店、二〇一二年九月

7 「玄海原子力発電所三、四号機の再稼働についての御意見」 http://www.pref.saga.lg.jp/kiji00354096/3_54096_41615_up_iy144egd.pdf

8 原子力規制委員長記者クラブ会見（二〇一六年三月二三日） https://www.nsr.go.jp/data/000145526.pdf

9 首相官邸「原子力災害対策本部会議・原子力防災会議合同会議」二〇一四年九月一二日 http://www.kantei.go.jp/jp/96_abe/actions/201409/12gensai_goudou.html

10 『朝日新聞（愛媛版）』二〇一八年十一月七日「県政の課題［中］原発」

11 第二二回原子力規制委員会臨時会議 二〇一七年七月一〇日 https://youtu.be/BN3ue81LrYM

12 国土交通省「津波防災地域づくりに関する法律について」 http://www.mlit.go.jp/sogoseisaku/point/tsunamibousai.html

13 国土交通省「津波防災地域づくりを総合的に推進するための基本的指針の概要」 http://www.mlit.go.jp/common/001188826.pdf

14 原子力規制委員会「緊急時の被ばく線量及び防護措置の効果の試算について」（案）（二〇一四年五月

二八日）では放射性物質の放出量の前提を福島原発事故の一〇〇分の一に設定する等の過少評価がみられる。http://www.nsr.go.jp/data/000055769.pdf

15　また「原子力災害対策指針」第四次改訂（二〇一五年四月二二日）ではSPEEDI（緊急時迅速放射能影響予測ネットワークシステム）等の予測システムを避難の参考情報とすることを削除し、モニタリングにより空間放射線量率が基準値を超えた場合に防護措置の実施とするように緩和している。

16　東京電力福島原子力発電所事故調査員会『国会事故調報告書（参考資料）』（CD―ROM版）二〇一二年九月、三九六頁

17　前出6、九七頁

18　「第六八回原子力安全問題ゼミ資料」一九九七年八月二九日開催　今中哲二「SEO原発事故災害評価プログラムにおける放射能の拡散・沈着〝被曝線量〟リスクモデル」http://www.rri.kyoto-u.ac.jp/NSRG/seminar/No68/Imnk68.html　小出裕章・瀬尾健「原子力施設の破局事故についての災害評価手法」http://www.rri.kyoto-u.ac.jp/NSRG/seminar/No68/kid9708.html

19　『これから起こる原発事故（改訂版）』宝島社、二〇〇七年

20　原子力規制庁「独立行政法人日本原子力研究開発機構再処理施設における潜在的ハザードに関する実態把握調査報告書」二〇一三年一一月　https://www.nsr.go.jp/data/000047745.pdf

21　茨城県「東日本大震災の記録誌」二〇一七年一〇月　http://www.pref.ibaraki.jp/seikatsukankyo/bousaikiki/bousai/kirokushi/kirokushihp.htm

22　「原発避難道三七カ所通行止め　西日本豪雨、内閣府調査」『東京新聞』二〇一八年一一月九日ほか各社報道

23　「東海第二　三〇キロ圏　避難時、要支援六万人　自治会『リヤカー移動』も」『東京新聞』二〇一八年八月二二日朝刊

24　新潟県防災局「原子力だより」二〇一六年十二月　http://www.pref.niigata.lg.jp/HTML_Article/605/119/H2812HP0.pdf

25 福島原発事故記録チーム編『福島原発事故　東電テレビ会議四九時間の記録』岩波書店、二〇一三年九月、二六四～二六六頁

26 『東京新聞』二〇一六年四月一五日朝刊

27 常総市水害対策検証委員会「平成二七年常総市鬼怒川水害対応に関する検証報告書」二〇一六年六月、二二頁

28 多数の参考書があるが、たとえば宍戸駿太郎監修・環太平洋産業連関分析学会編『産業連関分析ハンドブック』東洋経済新報社、二〇一〇年など。

29 「茨城県産業連関表」ホームページ　http://www.pref.ibaraki.jp/kikaku/tokei/fukyu/tokei/betsu/sangyo/io17/index.html#bunseki

30 ＮＨＫ Ｗｅｂ版　http://www3.nhk.or.jp/news/html/20110503/t10015689051000.html

31 官邸ホームページ「『計画的避難区域』と『緊急時避難準備区域』の設定について」二〇一一年四月二一日　https://www.kantei.go.jp/saigai/20110411keikakuhinan.html

32 https://emdb.jaea.go.jp/emdb/selects/b10203/

33 たとえば会津若松市「放射線Ｑ＆Ａ」　https://www.city.aizuwakamatsu.fukushima.jp/docs/2013053000024/

34 「一八分間に三度負荷遮断　周波数が急低下」『毎日新聞』二〇一八年九月一九日ほか各社報道

35 北海道電力ホームページ　http://denkiyoho.hepco.co.jp/area_download.html

第六章

大規模工事と国土荒廃

「人災」としての公共事業

須田（前出）は公共事業について「国家事業として〈天〉から降ってくる災厄」と表現している。[注1]その典型は、当初「新東京国際空港」と名づけられた成田空港建設問題であろう。[注2]現地で長年にわたり抵抗を続けた男性は、敗戦後に千葉県成田市の三里塚に入植して開拓農業を始め、戦後の混乱と疲弊から抜け出して「生きているうちに畳の上で暮らしたい」との思いがかなって一九六二年に新築の家に入居することができた。しかしその同じ年に空港建設問題が持ち込まれた。こうした摩擦はダム・[注3]道路・近年はリニア新幹線などあらゆる公共事業に関して全国で起きている。須田は二〇〇一年の省庁再編で国土交通省が発足した際の論稿で次のように述べている。

〝絞め殺し〟という言葉に象徴されるように、三～五年ではなく三〇～五〇年かけて地域生活を荒廃させる。第一段階で地元自治体を懐柔し、毒と饅頭をばら撒く。第二段階では、地域経済の衰弱化をはかりその地域に生活していても展望の開けないことを思い知らせようとする。人びとは人生設計ができなくなる。第三段階は、極端にいえば反対勢力が死に絶えるのを待つ。「公共事業は一度決めたら二度とは変わらない」という神話を、庶民の骨の髄まで染み込ませる。国家無謬説に立脚する行政風土がその行為を正当化する。この体質は中央だけでなく地方をも覆う。一九七〇年代、各地で群発した地域闘争がそれを証明する。革新自治体といわれた東京、神奈川も例外ではない。群馬県八ッ場ダム、神奈川県宮ヶ瀬ダムを見よ。
国土交通省にもし何か望めるなら、第一に言いたいことは、これ以上犠牲者を出すな、ということだ。

一九五〇年代には東京湾の埋め立てに必要な土砂の調達方法として、核爆発で千葉県の山を崩し、その土石を以て東京湾を埋め立てて土地を造成するとの案まで提示された。[注4] この時期にはすでに第五福竜丸事件（一九五四年三月）が発生しており、専門家でなくても放射線の有害性は周知されていたはずであるが、この提案者によると、地下爆発ならば放射線は岩と土砂が吸収してしまうから人体への害にはならないとしている。さすがに核爆発による土砂採取は実現しなかったが、図6―1のように工事のために各地で里山が削られている。また図6―2は東京近郊の里山を削って各所に存在する多数のゴルフ場の衛星写真である。東京のために周辺の地域から社会的にも物理的にも資源を持ち去る発想は同じである。一方で土木工事では建設残土が発生する。報道によると首都圏で発生した残土が、廃棄に関する規制が緩い別の県に搬入・投棄されている。毎日新聞社が把握した事例では、東京・六本木の米軍赤坂プレスセンター、同大手町の超高層ビル等の関連残土が三重県に搬入されていた。[注5]
環境や政策に関する資料を調査すると、文字どおり枚挙に暇がないほど「人災としての公共事業」の事例が見いだされる。二〇一七年五月、高知県大川村では人口減少の影響（三七四人・二〇〇八年四月現在）で村議会の維持が困難となり「村民総会」に移行する検討を開始したと発表した。町村では議会を置かず総会によりこれを替えることは「地方自治法」の第九四～九五条で認められており違法ではない（「市」では不可）。本章ではこの問題自体は取り上げないが、一九六〇年代には四〇〇〇人以上の人口がなぜ四〇〇人まで減ってしまったのか、同村の議員は「国によってつくられた過疎」であると指摘している。[注6]これも「人災」であろう。人口減少の要因としては主要な産業であった林業の低迷に始まり、早明浦（さめうら）ダム建設、白滝鉱山（銅山）の閉山などが挙げられる。これらはいずれも「国策」の影響を受けている。ダム反対というと水没地域の住民による活動の印象を受けるが、大川村では村を挙げて反対し、意図的に水没予定地に村役場庁舎を新設するなど抵抗を試みた経緯がある。近年は「公害」という言葉が用いられる機会は減り、環境問題（破壊・汚染）と呼ばれるが、呼びかたはいずれにせよ「人災」である。全体を通覧できる資料として川名英之による『ドキュメント日本の公害』全一三巻（一九八七年〜九六年）[注7]や宮本憲一『戦後日本公害史論』[注8]などの大著がある。ほかに無数ともいえる資料があり本書で個別に取り上げることはできないが、『日本の公害』に収録されている項目だけでも表6—1に示す多数の事例がある。

開発政策・産業政策がいかに人と国土を破壊してきたかが列挙されているが、それでもまだ収録されていない事例は多く、当時から今なお争いが続く諫早湾干拓事業（一九八九年着工）や各地のダム建設、新たに辺野古基地建設なども挙げられる。これらの事業では人的被害も多数発生し、多くの訴訟が提起されている。このうち「四大公害裁判」とは一般にイタイイタイ病裁判・新潟水俣病裁判・四日市公害裁判・熊本水俣病裁判を指すが、いずれも住民（原告）勝訴で終結した。また第六四回臨時国会（一九七〇年一一月）は「公害国会」と通称されたように多数の公害関連法が成立し、被害が発生した場合の無過失責任（被害者側が加害者側の故意・過失を立証しなくてもよい）の原則も取り込まれた。

図6―1　土砂採掘現場

図6―2　里山一面にゴルフ場（Google Earth）

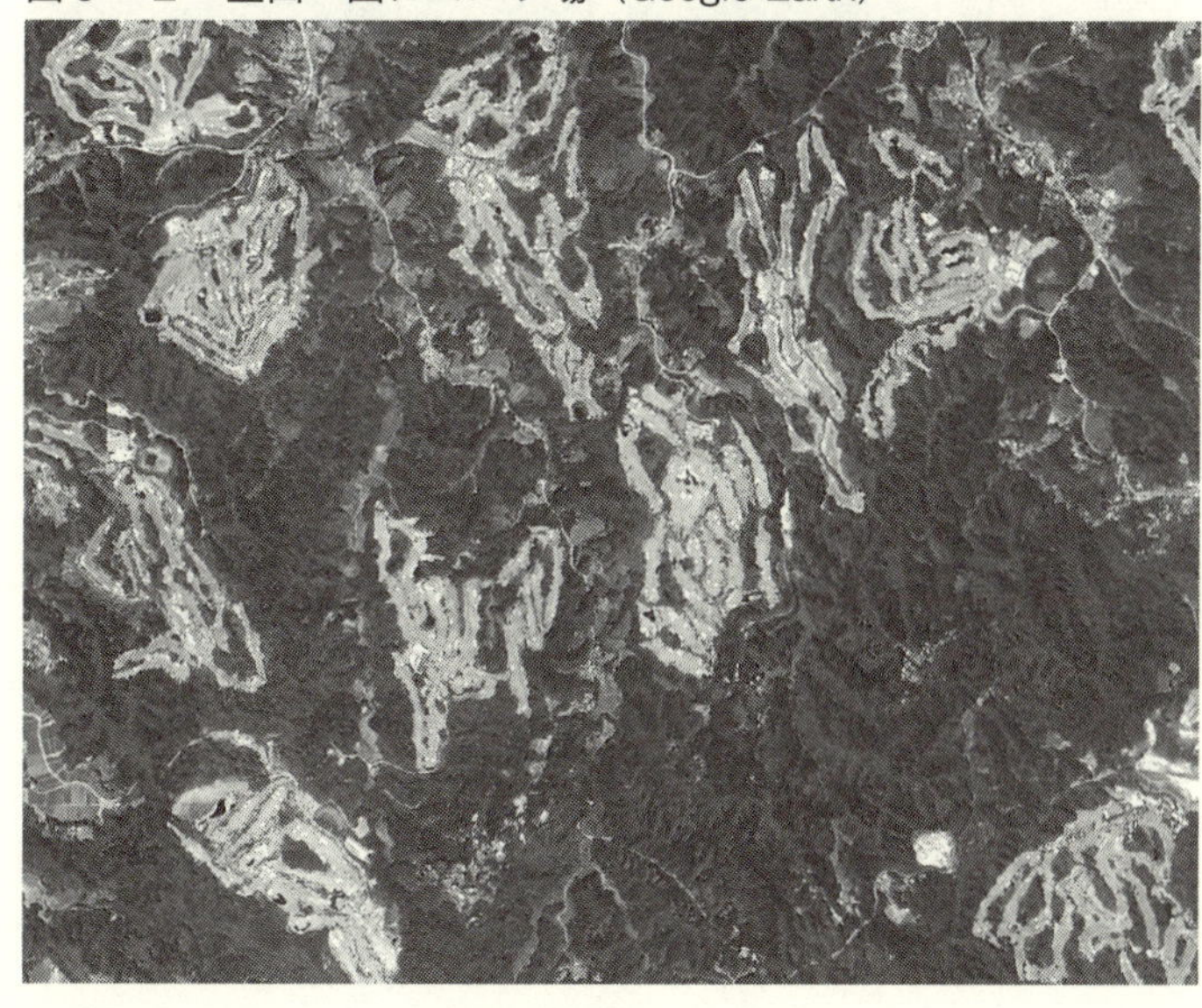

表6―1 『ドキュメント日本の公害』に所収の事例

第一巻	水俣病（熊本）／新潟水俣病／カドミウム公害／続発する水質汚濁事件／大気汚染公害の激化／四大公害裁判[注9]／公害意識の高揚と住民運動
第二巻	土呂久と松尾の亜砒酸鉱害／乗用車排ガス規制／対馬・安中のカドミウム鉱害／公害国会／環境庁創設／公害行政の前進
第三巻	スモン薬害／サリドマイド事件／クロロキン薬害事件／森永砒素ミルク中毒／PCB公害
第四巻	足尾鉱毒事件／水俣病の認定と訴訟／ビキニ核実験と第五福竜丸
第五巻	全国総合開発計画／列島改造から四全総へ／新産業都市水島の公害／瀬戸内海の開発／瀬戸内海の汚染と入浜権
第六巻	京浜工業地帯の公害／京葉臨海工業地帯の公害／川崎製鉄公害訴訟／東京湾岸の開発と汚染／ゴミ公害／東京湾横断道路／鹿島の開発と公害
第七巻	志布志湾の開発／大分新産業都市の公害／九州の開発と自然保護／中海・宍道湖の淡水化問題／苫小牧東部の開発／むつ小川原開発
第八巻	大阪国際空港（旧）の公害／関西新空港の建設／横田基地の騒音公害／厚木基地公害訴訟／嘉手納基地の騒音公害
第九巻	悪化するNO$_x$濃度／ディーゼル車の公害／自動車公害訴訟／新幹線の騒音公害／名古屋新幹線訴訟／拡大する新幹線公害
第一〇巻	琵琶湖・霞ヶ浦の汚濁と対策／難航した湖沼法制定／ゴルフ場の農薬汚染／沖縄の海水汚染とサンゴ
第一一巻	環境行政の後退／環境アセス法制化の挫折／公害訴訟の動向／白神山地のブナ林保護運動／環境基本法の制定／地球環境問題年表
第一二巻	地球環境問題の発生／地球温暖化と政府の対応／地球サミット／熱帯雨林・生物種の減少
第一三巻	環境配慮のない「欠陥ODA」／進出企業と「公害輸出」／アジアの公害・自然破壊

このように実際に被害が起きた場合の救済については、その内容は十分でないとしても枠組みの整備は行われてきた。しかし将来に起こる被害の可能性や予測に関しては、ほとんどの場合司法は「行政の裁量」を掲げて判断を示さないため、被害の未然防止にはなお適切な枠組みが存在しない現状がある。

国土利用計画の推移

これまで「全国総合開発計画（全総）」が五次にわたって策定されている。全総とは、国土の利用・開発・保全に関して、おおむね一〇年単位の計画期間において、住宅、都市、道路、鉄道など社会資本の整備のあり方の基本方針を示す計画である。これまで「全国総合開発計画（通称は一全総）」「新全国総合開発計画（新全総または二全総）」「第三次全国総合開発計画（三全総）」「第四次全国総合開発計画（四全総）」、および「二一世紀の国土のグランドデザイン（五全総）」が策定されている。ただし時代背景の変化により計画期間満了を待たず次の全総に移行しているケースもある。

中でも五全総は、バブル崩壊を背景に公共事業の量的拡大は見込めない状況から「全総」の名称を用いず「グランドデザイン」と称しているが、通称で五全総と呼ばれている。各々の概要を国土交通省資料[注10]および田畑琢己による検討[注11]などをもとに表6—2に要約する。田中角栄による著名な『日本列島改造論』[注12]は全総と直接の関連はないが時期的には二全総と一致している。なお田中角栄は多くの閣僚を歴任しているが、一般に土建政治家と認識されながら意外にも建設大臣には就任していない。い

表6—2　過去の「全総」の概要

計画	主な施策
【一全総】全国総合開発計画 一九六二年策定（第二次池田内閣）、目標年次は一九七〇年	〈拠点開発構想〉 経済成長を目的とし、重化学工業の拠点（コンビナート等）を整備。工業の分散を図り東京等の既成大集積と関連させつつ開発拠点を配置、交通通信インフラにより有機的に連結。地域間の均衡ある発展を実現。
【二全総】新全国総合開発計画 一九六九年策定（第二次佐藤内閣）、目標年次は一九八五年	新幹線、高速道路等のネットワークを整備し、大規模プロジェクトを推進することにより、国土利用の偏在を是正し、過密過疎、地域格差を解消。
【三全総】第三次全国総合開発計画 一九七七年策定（福田内閣）、目標年次は策定後おおむね一〇年	石油危機を経験し「開発」一辺倒の姿勢から転換。安定成長や「定住圏」構想が登場。大都市への人口と産業の集中を抑制する一方、地方を振興し、過密過疎問題に対処しながら、全国土の利用の均衡を図りつつ人間居住の総合的環境の形成を図る。
【四全総】第四次全国総合開発計画 一九八七年策定（第三次中曽根内閣）、目標年次は二〇〇〇年	「規制緩和」政策を受けて地域主導による地域開発を促進し、地域間を交通インフラ等によって結び交流ネットワークの形成をめざす。多極分散型国土。
【五全総】二一世紀の国土のグランドデザイン 一九九八年策定（第二次橋本内閣）、目標年次は二〇一〇〜一五年	バブル崩壊。「最後の全総」との位置づけ。計画の名称も「全総」を用いず「グランドデザイン」となる。地球時代・人口減少と高齢化・高度情報化社会の背景から、「一極一軸から多極多軸型国土」への転換。

ずれの全総でも、また『日本列島改造論』でも「一極集中の是正」を問題意識として掲げてはいるものの、実際にはその効果は実現しなかった。

「全総」は第五次で終了したが、将来の人口・年齢構成・国土利用はどうなるであろうか。多くの研究者によりシミュレーションが報告されており統一見解はないが、国土政策・交通政策と関連づけた試算として、東日本大震災直前の二〇一一年二月に、国土審議会政策部会長期展望委員会が「国土の長期展望中間とりまとめ」を報告している。[注13] 社会的諸要因が現状のまま推移した場合、二〇五〇年頃には総人口が一億人を下回り、高齢化率は約四〇%になると見込まれ、約四〇年後の「人と国土」の関係性が現在とは大きく異なると推定している。全体として人口減少の中でも都市集中が続く一方で三大都市圏以外の人口減少は加速すると推定されている。さらに三大都市圏以外での各都市圏内の一極集中も進んでいる。図6―3は九州北部の一九九五年と二〇一五年の国勢調査による一㎞枠(メッシュ)の人口の推移を示す。図のグレーのメッシュは二〇年で人口が三割以上増加、黒のメッシュは逆に三割以上減少したメッシュを示す。すなわち県庁所在地への人口集中すなわち九州内での一極集中が進んでいることを示す。

これまでの都市間の高速交通体系においては、たしかに都市間における所要時間短縮効果は実現できたものの、いわゆる「ストロー効果」として、日本全体としては東京一極集中、また地域別では北海道内での札幌集中、九州内での福岡集中をもたらし、都市間の高速交通体系が一極集中の是正に貢献したとは言えない。一方で「Jターン」「Iターン」等は低成長時代になってからであり、高速交通体系の効果ではない。いまだに高規格幹線道路(高速道路)構想の一万四〇〇〇㎞のうちの未完成部分の建設が続いている、高齢化がますます進展する中で自動車による都市間の所要時間を短縮しても一極集中の是正が実現するとはとうてい考えられない。

図6―3　九州内の一極集中の状況

物理的に土地が存在しても人が住んで安定した生活を営んでいなければ「国土」ではない。図6―4は国土交通省国土政策局による将来のメッシュごとの二〇四五年における人口推計[注14]の北海道部分であり、現在の人口動態（出生・死亡）や人口移動の延長線上と仮定して将来の人口を推定した結果である。図の黒部分は人口が五〇％以上減少、すなわち地域として存続が困難と予想されるメッシュである。札幌周辺でさえも存続困難なメッシュがみられる。一方でグレーの線は高速道路を示す。現在も北海道内の高速道路は建設が続いているが、将来の消滅地域に向かって高速道路を延伸しているような事業ではないか。

一方でＪＲ北海道は「当社単独で

図6—4　北海道の高速道路と消滅地域

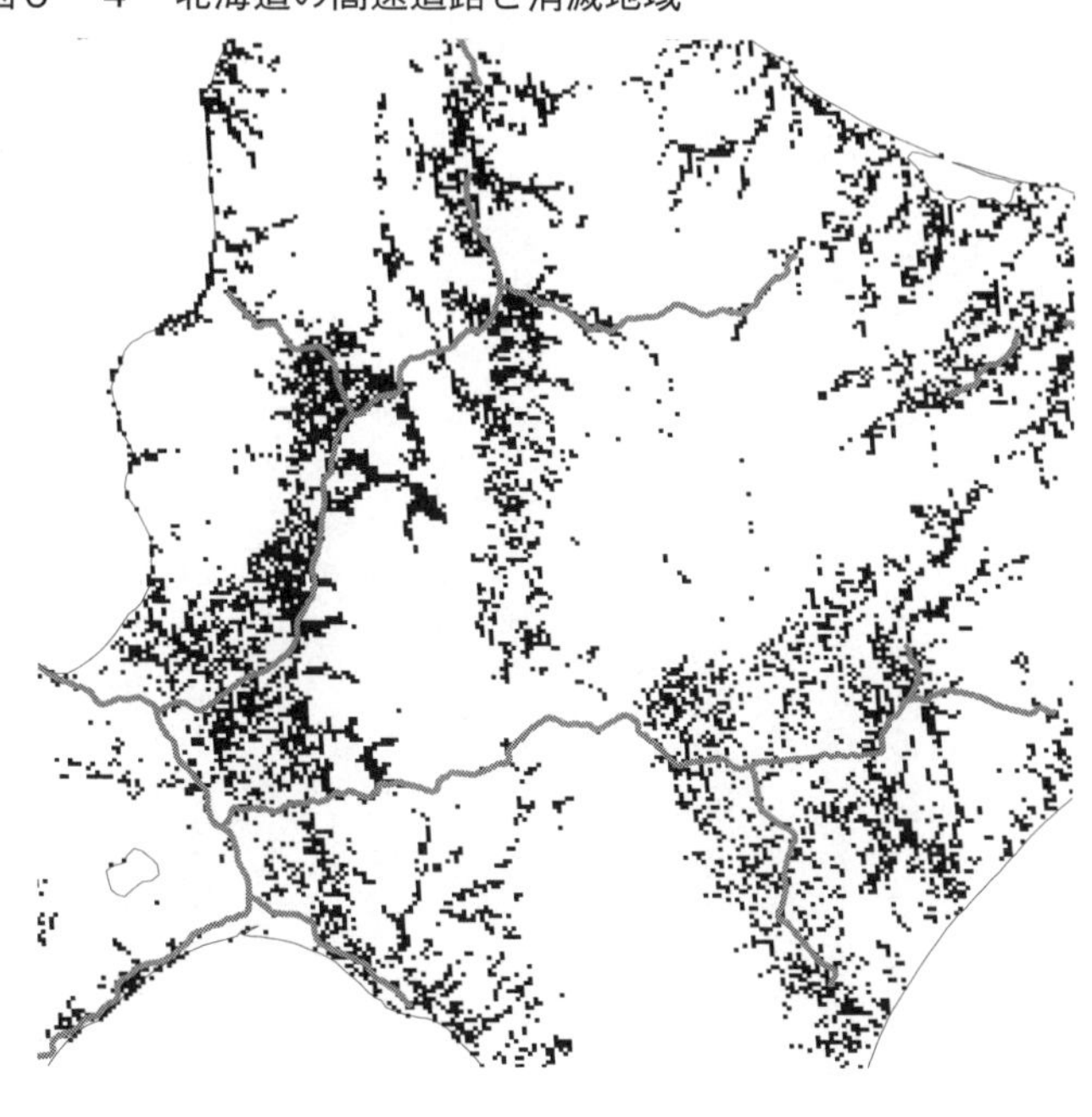

は維持することが困難な線区について」を公表した。[注15] 現在よりもさらに鉄道の路線網を縮小する意図を示している。それによると一〇路線・一三区間で合計一二〇〇㎞の廃止を示唆している。これはさらに地域の持続性にダメージを与えるであろう。これらも交通政策に起因する「人災」の一つではないか。

全総と防災

国土利用政策は防災と密接に関連する。防災に関する全総の内容を検討すると、一全総では伊勢湾台風（一九五九年）の経験から水害・高潮対策を考慮しているほか、住宅密集地における住宅の不燃化対策が挙げられている。

日本では近代以前から人口密集地における大規模火災の歴史があり、住宅の不燃化は継続的な政治課題であったはずだが、強力に推進されたとはいえない。一全総では地震・津波に関する記述はない。次に二全総では、テーマとしては「災害に対する国土の保全」という発想がみられ、自然災害だけでなく過剰な開発による弊害が取り上げられている。地震に関連しては、特定地区における木造建築の禁止、避難場所などの整備、地下埋設物の耐震耐火性の確保等を総合的に推進するとあり、地震の観測・予知体制の強化が挙げられている。津波には言及がない。

三全総では、人口・資産・交通通信・中枢管理機能が集中する大都市における災害が重大な問題を生ずるとの指摘と、これらの大都市への過度の集中という問題意識から「首都機能の移転」の項目が登場する。避難場所などの整備、住宅の不燃化対策についてはひき続き取り上げられており、より積極的に「耐震」の考え方も加わる。津波の文言が初めて登場するが、積極的な取扱いはされず高潮や水辺浸食の防止等と同列の扱いである。

四全総では、大規模地震等広域的な災害、火山災害、高度情報化に伴う安全対策などが取り上げられる。三全総に続き「分散型の国土構造を目指す」との記述がみられる。ライフライン、災害弱者など、最近の防災対策で常用される用語が登場した。大規模災害に備えた複数ルート、複数機関による多重系交通網が記述されている。また津波に関して初めて「三陸、東海、南海道等において既往最大規模の津波を想定した防護を進める」との具体的な方向性が示された。

五全総では、防災に関してはおおむね四全総を踏襲した内容となっている。ただしこの間、阪神・淡路大震災（一九九五年）を経て、防災生活圏の形成、防災教育、広域防災拠点など多面的な対策に記述が拡大している。「首都機能移転については、積極的な対応を図ることが必要」として引き続き重要性を指摘している。一方で阪神・淡路大震災では津波被害がなかったためか、津波に関しては四全総と同程度の記述にとどまっている。

地震・津波の予知は長期的な政策の根拠とするほどの精度が期待できず、警戒態勢を常時維持して生活を営むのも現実的ではない。どこにどのようにハード施策を講じれば、国民の生命・財産を守るのに最も効果的なのか、ソフト施策と合わせての検討は課題が残る。結局のところ、三全総（一九七七年）の「国土の均衡ある発展」以降は、一貫して首都機能の分散とその手段として高速交通体系の整備を提唱しているが、結果はさらなる一極集中と社会的資源（人・物・金）の偏在を招いた。これは、大災害が発生した場合に被害が集中することを意味する。この問題に対する検討なしに、同じことを「国土強靭化」と言い換えて実施しても同じ結果をもたらすだけであろう。

歴代内閣と公共投資

大正時代は鉄道が旅客・貨物とも国内交通の基幹ネットワークであったが、その整備方針に関して「建主改従か改主建従か」という論争があった。明治期までに現在にほぼ匹敵する全国鉄道ネットワークが形成されたが、大正期になると既存の路線の強化改良よりも新線の建設を優先する「建主改従」論と、既存の路線の強化改良を優先する「改主建従」論が対立した。双方に政党と軍部が絡んで論争が続いたが、基本的に「建主改従」が政治決着された。その後の戦争遂行のためには「建主改従」が優先されたことは当然であるが、敗戦後の高度成長を経て自動車と航空機が登場し、「建主改従」は現在もなお続いている。「改」といってもいくつか意味があり、交通容量を増加させる拡幅・改良もさることながら、供用に伴い劣化する設備の維持管理も必要であり、さらにそのまま放置すれば事故につながる損傷の修理は優先課題のはずである。供用に伴う劣化のほか、大きな災害があれば復旧費も必要となる。

二〇一二年の中央自動車道・笹子トンネル事故[注16]によって既存高速道路の維持管理の不備が指摘された。それにもかかわらず二〇一八年の会計検査院による検査[注17]では、東日本・中日本・西日本の各高速道路会社三社が管理する橋梁やトンネルに対する点検で「速やかな対策が必要」と判定された異常が同年三月末時点で約六五〇〇か所あり、そのうち約一四〇〇か所が判定から二年以上未補修であったという。図6―5は公共事業関連費の支出の経年変化[注18]と内閣の一覧を示す。公共事業関連の支出は一九九三年をピークにその後は漸減を続けている。「コンクリートから人へ」を掲げた民主党政権は合計で約三年に過ぎず全体への影響は少ない。

総額でみて減少が大きい時期は森内閣から小泉内閣の時期であり、第一次安倍内閣・福田（康）内閣の時期に自民党政権の中では最低に達している。これは小泉内閣以降の基本的な姿勢である改革路線との関連である。同じ保守政権でも、既得権勢力と改革勢力の間でのかけ引きが存在し、九〇年代後半からは改革勢力が優勢を占めた経緯がある。ところが二〇一二年一二月の衆議院議員総選挙では、安倍（現）首相は「日本を、取り戻す」のキャッチコピーに象徴されるように公共投資を増大させて日本経済の復活をはかると主張するようになり、二〇一二年末からの第二次安倍政権では公共投資の増

図6―5　歴代内閣と公共事業関連投資額の推移　国土交通白書

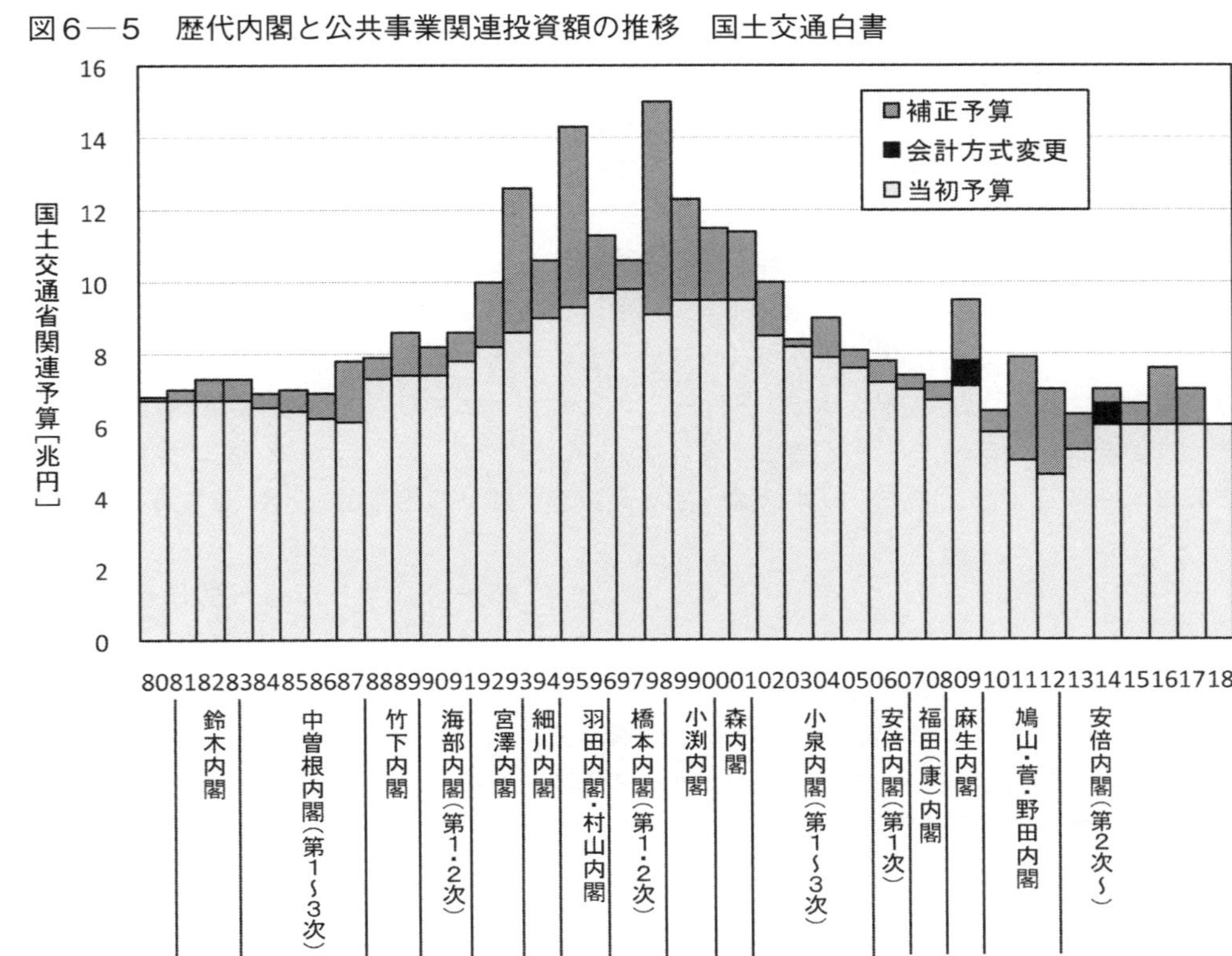

大を提唱して「先祖返り」と揶揄された。それ以前の自民党の「改革」路線を軌道修正するために、建設業界の利権と密接な関係を有する集団が民主党の失策を利用して勢力回復をはかったと推定される。このように政策に一貫性がなく、新自由主義とバラマキの背後で累積債務が積み上がっている。これは遠からず経済災害（金災）をもたらすであろう。これについては第八章で改めて触れる。

すでに始まった「リニア人災」

公共事業に関して、物理的にも社会的にも今後予想される「人災」の一つはJR東海が建設するリニア中央新幹線（以下「リニア」）であろう。リニアで予想される災害はすでに多岐にわたり多くの論者から指摘されている。主な項目を列挙すれば下記のとおりであるが、これらの詳細は次の項目のように既存の多くの資料[注19]で指摘されているので参照していただきたい。

○実績がなく海外では既に放棄された超電導浮上方式であり、技術的な主要部分はメーカーに丸投げで技術的に未成熟である
○収支見通しが楽観的に過ぎJR東海本体が破綻のおそれがある
○東海道新幹線の収益をリニアに注ぎ込むのであれば東海道新幹線を値下げすべき
○長大トンネルが連続するため事故や災害に際しての避難等に不安がある
○電磁波による人体への影響が確認されていない

○大深度方式や工事残土の運搬・処理など環境影響の検討が不十分である
○これまでの試験車両の走行実績は営業運転（東京〜大阪間）の状態に換算すれば四〜五日分にすぎず、継続的な安定走行は実証されていない

本章ではこれらの他に現時点で言及が少ない新たな問題を中心に紹介する。リニアの技術的な開発は旧国鉄において一九六二年（東海道新幹線の開業前）から始まっているが、具体的な事業に関しては国鉄の分割民営後の二〇〇〇年に技術上の目途が立ったと評価され、[注20]二〇〇九年に「今後詳細な営業線仕様及び技術基準等の策定を具体的に進めることが可能となった」と述べられている。[注21]二〇一〇年に「交通政策審議会」において「営業主体及び建設主体をJR東海、走行方式を超電導リニア方式、ルートを南アルプスルートとすることが適当」と報告[注22]されていたが、二〇一一年五月に「交通審議会陸上交通分科会鉄道部会中央新幹線小委員会」で答申として提出された。この時期は東日本大震災と福島原発事故の直後で、まだ余震が続き原子炉の温度や圧力が毎日報道されるなど人々の不安がそれに集中していた。このような時期に唐突に事業化が答申されたのは前述の「ショック・ドクトリン」の典型であろう。答申に基づいて国土交通大臣は正式に営業主体及び建設主体としてJR東海を指名し建設指示を行い、続いて二〇一四年一〇月に工事実施計画を認可した。この時点ではJRの自主事業として二〇二七年に名古屋まで開業し、いったん建設を中断して経営体力を回復（債務の償還）した後に二〇四五年に大阪開業の計画であった。

ところが二〇一六年八月に閣議決定した「未来への投資を実現する経済対策」に基づき、財政投融

資（財投）を利用して三兆円の融資により大阪開業の前倒しが発表された。ただし株式を上場して純粋の民間企業となったＪＲ東海には財投が直接適用できないため、いったん「鉄道建設・運輸施設整備支援機構」に財投資金を融資し、同機構からＪＲ東海に同条件で再融資するという抜け道が用意され、それを可能とする法改正も行われた。[注23]融資は無担保・三〇年間返済猶予・金利〇・八％であり通常の民間企業の事業では考えにくい好条件である。リニア新幹線の大半がトンネルや防音シェルターであることから「土管列車」との揶揄[注24]があるが、まさに同機構をトンネル会社のごとく利用した「土管融資」が行われることとなった。

またリニア中央新幹線全体の法的な位置づけも不審な点が多い。リニアは「全国新幹線鉄道整備法（全幹法）」に基づいて建設されるが、同法は東北・上越そのほか地方都市を結ぶ整備新幹線の建設を促進するために作られた法律である。しかしリニアは最初から東京〜名古屋〜大阪を直結する構想しかなく全幹法の趣旨を外れている。[注25]リニア開業後のダイヤは公開されていないが、中間駅（神奈川・山梨・長野・岐阜）では一時間に一本程度の停車で、ＪＲ東海の計画では駅員も配置せず待合室も設けないとしており、いわば邪魔者扱いである。その一方で同法が適用されることから用地買収に際して強制収用が可能となり、地権者や住民との摩擦が多い実務は、ＪＲ東海が前面に出ず、自治体の職員が代行し行政権を行使する形となる。

また地下部分の地表から四〇ｍ以下では「大深度地下の公共的使用に関する特別措置法（大深度法）」[注26]を適用し、国土交通省は二〇一八年一〇月にＪＲ東海の申請に認可を与えた。同法は大深度であれば地上に影響がないことを前提としているが、すでに東京外かく環状道路（外環道）の大深度工

表６―３　ＪＲ東海による需要予測

	現新幹線のシェア［%］	名古屋開業時のリニア新幹線シェア（ただし名古屋乗り換え）［%］	大阪開業時のリニア新幹線シェア［%］
大阪圏	82	90	100
岡山圏	67	75	85
広島圏	58	65	75
山口圏	48	55	65
福岡圏	10	15	20

事に関連した地上への影響が報告されている。さらにトンネル工事領域の上部は建築制限などが適用され財産価値のき損など経済的被害が発生するため、地上に影響がないという前提は全く崩れている。トラブル事例の詳細は資料を参照していただきたい。[注27]大深度でのトンネルを掘削する点ではリニアも同じである。大深度法では地上の地権者の了解を得ずにその下を使用できるが、工事に起因する地価の低下など損失があってもＪＲ東海は補償を免れる。

経営予測や経済効果の妥当性に関しては、答申を提出した「中央新幹線小委員会」の家田仁委員長（東京大学大学院工学系研究科教授）でさえ、「ぼくはそんなもの気にしてない。どうしても計算したいというからやったけど、真に受けていない」と発言している。[注28]ＪＲ東海の需要予測や収益の見通しは、到達時間の圧倒的な短縮により利用者の航空機からの大幅なシフトを表６―３のように期待して需要を予測した数字である。[注29]

しかし利用者の交通手段の選択は、時間だけでなく費用（運賃・料金）も大きな要因となる。また航空からリニアに本格的な需要シフトが予想されるのであれば航空事業者側でもそれを座視するはずはない。[注30]ＪＲ東海の予測は日本航空や全日本空輸等の在来航空会社

（FSA・フルサービスエアライン）を対象としているが、実際には格安航空会社（LCC）の影響が考えられる。現にFSAとLCCを平均した航空運賃の実勢価格は、現時点でもJR東海の予測時点より下落している。[注31]

JR東海の数値は、通常の需要予測に用いられるモデル[注32]ではなく所要時間が四時間前後を境として鉄道のシェアが大きくなるというJR独自の経験的な手法により求めたとしている。[注33]前述のように東京〜大阪間の新幹線の通常運賃・料金が一万四四五〇円に対して、航空運賃は最安では六〇〇〇円台の例もある。

こうした条件を考慮して筆者が試算したところ、JRの見込みよりもかなりの減収が予想される。利用者の選択への影響の度合いは、利用の目的が業務（ビジネス）か非業務（観光・私用など）により異なるが、名古屋開業時点で年間一一〇〇〜一七二〇億円、大阪開業時点で同じく八六〇〜一五〇〇億円の減収に相当するとの結果が得られた。

JR東海の予測でも、名古屋開業直前（すなわち借入金の負担が最大に達しながらまだリニアの収入が発生しない段階）で、借入金の金利のわずかな上昇があれば、金利の支払いによって経常利益が減少し株式の配当可能な水準を割り込むと述べている。[注34]これに前述の航空の影響が加わればさらに深刻な事態に陥ることが予想される。最終的に国民負担に転嫁されるとしても、その問題が現実化するのは三〇年後であり、誰も責任を取らないまま債務だけが残り「第二の国鉄」が再び発生するのではないか。

第八章でも取り上げるが、いま日銀がデフレ対策として安倍政権と連動して行っている「異次元の金融緩和」の目的の一つに、金利引き下げ余地の確保すなわち、プラスの物価上昇率を維持することで金利操作による景気調節への対応力を保持することが挙げられている。すなわち現在のゼロ金利では調節の余地がないから、近い将来に金利を一定の水準まで引き上げることが不可避となる。現に政府(内閣府)の「中長期の経済財政に関する試算」では、二〇二一年以降、名目長期金利を連続的に引き上げてゆく想定となっている。[注35] ＪＲが予測している配当不能の事態は、計算上の仮定ではなく現実に起きる可能性が高い。すなわちアベノミクス自体がリニア新幹線を破綻させる要因となるのである。

リニアの地域への影響

物理的な影響として工事に伴う車両走行による排気ガスや騒音等が懸念される。リニア中央新幹線は東京〜名古屋間の八八％が隧道(トンネル)となる予定である(名古屋以西については未定)。このため一見すると地上に影響が少ないように思われるが、実際には図6―6に示すようにルート上に九〇か所以上の地上への開口部がある。これらは、駅のほかに一定距離ごとに設けられる非常口や変電所など業務用施設であるが、工事期間中は資材・機材の搬入搬出や土砂の搬出にも用いられる。開口部は首都圏・名古屋圏の市街地にも多数存在する。工事が始まれば開口部ごとに多数の工事用車両が走行するが、駅以外の開口部の地元では、リニアが開業しても恩恵を受けないのに長期にわたって工事の影響だけは被る。トンネル工事や中間駅だけの途中県よりも、大きな地下駅や関連設備を建設しなければならない東京・名古屋圏のほうが工事車両の通行が多くなり、影響は工事箇所周辺だけではなく都市圏全体に及ぶ。たとえば最も大規模な工区の一つである名古屋駅周辺について試算すると、全工事期間（一三年間）で四〇〇万台以上の工事車両が走行し、総合走行距離[注36]は三億km（地球七六〇〇周に相当）に達する。

それらの車両の多くがディーゼル大型車であることを考慮すると、リニア工事車両による大気汚染物質の発生量は名古屋市あるいは愛知県全体の排出量に対して無視できない影響を及ぼし、健康被害の発生が推定される。

このほか騒音・交通事故なども増加する。リニア事業では環境影響評価法[注37]あるいは同趣旨の自治体条例[注38]に基づく環境アセスメントが実施されている。ＪＲ東海のリニア事業に関する「環境影響評価書（環境アセス）」[注39]では環境基準に適合すると述べているが、これは「被害がない」ことを示しているのではない。一般的な環境科学の知見によれば、健康被害は大気汚染物質の濃度に比例して増加すると考えられるから、少なくとも現状より健康被害が増加する。さらに大規模な土木工事では予期しない大小のトラブルが発生して工期が遅れることは常態であり、それを取り戻すために作業時間の延長（時には二四時間）が発生すれば周辺の住環境への影響は予測よりも深刻となる。

環境影響評価書（環境アセスメント）に関する地元への説明会での様子が市民団体のニューズレターで紹介されている。[注40]資料を読み上げるだけの一方的な説明に終始し、どの項目も「適切に処理します」「工夫・検討する」「影響は小さいと予測します」など抽象的な用語の羅列のみで客観的・技術的な裏付けは記述されていなかった。質疑応答が三〇分・一人三問までに制限されたり、質問者の挙手があっても時間切れとして一方的に打ち切るなど、ＪＲ東海が経営理念[注41]として掲げる「健全な経営に

図6—6　開口部の工事車両の発生状況

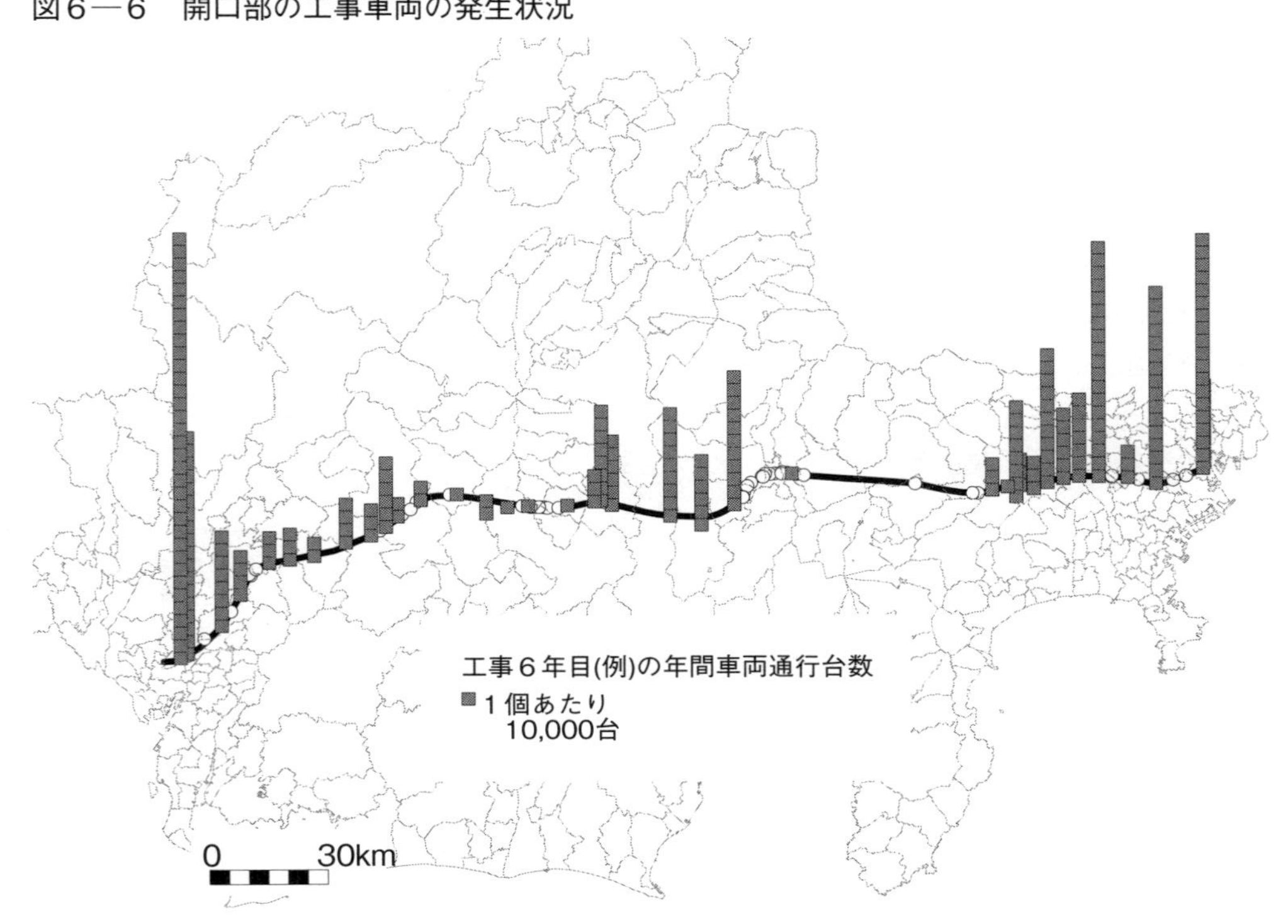

図6—7　リニア経済効果の地域別帰属

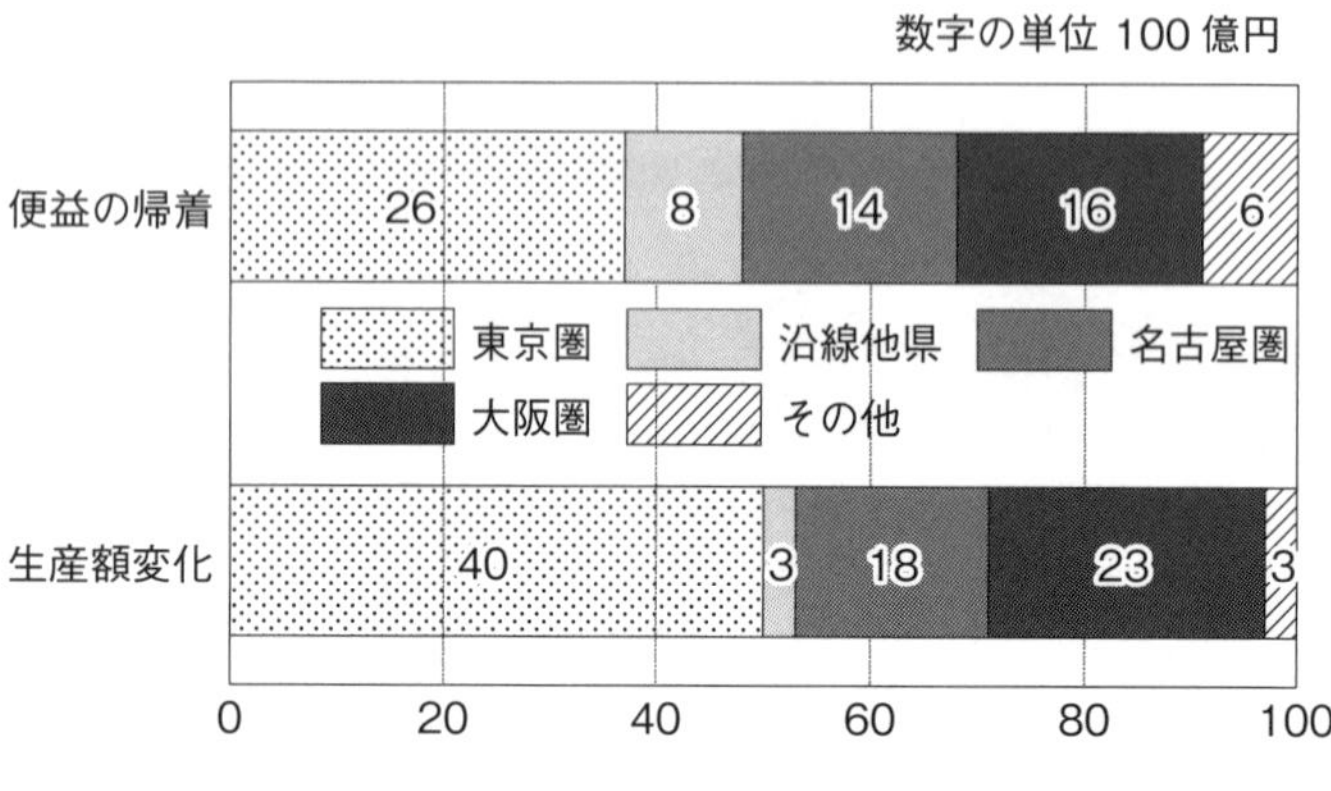

よる世の中への貢献」とはおよそかけ離れた姿勢を示している。

国鉄の場合は「赤字」の反面で高度成長期に全国に便益を及ぼした上での債務であったが、リニアの便益は東京〜名古屋〜大阪のメガロポリスに集中して他の地域への波及は乏しい。国鉄の分割・民営の結果、中部地域を事業範囲とする私企業となったJR東海を、国民全体の負担で救済する結果になりかねない。前述の「中央新幹線小委員会」でさえ、図6—7に示すように経済効果は東京圏・名古屋圏・大阪圏[注42]が中心であり途中県に帰属する便益は乏しいと推定している。[注43]

起終点を除くと、都道府県ごとに神奈川県駅（相模原市橋本駅付近）、山梨県駅（甲府市大津町付近）、長野県駅（飯田市上郷飯沼付近）、岐阜県駅（中津川市千旦林付近）が設けられるが、リニア新幹線は東京・名古屋・大阪を直結することを目的とした交通手段であり中間駅は邪魔もの扱いである。静岡県はその北端をトンネルで通過するだけで駅は存在しない。

【注】

1 須田春海「大きすぎるのか、それとも？」『都市計画』二三〇号（都市計画学会・二〇〇一年四月）、五〇頁

2 二〇〇四年に「成田国際空港」が正式名称となった。

3 全国のダムに関する状況や反対運動の一覧は「水源開発問題全国連絡会」ホームページにまとめられている（全国のダムすべてを網羅したものではない）。http://suigenren.jp/damlist/dammap/

4 加納久朗『新しい首都建設』時事通信社、一九五九年、四二頁

5 『毎日新聞』「首都圏発生　建設残土が船で　三重へ事実上の投棄」二〇一八年一一月一六日

6 「大川村『村民総会』の検討とその波紋（朝倉慧発言）」『月刊自治研』二〇一八年八月、二二頁

7 川名英之『ドキュメント日本の公害　第一巻〜第一三巻』緑風出版、一九八七年〜九六年

8 宮本憲一『戦後日本公害史論』岩波書店、二〇一四年

9 四大公害裁判とは、一般にイタイイタイ病裁判、新潟水俣病裁判、四日市公害裁判、熊本水俣病裁判を指す。内容の評価は諸説あるがいずれも住民（原告）勝訴である。

10 国土交通省ウェブサイト「『全国総合開発計画』の比較」より。http://www.mlit.go.jp/kokudokeikaku/zs5/hikaku.html

11 田畑琢己「公共事業裁判の研究（一）（行政事件編）」『法學志林』一〇九巻三号、二〇一二年、一七七頁。

12 田中角栄『日本列島改造論』日刊工業新聞社、一九七二年。

13 国土審議会政策部会長期展望委員会「国土の長期展望　中間とりまとめ」http://www.mlit.go.jp/policy/shingikai/kokudo03_sg_000030.html

14 国土交通省国土政策局「五〇〇mメッシュ単位を基本としたメッシュ別将来人口の試算方法について」

http://nlftp.mlit.go.jp/ksj/gml/datalist/mesh500.pdf

15 北海道旅客鉄道「当社単独では維持することが困難な線区について」二〇一六年一一月一八日 https://www.jrhokkaido.co.jp/pdf/161215-4.pdf

16 二〇一二年一二月二日に、中央自動車道の笹子トンネルの天井板が落下し、走行中の車両が下敷きとなり圧壊して車両火災も発生し、九名死亡・二名負傷の被害を生じた。

17 各高速道路会社は株式会社であるが政府出資会社であるため検査の対象となる。

18 財務省「平成三〇年度国土交通省・公共事業関係予算のポイント」、一三頁 https://www.mof.go.jp/budget/budger_workflow/budget/fy2018/seifuan30/17.pdf

19 刊行順に、ストップリニア東京連絡会編『リニア――破滅への超特急 テクノロジー神話の終着点』柘植書房、一九九四年。橋山禮治郎『必要か、リニア新幹線』岩波書店、二〇一一年。リニア・市民ネット編『危ないリニア新幹線』緑風出版、二〇一三年。橋山禮治郎『リニア新幹線 巨大プロジェクトの「真実」』集英社、二〇一四年。平松弘光『「検証」大深度地下使用法 リニア新幹線は、本当に開通できるのか!?』プログレス、二〇一四年。国鉄労働組合リニア中央新幹線問題検討委員会「リニア中央新幹線の検証――国民的議論を、今こそ――」二〇一四年。西川榮一『リニア中央新幹線に未来はあるか 鉄道の高速化を考える』自治体研究社、二〇一六年。樫田秀樹『〝悪夢の超特急〟リニア中央新幹線 建設中止を求めて訴訟へ』旬報社、二〇一六年。「リニア新幹線 夢か悪夢か」『日経ビジネス』一九五四号(二〇一八年八月二〇日)、二〇頁など。

20 国土交通省『平成一三年度国土交通白書』二〇〇二年、二七五頁

21 超電導磁気浮上式鉄道実用技術評価委員会「超電導磁気浮上式鉄道実用技術評価」二〇〇九年七月、五一頁

22 国土交通省『平成二二年度国土交通白書』二〇一一年、一六一頁

23 「独立行政法人鉄道建設・運輸施設整備支援機構法の一部を改正する法律」平成二八年法律第七九号

24 横内正明前山梨県知事、宮島雅展前甲府市長(いずれも二〇一五年二月退任)が同様の感想を述べてい

る。『SankeiBiz』二〇一三年七月六日

25 波床正敏・中川大「全国新幹線鉄道整備法に基づく幹線鉄道政策の今日的諸課題に関する考察」土木計画学研究・論文集、二九巻、二〇一二年、I―一〇四九頁

26 大深度地下の公共的使用に関する特別措置法「国土交通省」 http://www.mlit.go.jp/toshi/daisindo/index.html

27 東京外環道訴訟を支える会編・丸山重威著『住宅の真下に巨大トンネルはいらない!』あけび書房、二〇一八年　外環ネットウェブサイト　http://gaikan.sblo.jp/

28 『日経ビジネス』(前出)二五頁

29 東海旅客鉄道「超電導リニアによる中央新幹線の実現について」二〇一〇年五月一〇日　http://jr-central.co.jp/news/release/_pdf/000008050.pdf

30 中川明「リニア中央新幹線開通後の国内航空への影響」交通権学会関東部会、二〇一七年一一月一一日

31 国土技術政策総合研究所「国内航空の運賃に関する分析」『国土技術政策総合研究所資料』№六一二、二〇一〇年九月　http://www.nilim.go.jp/lab/bcg/siryou/tnn/tnn0612.htm

32 たとえば運輸政策研究機構『二一世紀初頭の我が国の交通需要―交通需要予測モデル―』二〇〇〇年三月など

33 東海旅客鉄道株式会社「超伝導リニアによる中央新幹線の実現について」二〇一〇年五月一〇日、二三頁　http://jr-central.co.jp/news/release/_pdf/000008050.pdf

34 東海旅客鉄道株式会社(前出)、三三頁　http://jr-central.co.jp/news/release/_pdf/000008050.pdf

35 内閣府ウェブサイト「中長期の経済財政に関する試算」　https://www5.cao.go.jp/keizai2/keizai-syakai/shisan.ht

36 現時点では残土処分場が明確でないため、残土の輸送距離は国土交通省の統計から廃棄物一般の平均輸送距離とみなして積算した。

37 http://law.e-gov.go.jp/htmldata/H09/H09HO081.html

38　リニア事業では沿線の都道府県のほか、川崎市が同市の条例に基づく環境影響評価の対象としている

39　東海旅客鉄道ウェブサイト「中央新幹線（東京都・名古屋市間）環境影響評価書（平成二六年八月）」http://company.jr-central.co.jp/chuoshinkansen/assessment/document1408/

40　リニア新幹線を考える相模原連絡会「ストップリニアニュース」二〇一三年一一月一〇日号　http://sagamihara-g.mond.jp/newspdf/news13.pdf

41　ＪＲ東海「会社概要」http://company.jr-central.co.jp/company/about/outline.html

42　東京圏とは茨城・埼玉・千葉・東京・神奈川、沿線他県とは山梨・長野、名古屋圏とは静岡・岐阜・愛知・三重、大阪圏とは滋賀・京都・奈良・和歌山・大阪・兵庫を指す。但しＪＲ東海の需要予測では滋賀・和歌山は考慮なし

43　中央新幹線小委員会第九回配布資料　http://www.mlit.go.jp/policy/shingikai/tetsudo01_sg_000086.html

第七章

交通災害と通勤地獄

交通事故は「人災」

交通事故（正確には道路交通事故）では自然災害よりはるかに多くの人命が失われている。図7―1は一九四五年以降の自然災害による死者・行方不明者の累積数と、交通事故（正確には道路交通事故）による死者の累積数を比較したものである（表示は一九九〇年から）。「輪禍」「交通戦争」という言葉が存在するように、自動車事故では戦後の累積で死者が六四万人に達しているが、自然災害では阪神大震災と東日本大震災を加えても累積で八万人である。「交通戦争」と呼ばれた時期（第一次は一九五五〜六〇年代、第二次は一九八〇年代以降）に比較すれば減少しているとはいえ、なお交通事故は後を絶たない。このほか四四〇〇万人の負傷者が発生している。

図7―2は都道府県別の年間自動車走行距離[注1]と交通事故死者数[注2]の相関であり、ほぼ完璧な直線関係がみられる。すなわち自動車が走行すればするだけ人命が失われる。俗説として「〇〇県は運転マナーが悪い」等と言われるがそのような関係は存在しない。どのような理由であれ人命・健康に軽重の差はないとすれば、これだけ明確に物理的な関係がみられるのは明らかに人災である。第一章に示したように、自然災害対策には累積で一〇〇兆円を超える投資が行われているのに対して、道路交通に関しては、防止対策どころか自動車の走行をますます増加させる方向で道路建設が行われてきた。

また海外と比較すると、日本における自動車走行距離あたりの事故死者数は、自動車普及国のうち

図7—1　戦後の交通事故と自然災害による死者数の推移

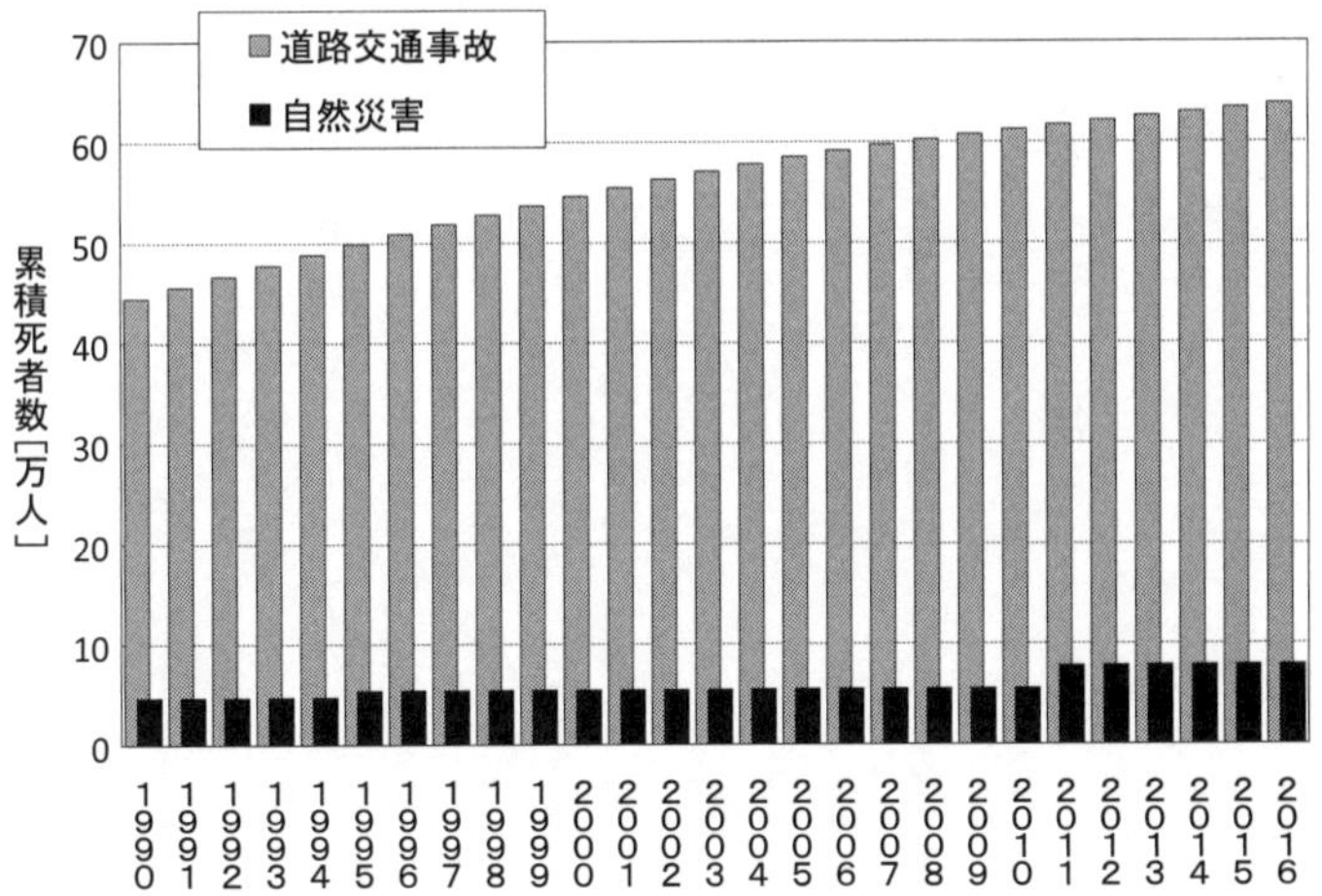

図7—2　都道府県別の自動車走行量と交通事故死者数

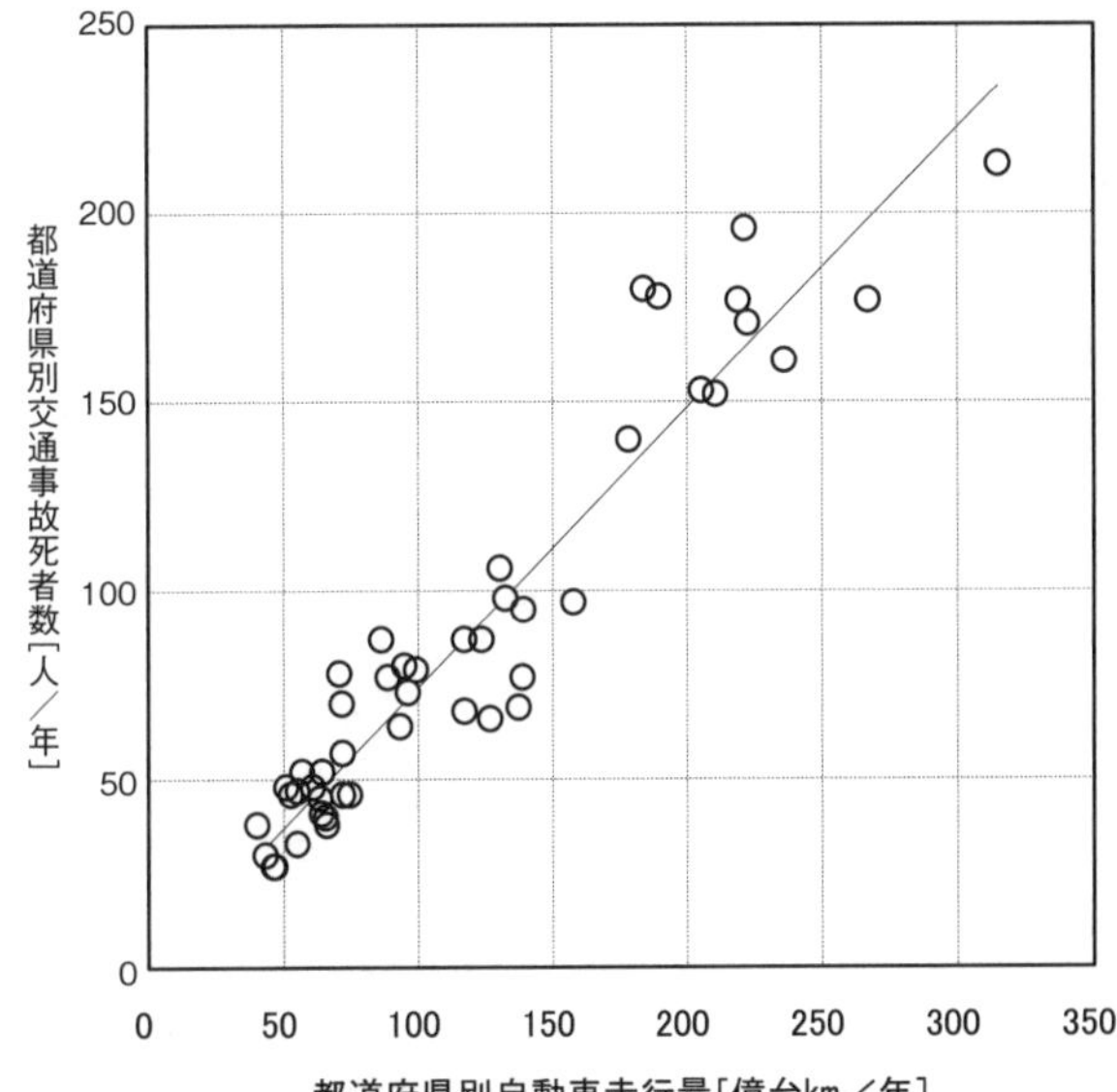

米国・韓国を除く他の国よりも多く、また全死者のうち歩行者・自転車の割合が特に高い。[注3] 車両と人との事故の中でも横断歩道での割合が三割を超える実態[注4]は、日本は道路交通の面ではいまも後進国であることを示す。筆者が見かけた自動車教習所の広告に「当所は卒業率九九%」とあった。教習課程の最初に運転適性検査があるがアンケートに過ぎず、運転マナーや歩行者保護の講習はあるが、教習中と試験さえ模範運転をしていれば誰でも免許が取れる。一方で罰則強化による交通事故の抑止も試みられ、二〇〇一年には「危険運転致死傷罪」の新設（刑法改正）、二〇〇七年には「自動車運転過失致死傷罪」の新設（刑法改正）、さらに二〇一三年には「自動車の運転により人を死傷させる行為等の処罰に関する法律（新法）」など順次行われてきた。しかしその後もひき逃げが急増するなど逆行現象が発生したり、飲酒や薬物の影響下での事故は依然として後を絶たず、対策は手詰まり状態である。また「過失」を罰則で未然に防止することは不可能である。前述のように自動車走行距離と交通事故死者数の間には比例関係が存在する以上、ドライバーのマナー向上を呼びかけるなど精神論的な対策では確実な効果が期待できない。加えて近年は高齢者の運転に起因する事故が増えている。自動車に依存した交通体系からの転換を目指さないかぎり交通事故の抜本的な減少は期待できない。

自民党が道路を作る

終戦後間もない一九五六年に、米国から「ワトキンス調査団」が来日し、次の言葉を残した。「日本の道路は信じがたい程に悪い。工業国にして、これ程完全にその道路網を無視してきた国は、日本の他にない。日本の一級国道―この国の最も重要な道路―の七七％は舗装されていない。この道路網の半分以上は、かつて何らの改良も加えられた事がない。道路網の主要部を形成する、二級国道及び都道府県道は九〇ないし九六％が未舗装である。これらの道路の七五ないし八〇％が全く未改良である。しかし、道路網の状態はこれらの統計が意味するものよりももっと悪い。なぜならば、改良済道路ですらも工事がまずく、維持が不十分であり、悪天候の条件の下では事実上進行不能の場合が多いからである[注5]」。

これ以後、日本の道路関係者は「日本は道路が足りない」という強迫観念の虜となり、わが国の地理的・社会的状況に合わない米国型の自動車交通体系を持ち込むことに熱中するようになった。

たしかに一九五〇～一九七〇年代までは、経済成長に合わせて道路を整備する必要があったが、現在はそうした理由は失われている。これは第四章で指摘したダム政策と同じである。本来の交通計画上の必要性とかけ離れた道路建設が、政治面・経済面での既得権の維持のために続けられ、合理的・効率的な道路計画（たとえば、多くの代替案を検討して費用対効果の高い区間を優先するなど）を立案することについて、だれが責任を有しているのか明確なルールもないままに、慣習的な手続きの繰り返しとして道路整備が行われているにすぎない。

多くの道路利用者は、現在でも「道路の整備が遅れている」と考えるが、なぜそうなのか検討する必要がある。道路計画の専門家でなくても、道路の整備は「交通状況を科学的・実態的に分析して、必要な区間で実施する」「費用対効果を分析して、効果の高い区間から優先的に実施する」という基準によるべきであると常識的に考えるであろう。しかし現実の道路整備は、巨額の財源を投入しながら、そのような合理的基準に従って行われていない。また専門家でさえ合理的に説明できないのが現実である。

田邉勝巳（運輸政策研究機構）らは「道路特定財源がどの地域にどの程度支出されているか、そして何を基準にして配分されているのか、その因果関係はよく分かっていない。これは、受益と負担の関係が不透明であるだけでなく、道路整備の評価について外部から判断することが困難であることを意味する」[注6]と指摘している。この報告時点で国内の道路全体に年間一四兆八二二二億円の公費が使われていながら「どこに・どれだけ・誰が・どうやって」という根拠が専門家でさえわからないとは驚くべきことである。

田邉らは道路整備の決定要因として考えられる要素を仮定して、都道府県道の整備を事例に統計的な分析を試みている。まず地理的要因（面積、気象など）は、道路投資額を決定する要因として相関は乏しかった。これに対して、政治的要因として「自民党得票率」には有意な相関がみられた。また都道府県が管理する道路建設事業のうち、国の補助率が高い事業が多いことは、政治的要因がより多くの補助事業を都道府県にもたらすと分析している。結局、道路投資を決定する要因の強さとして、国庫支出金が六六%、自民党得票率が一六%となり、全要因の八割以上を占めていることがわかった。要するに「どこに・どれだけ」「誰が・どうやって」について、明確な基準があるわけではなく別の要素で決定されている。道路の整備効果を客観的・総合的に評価して優先度を決めるなどの明確な仕組みは存在せず、いかに国庫補助金を「引っ張ってくる」か、逆に「補助金のついた所から実施する」といった政治的な要因により事業が実施されている。

通勤地獄は「人災」ではないのか

日本の鉄道で日常的にみられる「ホームに引いた白枠に沿って三列に並ぶ」という慣習は戦争の名残である。人・物・金（カネ）が軍事優先に配分され、増大する輸送需要に対応する余裕がない状態で鉄道を効率的に使用するための方策であった。日本人はマナーが良いなどと自慢する対象ではない。たとえば戦時中に全国で上映された国策ニュース映画の「日本ニュース」[注7]には「銃後奉公」のタイトルで、混雑する公共交通機関やホームに引いた白線に沿っての整列などが映像で記録されている。また「駅内の正常歩運動」として「正しい姿勢で溌剌（はつらつ）と足並み揃へて歩きませう　一人で先を急いだり止まって他人に迷惑をかけないやうに致しませう」とのキャンペーンも紹介されている。旧仮名づかいの相違だけで大都市の鉄道は今も「戦時中」である。

須田（前出）は「東京圏は何によって支えられているのか、エネルギー、物資輸送、水、それぞれ重要である。しかし、決定的に重要なことは、三〇㎞よりはるか遠く五〇㎞～七〇㎞の圏域から、一時間半～二時間の時間をかけて、勤労者が都心の職場に集まってくる、その忍耐と犠牲によってこそ、本質的に存在しえているのである」「いったい通勤時間はどこまで伸びるのか。限界説は、つねに勤労者の忍耐で突破されている」[注8]と述べている。

首都圏の鉄道混雑とそれによる影響を経済価値に換算すると年間三二四〇億円との試算もある。[注9]内容は①混雑により引き起こされる遅延による経済損失、②肉体的・精神的ストレスによる経済損失、

③満員電車で身動きができない（他の生産的な行為ができない）ことによる経済的損失などを考慮したものである。また筆者は前著で混雑により着席できない負担による経済損失を年間で約九兆円と推定した。[注10]

東京都市圏交通計画協議会による「東京都市圏パーソントリップ調査」[注11]や国土交通省による「大都市交通センサス調査」[注12]等から推定すると、東京都市圏全体（東京都・神奈川県・埼玉県・千葉県・茨城県南部が対象）では一日に一二六〇万人、すなわち東京都の全人口に匹敵するほどの利用者が毎日座れずに移動している。

別の調査によると、立って乗車する時間は座って乗車する時間に比べて二・〇倍と感じる。[注13]この時間を経済価値に換算[注14]すると一日に約三六〇億円、年間では約九兆円に達する（平日のみ集計）。この費用を、さまざまな労力（詰めこみ・ぶつかり合い・座れないなど）・いさかい・迷惑行為の背景などとして利用者が負担することによって現状の東京都市圏の鉄道輸送が成り立っているのである。

一九六五年に旧国鉄が自衛隊員を被験者として詰め込み限界実験を行ったことがあり、最近の車両とは構造が多少異なる車両ではあるが約三四〇％が最大であったとの記録がある。[注15]世界保健機構（WHO）憲章では「健康」の定義を「病気ではないとか、弱っていないということではなく、肉体的にも、精神的にも、そして社会的にも、すべてが満たされた状態にあること」としている。[注16]この定義に照らせば、日本の大都市圏の鉄道における詰め込み輸送は明らかに身体的・精神的・社会的な健康レベルの低下をもたらしており災害といいうるのではないか。指定された列に並んでいるのに他の利用者と押し合いが生じたり、大音量の放送で「列に並べ、乗ったら奥へ詰めろ」などと命じられる状態は、およそ日本以外の先進国であれば戦争などの非常時にかぎられるのではないか。

かつて東西冷戦の時代に、ある雑誌に「[社会主義国と比較して]われわれ自由世界の人間は、行列が存在すること自体が、何らかの権利の侵害の存在を示唆している」と豪語するコラムが掲載されていた。平常時でさえこの状態では、別の「災害」が加わった場合に収拾のつかない「複合災害」を生じる。二〇一八年九月三〇日から一〇月一日にかけて日本列島を縦断した台風二四号により、首都圏ことにJR各線では一日朝になっても運休・遅延が発生した。大型台風の影響による鉄道運行の乱れはやむをえないが、各ターミナル駅では大混雑となり、将棋倒しや乗客同士のいさかいなど危険な状況も報告された。[注17]もともとが災害レベルの「人災」に、自然災害が加わった「複合災害」である。

なお第二章とも関連するが東京オリンピックでは観客の移動は鉄道が主となると思われる。整列乗車の習慣がない外国人、あるいは日本人でもふだん鉄道を利用する習慣のない人が多数押しよせ、平常時でさえ危険な混雑に加えて混乱が加わる。それによりさらに非常ボタンが押される可能性なども高まり、それによるダイヤの乱れが混乱をますます増幅する。乗車マナーのポスターに外国語訳が付される例が増えているが、もともと「過度の混雑にマナーで対応する」という認識のない外国人にとっては奇妙な文章として見過ごされるだけであろう。オリンピックの二～三週間のために鉄道事業者が特別な設備投資を行うとは思われないから、せいぜい警備員を増員するていどの対策と「お客様のご理解、ご協力」で乗り切るのではないだろうか。

なぜ混雑の根本的が解消できないのだろうか。乗客数としてみれば地球上の鉄道輸送の六割を日本

図7—3　鉄道と道路の設備投資の推移

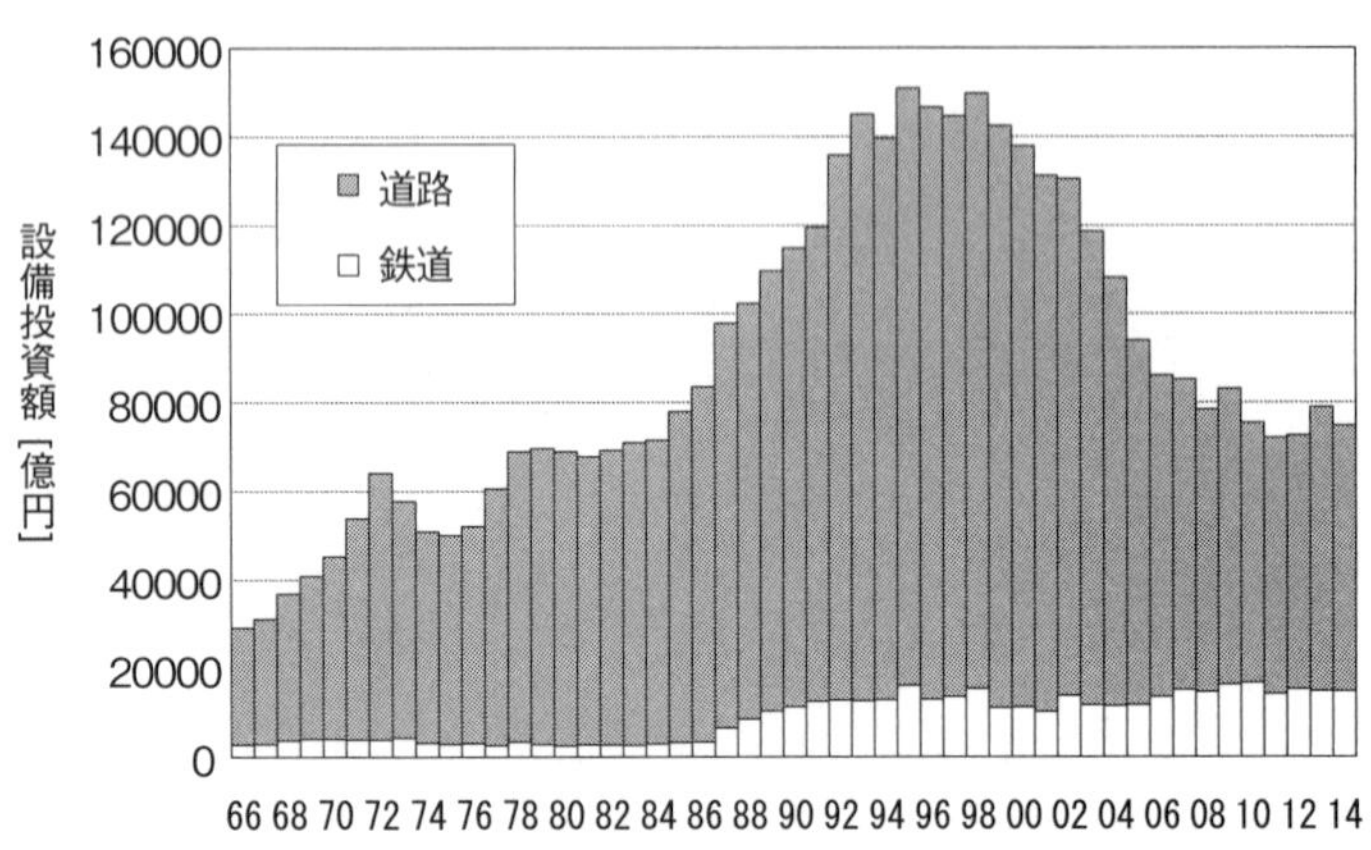

が占めている。[注18]これに対して鉄道のネットワークは、新幹線と大都市の地下鉄の拡大を除くとほぼ戦前のままである。国民の人口あたりの営業路線kmとしてみると、日本のＪＲ・民鉄を合計してもＥＵの平均より少ない。[注19]人口に対して鉄道路線が少ないのだから混雑は当然であろう。当然ながら、輸送能力の増強には線路や車両を増やすために設備投資が必要になる。

図７—３は、陸上交通（鉄道と道路）の分野において、過去の鉄道と道路に対する設備投資額の推移[注20]（ただし物価補正を行った数字[注21]）を比較したものである。ＪＲ（国鉄）・民鉄・公営など事業者の違いや時期によって設備投資の財源は多様であるが、まとめて鉄道のインフラを整備するために投資された額として表示している。いずれにしても鉄道と道路の設備投資には桁ちがいの差がある。この間の累積額では鉄道一〇％に対して道路九〇％の比率である。

一方で旅客輸送量（人km）の累積でみると、年々自動車（道路）交通のシェアが増加してきたとはいえ、鉄道三五％に対して道路六五％の比率であり、輸送量の分担に対して鉄道への設備投資の比率は過小である。しかも鉄道の設備投資の額には新幹線に対する投資も合計されているから、それを除くと都市の通勤対策に充てられた分はさらに少ない。これでは根本的な混雑解消が進展しないことは当然であろう。またこうした混雑やトラブルの結果、鉄道あるいは公共交通は不便で不快な移動手段と認識され、大都市でさえ可能なかぎりは人々が車を選択する傾向をもたらし、間接的には前述の交通事故にも関連している。

格差を助長する「くるま社会」

道路整備と表裏一体の関係にあるのが公共交通の衰退である。二〇一八年九月の沖縄県知事選挙では辺野古基地問題に関心が集中したが、玉城デニー候補（現知事）は政策提言として「中高生バス通学無料化」を掲げていた。公立義務教育では交通機関を使わずに通学できる範囲に学校が配置されるはずであるが、地域によっては学校の統廃合で通学距離が長くなり交通機関を使用せざるをえない状況が発生している。

これは沖縄特有の問題ではなく全国にみられる。さらには車がないと日常生活も成り立たない理不尽な状況が発生している。子どもの貧困を取り上げた『下野(しもつけ)新聞』（栃木県地方紙）の特集には、交通に関して次のような記事がある。[注22]

親子は二〇〇五年まで、生活保護を受けながら県内の母子生活支援施設で暮らしていた。施設では入浴時間などが決められ、ルールに縛られた暮らしを強いられた。窮屈さを感じた母親の香織（かおり）さん＝仮名＝はその年の夏、栃木県北部のアパートに引っ越した。長男が小学四年の時だ。生活保護を受給していると、資産とみなされる自家用車を持つことができない。しかし香織さんたちが暮らす県北部は、都市部のようにはバスや電車があまりない。

　香織さんは飲食店のパートで働き始めてすぐ、車のない生活に限界を感じるようになった。通勤も、三男の保育園の送迎もすべて自転車だった。どうしても車を手に入れたくなって、生活保護から抜けた。移動の自由と引き換えに、香織さんたち親子は困窮に追い込まれた。それまで受けていた生活保護費がなくなった分、月収は一〇万円ほどに減った。家賃だけで四万三千円は掛かる。年三回支給される児童扶養手当は、滞納していたさまざまな支払いに消えていった。

　生活保護に関しては多くの議論がみられるが、交通と関連づけた議論は少ない。生活費の扶助だけでなく交通もセーフティネットと考えるべきである。「移動の自由と引き換えに、困窮に追い込まれた」という関係そのものが理不尽ではないか。「車を使わなくてもいいように公共交通を整備する」という方向での議論がなぜ起こらないのだろうか。高齢者の運転免許返納が奨励される時代となり、公共交通の整備は社会的弱者のセーフティネットとしての機能にとどまらず、「買い物難民」の解消など地域の住民全体に広く社会的な便益をもたらすはずである。

「くるま社会」と災害避難

一九六八年に湯川利和は著書『マイカー亡国論』で次のように指摘している。「かくて、田園としては狭すぎ、都市としては広すぎるメガロポリスの誕生である。そのとき、現在の東京警視庁が都民に、「震災にそなえて」発しているのと同じような警告が、メガロポリス住民に発せられることになろう。たとえ関東地震なみ震度〇・八（ママ）の激震が起こっても、くるまで逃げようとしてはいけない。道路の容量は十分ではない。［中略］しかし、人びとは、パニック感に襲われれば、江戸は八百八町の火事のときから、太平洋戦争末期のじゅうたん爆撃のときにも、手もとにある『くるまのついたもの』で逃げようとしてきた。また、そうして逃げるのが、燃えぐさの町に住んでいる人間たちの、自然で正常な反応であろう。たとえその選択が、パニック感をほんとうのパニックにしてしまうにしてもである」とある。[注23]「かくて」とはマイカーを前提として拡散した住宅や生産施設が太平洋沿いに連なる都市群が形成された状態であり、湯川著書の一九六八年にはそれは形成途上であるが、現在はその状態に到達している。

東海道新幹線に乗車すれば、東京から大阪までほとんど切れ目のない「自動車都市」が形成されていることを観察するであろう。地方都市・農山村では自動車の保有率がいわゆる「一人に一台」に近く、一方で大都市では人口あたりの自動車保有率は低いもののその総量の多さから、災害時に自動車が一斉に動き出せばどのような状況になるか、東日本大震災に際して道路にほとんど損傷がなかった東京都内でさえ大渋滞が長時間続いたことからも容易に想像される。第三章で指摘したように、いかに避難道路を整備しても、地域で保有される自動車が一斉に動き出した場合に対応できる道路容量を整備することは現実に不可能である。

阪神・淡路大震災では、小規模な道路や公園が延焼防止の役割を果たし、建物倒壊や交通渋滞の中で物資輸送のための人海戦術の展開には主要街路よりも細街路が大きな役割を果たした。同震災では、兵庫県の東西の県境における流入交通規制が遅れ、被災地において激しい渋滞をもたらした。そもそも人口密集地に大量の自動車交通を引き入れていることが混乱を拡大するのであって、防災の観点からは、日頃よりできるだけ地域内に存在する自動車交通を少なくしておくことが本質的な対策である。

現在の防災対策は災害救助法（一九四七年）、災害対策基本法（一九六一年）を出発点としているが、これらは自動車が現在ほど普及していない時期の制度だけに、大量の自動車の存在を考慮していない。さらに当時の市町村（平成の大合併前）の範囲を前提としているため、原発事故のように移動距離が五〇～一〇〇kmにもおよび、都道府県をまたぐ移動等は考慮していない。また自治体（都道府県・市区町村）の防災計画も大量の自動車の存在を考慮していない。東日本大震災以前には災害時の避難は徒歩を原則としていた。二〇〇五年六月に内閣府政策統括官による「津波避難ビル等に係るガイドライン」が発表され、この中でも「避難方法は原則として徒歩によるものとする」と記述されている。その理由として、家屋の倒壊や落下物で円滑な移動ができない、多くの避難者が一斉に自動車で走行すると渋滞や事故が発生する、徒歩による避難者の円滑な避難を妨げる、自動車は浮力があり水没した場合に流されやすいなどが指摘されていた。水没しなくとも水深五〇cmていどで自動車は走行不能に

なる可能性がある。[注24]

東日本大震災では、津波警報が発出されたことを受けて自動車で避難しようとした東北地方の海沿いの人々が渋滞に巻き込まれ、車列ごと津波で流された事例が報告されている。報道によると仙台市若林区の目撃者の談として、当人は避難場所の小学校へ徒歩で向かう途中に県道交差点で車が立ち往生しており、警察官が車をたたいて徒歩で避難を呼びかけたが、応じる人はなかった。目撃者が小学校にたどり着くと同時に津波が押し寄せ、校舎の三階まで達する溢水で車列がそのまま流されたという。[注25]この他にも各地で同様の目撃が多数寄せられている。

子ども・高齢者・障がい者を伴った移動や、第三章で指摘したように避難所の環境が劣悪である点からも、避難は自家用車によらざるをえないという指摘もある。[注26]東日本大震災は全国隅々まで自動車が普及した車社会になってから初めて国民が遭遇した大津波であることから、経験に基づく判断ができず、多くの人が危険側の行動を選択した可能性がある。アンケート調査[注27]によると、自動車利用避難を行った避難者は全体の約五七％で、その約三〇％が交通渋滞に遭遇した。特に福島県では全体の約八四％が自動車により避難している。徒歩避難が可能であるにもかかわらず自動車避難を選択するというミスマッチを検討した報告もある。[注28]なお二〇一二年三月には津波対策指針が改定され自動車による避難も容認している。しかしその後、二〇一二年一二月七日に三陸沖でＭ七・三の地震が発生し一年八カ月ぶりに津波警報が発出されたが、このとき二〇一一年三月の教訓は特に活かされず、再び避難渋滞が発生したと報告[注29]されている。この地震による津波は軽微であり被害は生じなかったものの、それは結果論に過ぎず状況によっては再び車列ごと流される事態が発生した可能性もある。

また津波ではなく内陸型の熊本地震でも車社会の問題が指摘されている。熊本地震では二〇一六年四月一五日に一回目の地震が発生し、その取材のため現地に入った報道関係者が翌一六日未明に次の「本震」に遭遇した時の記録である。[注30] そのまま明け方三時の熊本の街に出ると周辺は自動車であふれていた。道路は渋滞し、コンビニやショッピングセンターの駐車場は満杯であった。コンビニには断水に備えて水などを買い求める人の列ができていた。余震が続き建物の中にいられないため車中泊の避難者が随所にみられた。市内の住宅では火災が発生し、幹線道路の国道三号線は段差や橋の損傷があり、さらなる渋滞が発生していた。

【注】

1 国土交通省「平成二七年度全国道路・街路交通情勢調査」 http://www.mlit.go.jp/road/census/h27/
2 公益財団法人交通事故総合分析センター『交通統計』各年版より
3 交通事故総合分析センター「海外情報・国際比較」 http://www.itarda.or.jp/materials/publications_free.php?page=31
4 『交通統計』(前出)各年版より
5 いくつか訳例があるが、日本交通政策研究会「道路整備の経済分析」日交研シリーズA—三八〇、二〇〇五年三月、一二頁(第二章 中里透担当)より引用した。
6 田邉勝巳・後藤孝夫「一般道路整備における財源の地域間配分の構造とその要因分析——都道府県管理の一般道路整備を中心に」『高速道路と自動車』四八巻、一二号、二〇〇五年、二五頁。
7 「日本ニュース」一一七号(一九四二年九月)の中の「銃後奉公 輸送力の増強 少年産業戦士輔導」

https://www.youtube.com/watch?v=zkbmNW1yd-8&t=156s

8 須田春海『須田春海採録①東京都政』生活社、二〇一〇年、二八四頁〔初出『地方自治通信』二一四号、一九八七年九月号〕

9 ナビタイムジャパン・トータルナビ事業開発メンバー「初試算！満員電車の経済損失は年間三二四〇億円　首都圏の通勤時遅延、ストレスを金銭換算」

10 上岡直見『鉄道は誰のものか』緑風出版、二〇一六年、三三頁

11 東京都市圏交通計画協議会「基礎集計項目の提供」https://www.tokyo-pt.jp/data/01_02.html

12 国土交通省「第一一回大都市交通センサス　平成二三年度調査（集計）結果報告」http://www.mlit.go.jp/sogoseisaku/transport/sosei_transport_tk_000034.html

13 国土交通省「バリアフリー化事業経済効果分析調査」報告書、二〇〇五年三月、二三頁

14 「鉄道プロジェクトの評価手法マニュアル　二〇一二年改訂版」http://www.mlit.go.jp/tetudo/tetudo_fr1_000040.html

15 「詰込み実験　胸に米一票もの圧力」『朝日新聞』一九六五年一一月一七日

16 公益社団法人日本WHO協会訳による　https://www.japan-who.or.jp/commodity/index.html

17 キャリコネニュース「台風の余波で首都圏の電車大混乱」二〇一八年一〇月一日　https://news.careerconnection.jp/?p=60223

18 国土交通省「交通関係統計資料集」　http://www.mlit.go.jp/statistics/kotsusiryo.html

19 EUは"EU Statistical Pocketbook 2015 Mobility and Transportation"　http://ec.europa.eu/transport/facts-fundings/statistics/pocketbook-2015_en.htm　日本は『鉄道統計年報』http://www.mlit.go.jp/tetudo/tetudo_tk6_000032.html

20 国土交通省「国土交通月例経済」二〇〇三年七月　http://www.mlit.go.jp/toukeijouhou/toukei03/geturei/07/geturei03_07_.html

21 物価補正の数値は総務省統計局「日本の長期統計系列」第三章　国民経済計算による。http://www.st

at.go.jp/data/chouki/03.htm

22　下野新聞子どもの希望取材班『貧困の中の子ども　希望って何ですか』二〇一五年三月、一一二頁

23　湯川利和『マイカー亡国論』三一書房、一九六八年、二五六頁

24　暮らしなんでも事典「Ｐｒｅｓｉｄｅｎｔ　Ｏｎｌｉｎｅ」二〇一三年三月七日　http://president.jp/articles/-/8738

25　『朝日新聞』Ｗｅｂ版、二〇一一年四月一日「避難渋滞、津波被害を拡大　促しても車降りる人少数」

26　（特非）立ち上がるぞ！宮古市田老「東日本大震災――二〇一一年三月一一日平成三陸大津波田老伝承記録」二〇一四年五月、九頁　https://drive.google.com/file/d/0Bz1AZ_eg5A_ITkJXclRYVDRpRmM/view?pref=2&pli=1

27　中央防災会議「東北地方太平洋沖地震を教訓とした　地震・津波対策に関する専門調査会報告」二〇一一年

28　佐藤史弥・平井寛・南正昭「沿岸市町村における津波避難手段の検討」第五〇回土木計画学研究発表会・講演集（ＣＤ―ＲＯＭ）、二〇一四年一一月

29　@ｎｉｆｔｙニュース「『やられていたべな』被災者が『避難渋滞』でつぶやいた不安」　http://news.nifty.com/cs/domestic/societydetail/dot-20121211-20121210000014/1.htm

30　小川進・有賀訓・桐島瞬『放射能汚染の拡散と隠蔽』緑風出版、二〇一八年、二七〇頁

第八章

経済でも「災害」は起きる

アベノミクス災害

日本の危機とは、大規模な自然災害・原発事故・外国からの武力攻撃のような物理現象に起因するだけではなく「経済災害」もある。それはすでに危険水準に達している。第二次安倍政権の発足後の二〇一三年から、一般に「アベノミクス」として知られる経済政策が提起された。時間的な経過としては①「三本の矢（二〇一三年一月〜）」、②「第四の矢（二〇一三年五月）」、③「新三本の矢（二〇一五年九月〜）」の三段階がある。

①の「三本の矢」の内容は「大胆な金融政策」「機動的な財政政策」「民間投資を喚起する成長戦略」とされる。金融政策の中心は市場に大量の資金を供給することであり、いわゆる異次元の金融緩和（後述）や物価上昇目標（インフレ率）二％がこれに該当する。財政政策としては第二章・第六章で取り上げた国土強靭化すなわち大規模な公共投資が該当する。ただし規模的には小泉改革以前の二〇〇〇年代のレベルに戻ったわけではない。②の第四の矢とは財政健全化を指すとの解釈[注1]もあるが、前項の大規模な公共投資すなわち国債の大量発行と矛盾しており、評価は不明である。③の新三本の矢の内容は「希望を生み出す強い経済」「夢を紡ぐ子育て支援」「安心につながる社会保障」である。この時のキーワードで「一億総活躍社会」が注目された。この語句は二〇一九年一月二八日の第一九八回国会冒頭の安倍首相の施政方針演説でも繰り返されている。

国土強靭化を標榜する藤井聡（京都大学大学院教授・内閣官房参与）は、中央政府による公共投資や総輸出額の増加を通じて国民所得が増加すれば、それを通して出生数も増加するとしている。数値的には公共投資一兆円は出生数にして一・七万人の増加に相当するという。[注2] しかし出産・育児という自己決定に関する事項を、中央集権的な政策でコントロールしようとする発想自体が誤りである。しかも限られた社会的資源（人・物・金（カネ））を公共事業（狭い意味での）に配分すれば、子育てを妨げる多重の障壁の解消はますます後回しになる。

少子化は「人災」だと指摘する論者もある。中原圭介（経済アナリスト）は日本経済の停滞の原因は主に少子化であるという。

中原は「安倍首相は二〇一八年一月の施政方針演説において、現在の少子高齢化を〈『国難』〉とも呼ぶべき危機〉と称しましたが、『国難』は今に始まったことではなく、しかもこの『国難』は自民党政治が長年にわたって少子化問題の解決を先送りしてきたことによってもたらされた『人災』でもあったのです[注3]」と指摘している。二〇〇三年に「少子化社会対策基本法」「次世代育成支援対策推進法」が制定されたが効果は不明である。保育所増加のために採用された「企業主導型保育所」では内閣府の委託で助成金を支給する「児童育成協会」からの運営費支給の遅れが発端となり保育士が一斉に退職し休園に至った事例もある。[注4]

図８—１は「毎月勤労統計調査[注5]」による製造業の勤労者の一人・一月あたりの平均（所定内＋賞与等）給与総額について、企業規模別に示したものである。なおこの統計に関して、二〇〇四年から不適切な集計が行われていたことが判明しているが、相対的な傾向は変わらないと考えられるので既公表値に基づいて論じる。企業の規模により明確な格差がみられるとともに「アベノミクス」の四年目

以降になってもほとんど増加傾向がみられないばかりか、部分的には低下している。また同図に示すように第二次安倍政権になってから株価は上昇しているが、一部の個人と企業は株価の上昇によって利益を得るとしても勤労者の給与には連動していない。二〇一八年冬には大企業の賞与が過去最高と報じられた一方で、中小企業の賞与は平均で前年より減っており、支給されない企業も四割あった。さらに非正規雇用であれば賞与自体が支給されないケースがほとんどである。[注6] 企業の財務状況が好転したとしても、企業はそれを単純に勤労者に配分することはなく、別の投資に振り向けたり内部留保の蓄積を優先する。内部留保は勤労者への配分を切り下げて蓄積しているから、それに対応して家計の貯蓄率は下がる。佐藤滋（東北学院大学経済学部）によると、二四歳以下の勤労者の貯蓄率だけが上昇しているが、これは若い世代が「自己責任論」に追い込まれる中で生活を切り詰めて自己防衛している結果であり、生活保護世帯など弱者に対して不寛容な認識を示す理由ともなっていると指摘している。[注7] 自己責任論は、健全な生活を営むことができない経済的・社会的な境界線が次第に自分のほうに近づく結果をもたらし、やがては自分が境界線の外に出てしまう。

全体として勤労者への配分が進んでいないのと並行して「格差」の増大も懸念される。図8—2は「国民生活基礎調査」[注8]により、所得階級別にみた世帯数の割合の分布を示したものである。一九九〇年（バブル崩壊直後）と、二〇〇九年（麻生内閣）および二〇一六年（第三次安倍内閣）を比較すると、一九九〇年に対して二〇〇九年と二〇一六年では中間階層が減って低所得側に移動している。さらに二〇〇九年と二〇一六年を比較すると、若干ではあるが高所得側が増加している。すなわち「格差」の増大が数値的にも確認できる。

図8—1　製造業の1人・1月あたり平均給与総額

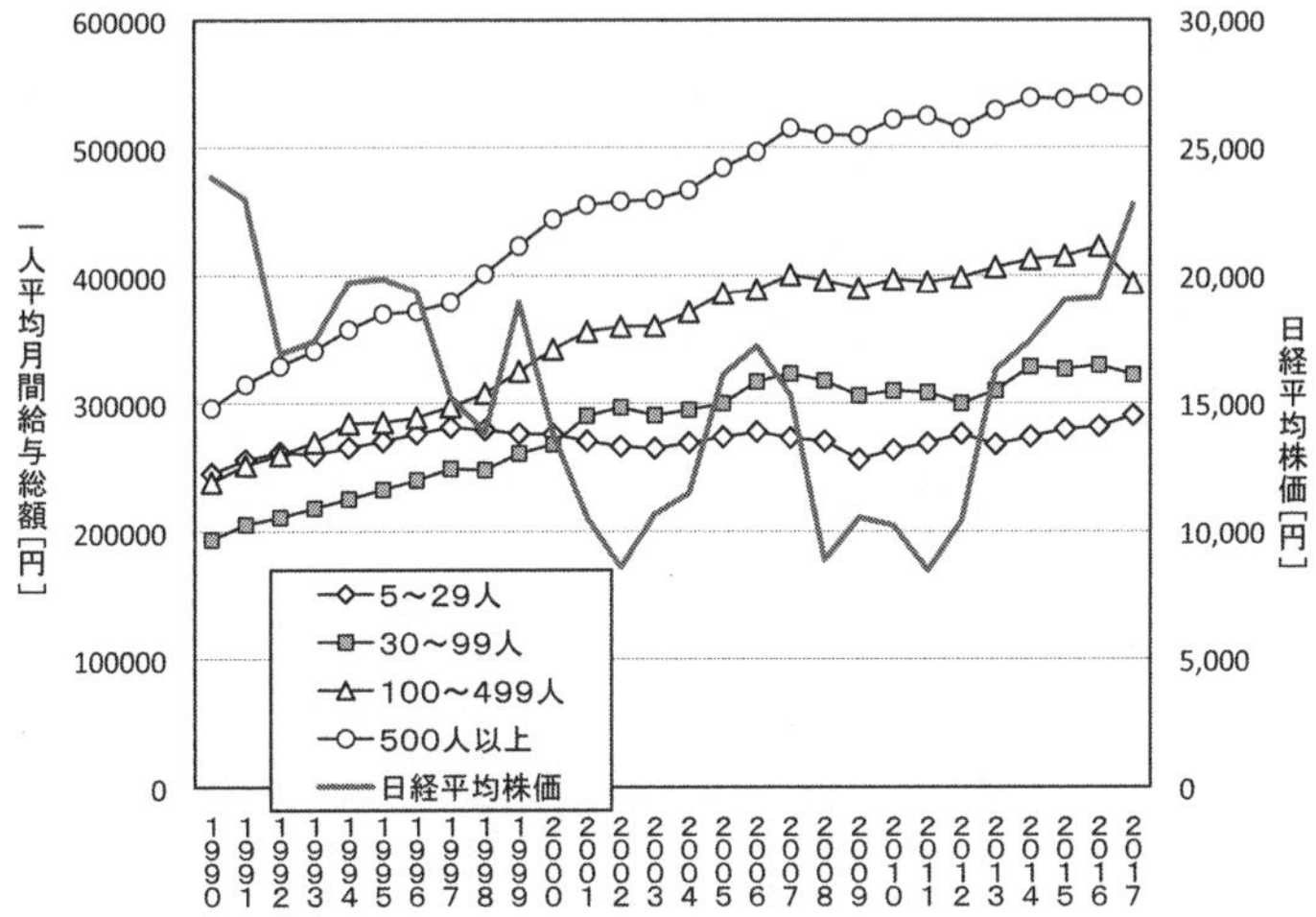

図8—2　所得階級別の世帯数の分布

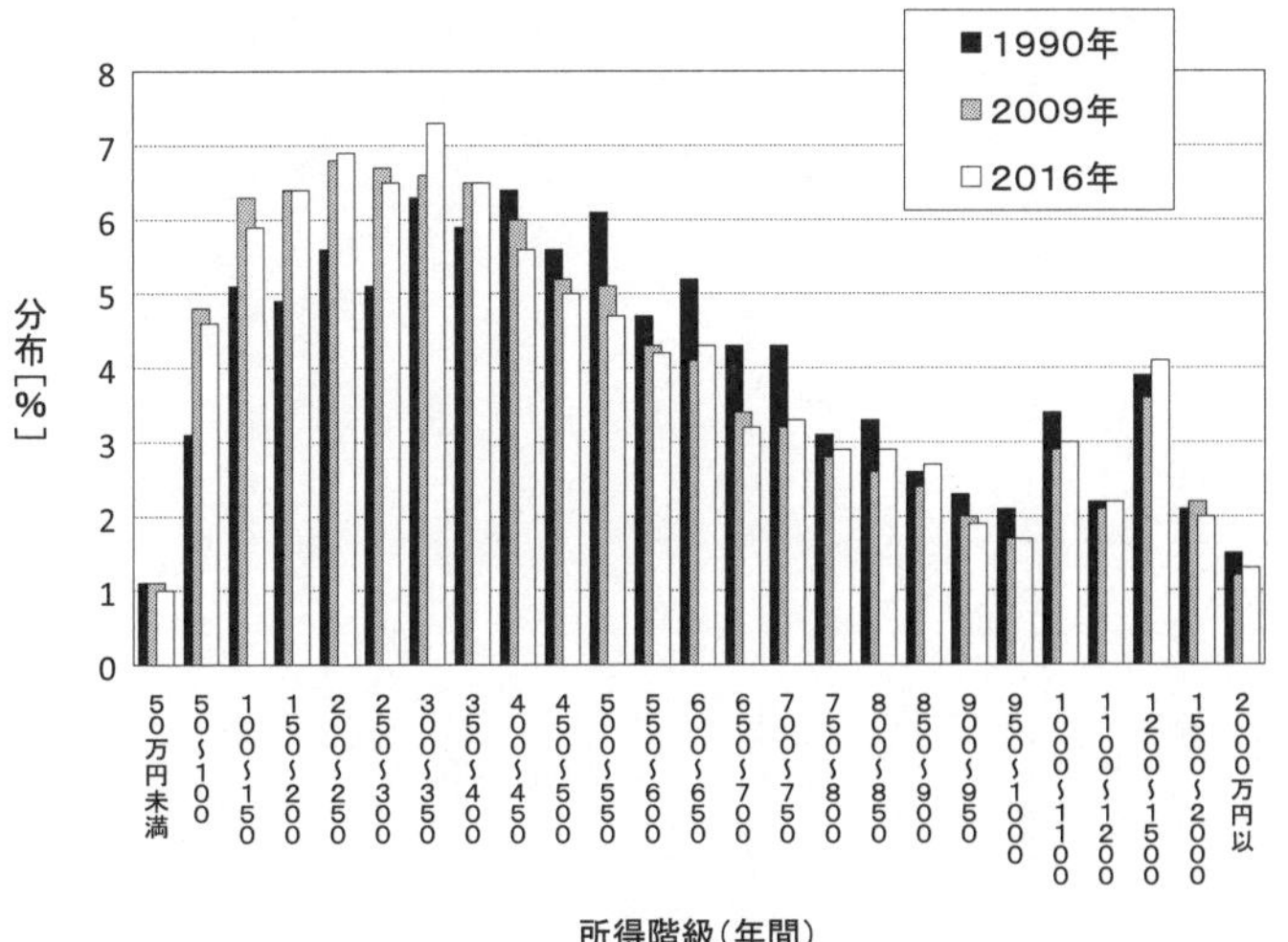

日銀災害

日本銀行はデフレ脱却を掲げ「異次元の金融緩和」として低金利（あるいはゼロ、マイナス）政策と国債や上場投資信託（ＥＴＦ）の大量買い取り、すなわち市場への資金供給を続けている。また数値目標としてインフレ率の目標二％を設定している。図８―３に示すように二〇一八年八月にはそのマネタリーベース（日本銀行が供給する通貨の量であり、「日本銀行券発行高」「貨幣流通高」「日銀当座預金」の合計値）（五四八・九兆円）となり、前年度の名目国内総生産（ＧＤＰ）を超えた。[注9] 二〇〇七年のリーマンショック前で一三％、白川方明前総裁の退任時点（二〇一三年三月）で三三％であったのに対して、後任の黒田東彦総裁（二〇一三年三月就任）に交替してから五年あまりで急激に増加し一〇〇％を超えた。日銀すなわち中央銀行の資産規模がＧＤＰ比率で一〇〇％を超える状態は他の国と比べて異常に高く、過去の敗戦間際すなわち経済・金融崩壊寸前の一九四五年三月でさえ四〇％台であった[注10]ことと比べても異常である。さらにその後も資金供給は続いているが、日銀が掲げてきたインフレ率の目標二％の達成はたびたび先送りされ現在も達成の見通しは不明である。

そもそもなぜ「インフレ率」すなわち物価の上昇が望ましいのか、市民の生活感覚からは理解しにくい。日本の経済はエネルギーや資源の大半を海外に依存し、また海外との貿易が多いことから、国内の物価は原油価格や為替レートの上下により大きく影響を受ける。また消費税率の引き上げによっても物価は上昇する。このような要因による物価の上昇は賃金の上昇を伴わない場合が多く、ときに

図8—3　日本のマネタリーベースの推移

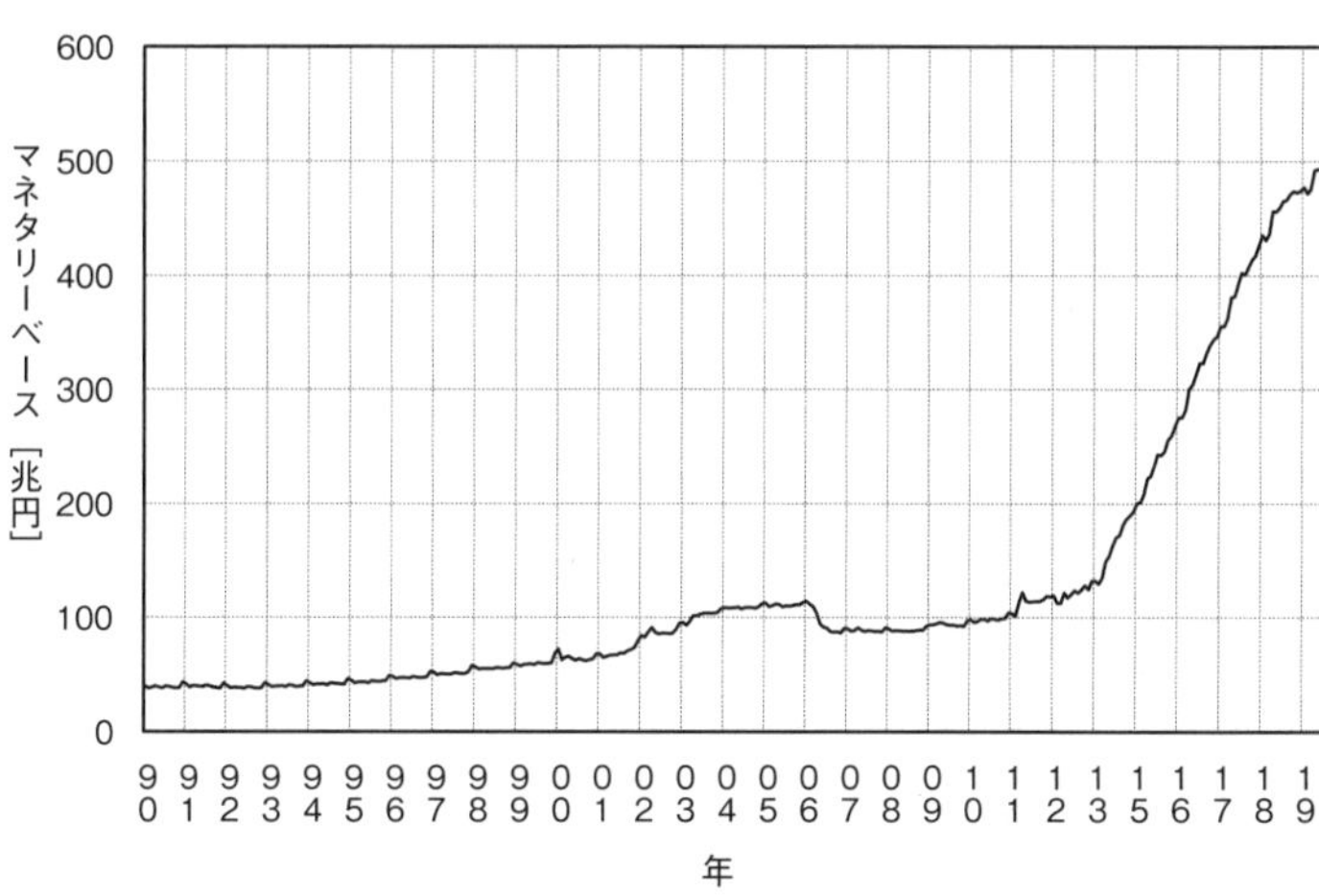

は賃金の下落や労働条件の低下の原因ともなるため、現実の市民の生活は苦しくなる。これに関して黒田総裁は「人為的にインフレを引き起こそうとしているのではない」としてインフレ目標の必要性について次の説明を行っている。[注11]

①物価の安定［デフレによる価格の低下→企業収益の減少→賃金の抑制→消費の低迷→さらなる価格の低下という負の循環を防止することが目的である］

②金利引き下げ余地の確保［プラスの物価上昇率を維持することで、金利操作による景気調節効果への対応力を保持しておく］

③グローバル・スタンダード［海外の中央銀行の多くが二％の目標を設定している］

この講演（二〇一四年三月）の時点で黒田は「二〇一四年度の終わりから二〇一五年度にかけて目

標達成の可能性が高い」と述べているが、全く画餅に終わった。また「賃金が上がらずに物価だけが上がる現象は起こらず、双方は連動する」との説明もなされているが、これも机上の理論であり実証はされていない。一方では緩和政策に強い批判が寄せられている。中原（前出）は「アメリカの大型減税策や日本のアベノミクス、主要国の中央銀行のインフレ目標政策などは、富裕層や大企業などごく一部に恩恵を集中させる政策のため、普通に暮らす大多数の人々の立場から見ると、あまりにも希望が持てないものばかりです。経済の本質や歴史について先入観を持たずにしっかりと検証していれば、このような愚かな経済政策や金融政策を行うはずがなかったのです」[注12]という。中原によれば政治的視点の異なるメディア（産経新聞から朝日新聞まで）のいずれの世論調査でも、景気回復を「実感している」との回答が二割にとどまる一方で、「実感していない」との回答が八割であるが、その割合は富裕層と大企業に勤める人々の割合がおよそ二割という背景と合致している。アベノミクスによる市場への資金供給は、円高を是正（円安を誘導）して株価や企業収益を高める効果がある一方で、輸入品の価格上昇をもたらす。エネルギー・食料品など人々の生活に必需的な財貨の多くを輸入に依存している日本では、円安は人々の実質賃金を押し下げる弊害をもたらす。[注13]緩和政策を支持する論者の中には「インフレ」の印象を避けて「物価安定目標」の言葉を使用する例もみられるが、いずれにしても「安定」の根拠はない。

また佐藤滋（前出）は、本来は景気が良くなると失業率が下がり、それにつれて物価が上がるという因果関係が働くが、逆に物価が上がれば失業率が下がるという前提のアベノミクスは本末転倒であり、前述の日銀の説明のような「そのために持ち出される理屈は極めて入り組んだもので、怪しいもの」としている。[注14] また金利を引き下げることは短期的には人々の購買力を喚起するが、それは将来の需要を前倒しにしているにすぎないので、長期的には潜在的な経済成長率の引き下げにつながり、将来の経済成長の低下と引き換えに現在の水準を維持していると指摘している。[注15]

またデフレから制御不能なインフレに転換するおそれを指摘する論者もある。[注16] 理論的には中央銀行（日銀）が発行する貨幣量が物価水準を決めるとされている。しかし中央銀行の独立性が失われて、政府が規律なく国債を発行し財源を調達するようになると、価格決定メカニズムの枠組みが変わり、市場では名目国債残高と将来の基礎的財政収支の予想が物価を決める。アベノミクスは「日銀に街宣車を乗り付けた」と批判されている。その程度によっては制御不能なインフレに転換するおそれがある。

さらに外的要因もある。中原（前出）は二〇二〇年前後に世界的な借金バブルの反動によって世界同時不況を迎える可能性があると指摘している。二〇〇八年九月のリーマン・ショック（世界金融危機）は米国の個人向け住宅ローンの不良債権化を一つの要因として発生し、世界同時不況をもたらした。その後、米国の個人債務の総額は減少の方向に向かったが、低金利の影響もあって再び増加に転じ、二〇一七年以降は世界金融危機前を上回る水準に達している。ローンで不動産や自動車が購入されるため表面的に好況に見えるが実態は借金バブルであり、再び金融危機が発生する要因が蓄積されている。日本はアメリカと中国の好況から恩恵を受けてきたので、逆方向に転じた時にはマイナスの影響も大きく被る。[注17] 二〇一九年には消費税率の引き上げが実施される。雇用者所得の上昇が伴わないのに消費税率の引き上げを実施すれば、消費はいっそう冷え込んでしまう。企業は生産設備の稼働率低下や在庫膨張を防ぐために、消費税率の増加分をできるだけ内部吸収するように努めるであろう。

しかし財務基盤の弱い企業ほどコストへの転嫁はむずかしい。そのことがとりわけ中小企業の雇用者所得を抑制する方向に作用する。

金融緩和（市場への資金供給）によって物価が上昇するメカニズムについては、教科書的には多くの解説がみられる。日銀が金融緩和を通じて政府の財政赤字を補塡すると、市場では円の価値が低下すると予測され（期待インフレ率）、現金・預金から株や不動産に資産が移動して物価上昇をもたらす方向に作用する。しかし金融緩和によって雇用者の所得が増加するかどうかについて経済学者は口を閉ざしている。インフレと所得は理論上は比例するが、統計上の「所得」には財産所得なども計上されるので、低収入・非正規雇用で生活が苦しい勤労者に対して金融緩和の恩恵が及ぶとは限らないし、勤労者の所得が伸びなければ税収も増えない。

浜矩子（国際経済・金融論）は安倍政権の経済政策（いわゆるアベノミクス）の終着点として二つの結末を予想している。[注18] 第一は、もし経済のメカニズムに任せたままで放任するならば恐慌に陥らざるをえないとの予想である。第二は、国が介入するとすれば統制経済の強行であり、具体的には一定額以上の預金凍結・強制的な国債転換（ただし売買禁止）・愛国税や愛国協力基金（仮称・浜矩子の命名）の導入などである。これまで起きていないのは、浜が指摘するように「さしあたり起こっていないことは、今後とも起こらないだろう[注19]」という楽観にすぎない。

このような事態は他国に例を求めるまでもなく日本で前例がある。戦時中に急速に増大する戦費を調達するために一九三八年から「貯蓄運動」が展開された。戦費調達の大半は公債であるが、戦争状態のため外債を募集できないから国民の貯蓄と国債の購入によらざるをえず、「国民貯蓄組合法（一九四一年制定）」が制定されて、産業団体をはじめ地域でも町内会・集落会・隣組などを動員して貯蓄と国債の購入が奨励された。[注20]同時期に「大政翼賛会」も国債の購入を奨励し、国債を無制限に発行しても国民が貸し手であるから破綻するおそれはないと述べている。安倍政権に近い財政出動論者[注21]が当時と全く同じ主張をしていることに注意すべきである。公共事業のバラマキで経済が好転するという主張は、戦時中に「敵が日本に近づくほど我が方に有利になる」[注22]と豪語した軍部を連想させる。第二章の原子力の例で指摘したように、専門家ほど危険性を知りながら欺瞞的な言説で楽観論を流布する構造とよく似ている。

先送り災害

経済政策に関しては、同じテーマに対しても論者によって正反対の見解が対立することは珍しくない。同じ出版社から両極端の論者の著作が刊行されているほどである。現在の日本に関しては、膨張する社会保障費の財源をどこに求めるかを主な論点とすることは共通であるが、大別して二つの論調がある。第一は消費税を主として増税は止むなしとする主張である。第二は消費税率の引き上げによらず（もしくは低減・撤廃）、財政出動を続けて経済を拡大することにより税収の増加に財源を求める主張である。しかし双方とも、化学兵器と生物兵器のどちらがより人道的かの議論に似ている。ことに第二の財政出動については、際限なく市場へ資金供給を続けることは物理的に限界がある以上は、いずれかの時点で「店じまい」をせざるをえない。そのときまでに累積している債務の処理には、結局のところ消費税率の大幅引き上げその他の増税が不可避となる本質的な矛盾を抱えている。

そもそも安倍内閣の経済政策は支離滅裂としか言いようがない。第一次安倍内閣（二〇〇六年九月～二〇〇七年九月）は短期間であったが前小泉内閣の新自由主義を背景とする構造改革を継承して公共事業を縮減しており、現在の「アベノミクス」とは正反対の政策である。ところが二〇一二年末からの第二次安倍政権では「先祖返り」と揶揄されたように公共投資の増大を始めた。

第二次安倍政権発足の直前、自民党の政権復帰が確実と予想された時期に、雑誌の対談で安倍晋三・自民党総裁（当時）は「私は瑞穂の国には、瑞穂の国にふさわしい資本主義があるのだろうと思っています。自由な競争と開かれた経済を重視しつつ、しかし、ウォール街から世界を席巻した、強欲を原動力とするような資本主義ではなく、道義を重んじ、真の豊かさを知る、瑞穂の国には瑞穂の国にふさわしい市場主義の形があります。〔中略〕市場主義の中で、伝統、文化、地域が重んじられる、瑞穂の国にふさわしい経済のあり方を考えていきたいと思います」と述べている。[注23]

すなわち米英流の新自由主義とは一線を画す考え方を示しているが、第二次安倍政権が発足すると「国土強靭化」に代表される公共事業バラマキの一方で、TPP・労働規制緩和・水道民営化・出入国管理及び難民認定法（入管法）の改正などに代表される新自由主義が混在した無秩序な経済政策が始まった。安倍首相は経済には具体的な関心がなく、一方では伝統、文化、地域を重んじているとも思えない。この無秩序に乗じて、各省庁と利権の関係者、バラマキ派と新自由主義派の論者やその応援団は、戦略的な見通しもなく互いに暴力的な言説で罵倒し合いながら、[注24]自説に都合のよい部分だけ政権を利用している。このような経済政策が行き着く先では、武力侵攻・原発事故・大規模な自然災害が幸いに避けられたとしても「経済災害」で日本が崩壊するだろう。

二〇一九年一〇月一日から消費税率が一〇％に引き上げられる。その目的は全世代型の社会保障制度への転換と財政健全化としているが、引き上げ分の半分は国民に還元するとして、軽減税率（食料品など生活必需財に対しては税率の据え置き等を行うこと）等の税制面の措置とともに、国土強靱化のための緊急対策を挙げている。[注25] 二〇一八年一一月には、今後三年間で三兆五〇〇〇億〜四兆円程度の財政支出を想定しているという。[注26] 菅官房長官は同一六日の記者会見で、景気対策では機動的な対応を図るとして、公共投資は機動的な対応にあたるから支出は問題ないと述べている。しかし消費対策と防災は関連性がない上に公共事業は建設後の維持管理費の負担も大きく、消費税を転用した歳出拡大は財政健全化に逆行すると懸念も示されている。[注27] 国土強靱化を提唱する藤井聡などの財政出動による景気対策を支持する論者は、消費税率引き上げに強く反対しているが、[注28] 消費税率引き上げと国土強靱化をセットにする安倍政権の施策をいったいどのように説明するのであろうか。

政府の財政と債務

一般に「政府の財政」と呼ばれる国の一般会計の歳出・歳入は、二〇一八年度で約九八兆円である。しかしこれ以外に一般会計を上回る規模の特別会計があり、さらに地方財政（都道府県・市区町村）も全国を合計すれば国の半分程度の規模がある。また国の会計内部での受け渡しや、地方交付税のように国から地方公共団体に交付（譲渡）される分もあり複雑であるが、全体像はどうなっているのだろうか。国については財務省から一般会計と特別会計を統合した表現で「特別会計ガイドブック」[注29]が公表されている。また地方財政については総務省から「地方財政白書」[注30]等が公表されている。これよりまとめると、国では一般会計と特別会計を合わせて約二四六兆円、地方会計では一般の歳出歳入と地方公営事業を合わせて約一一八兆円の規模があり、年々膨張している。膨張の主な要因は社会保障関係費の負担である。また地方交付税のように国から交付されて地方の歳入になる分もある。これらを一括して表示したものが図8―4である。なお国と地方の統計は公表年次にずれがあるため二〇一六年度の数値に合わせている。

図の内円が歳入、外円が歳出を示す。歳入の内円でグレー部分は公債・借入金などいわゆる「借金」である。また外円のグレー部分は国債の償還・利払関連費である。別の見方をすると、歳入として租税・保険料等では社会保障関係費を賄うのが精一杯で、その他の公的役務や経費を賄うとともに国債の償還・利払を行うためには公債・借入金が必要である。この関係が「借金を返すために借金が必要」と表現される実態である。地方財政でも、国より額は少ないが同様に地方債に依存する収入とその償還分がある。この結果、国と地方を合わせて、歳出・歳入の約三分の一がいわゆる「借金」に依存する分である。安倍政権になって防衛費が増加しているが、図のように財政全体を統合してみると、防衛費は社会保障費と比べて相対的にはさほど多くないと感じられる。しかしこれは逆に「社会保障費を少し削れば防衛費に回せる」という発想に通じる。防衛関係費の二〇一九年度概算要求額[注31]は前年度予算の七・二％増となった。

図8―5は国債発行残高・金利・利払費の推移を示す。[注32]国債の発行残高は二〇一八年度末（見込）

図8—4　国と地方の財政状況（単位・兆円）

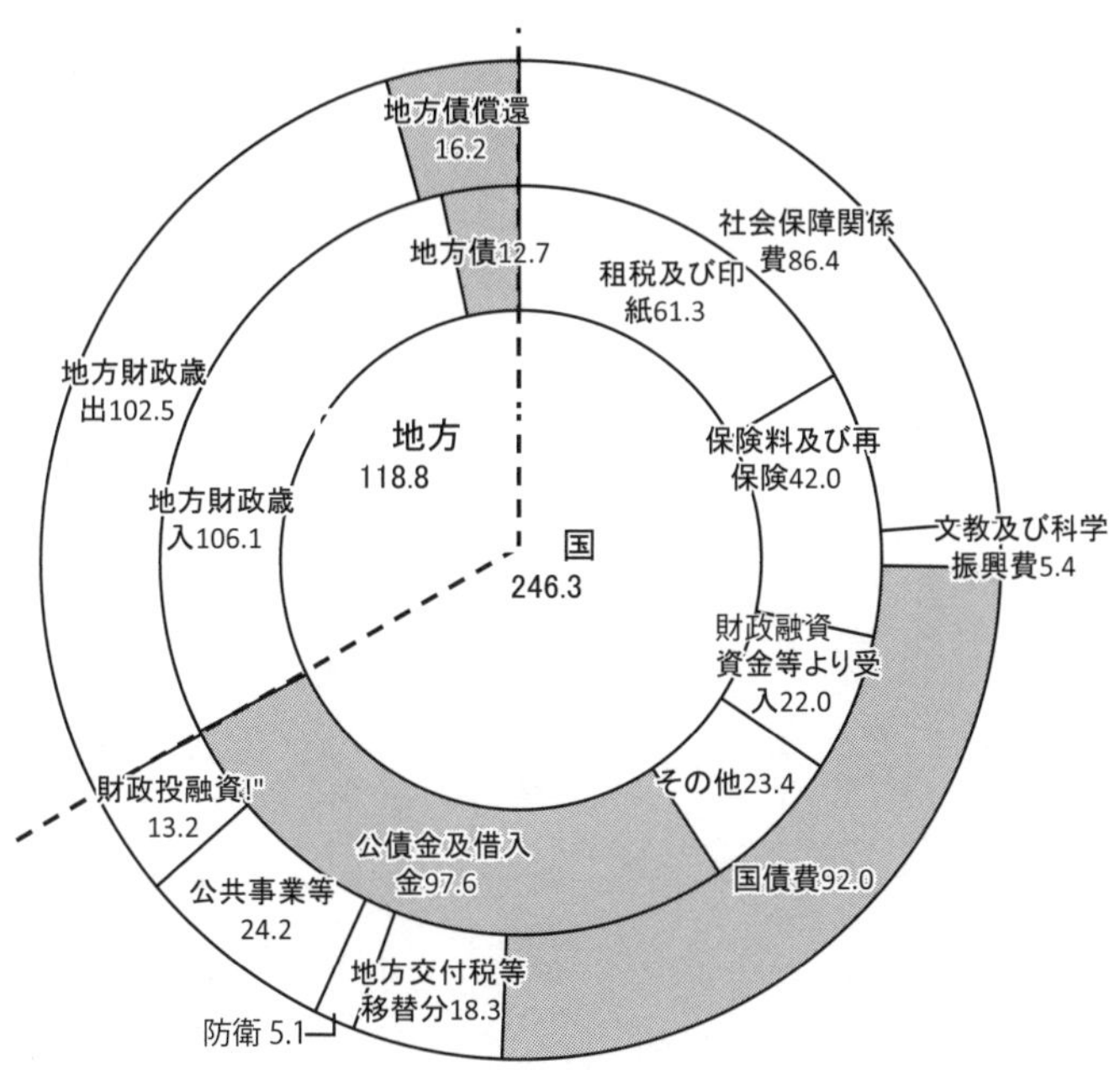

で約八八三兆円となる。国債を保有している主体は銀行・保険・年金・投資信託などであり、これらは結局個人の資金が源泉となっており、日本国債の約八割が個人資産として支えられている。しかしながらこのまま際限なく国債を発行した場合、どこで危険水準を突破するかについて数量的に予測する方法はなく、また突破した時には対処の方法がない。もともと経済学とは「均衡」を扱う学問であるが「暴走」を予測したり制御する枠組みは欠けている。[注33]

一方で「公的部門の債務」という概念で広く捉えると、中央政府（国）の債務には普通国債だけではなく「財政投融資特別会計国債」「交付国債・出資国債等」「借入金」「政府短期証券」「政府保証債務」などがあり、これに地方政府（自治体）の債務である「地方債残高」「公営企業債残高」を加えると、債務総額は約一三〇一兆円[注34]（前項と同じく二〇一六年度の数値）となる。このため債務に関する議論では国債の部分だけで論じるのは不十分であるが、複雑になるのでここでは国債のみに注目する。なお地方の債務も「地方交付税」を介して国の債務と関連している。

本来は「財政法」により国債で国の歳入を賄うことは禁止されているが、例外的に国債で財源の調達が認められる場合がある。それは「四条国債（建設国債）」「特例国債（赤字国債）」「復興債（東日本大震災関連）」である。建設国債は、その財源により整備したインフラは将来にわたり便益を産み出すから一時的には債務でもよいという考え方で発行される。一方で赤字国債は、歳出が歳入を上回る財政赤字でも国の公的役務（社会保障・教育・防衛など）を停止することができないから、年度限りの立法措置で発行する。毎年の予算は国債収入を前提として編成せざるを得ないので、例外といいながら毎年発行が続けられている。須田（前出）によると、国税庁長官経験者と懇談した際に「一番がっかりしたことは何か」と質問したところ「赤字国債発行制限のタガが外れた〔註・一九九八年、小渕内閣〕ときです。仕事をするモラールが湧いて来なくなってしまって……」と答えている。[注35]

一方で国債が市場で取り引きされる段階（金融機関や個人が購入する）では「四条」「特例」等の区分ではなく、市場での流通を促進するような償還期限と利率の何種類かの金融商品に変換される。こうして発行残高が積み上がった状態が図8―5である。

債務の膨張のうち、二〇〇〇年代になってからは特例公債の分が大きいことも特徴である。高度成

図8―5　国債発行残高と利払費・金利

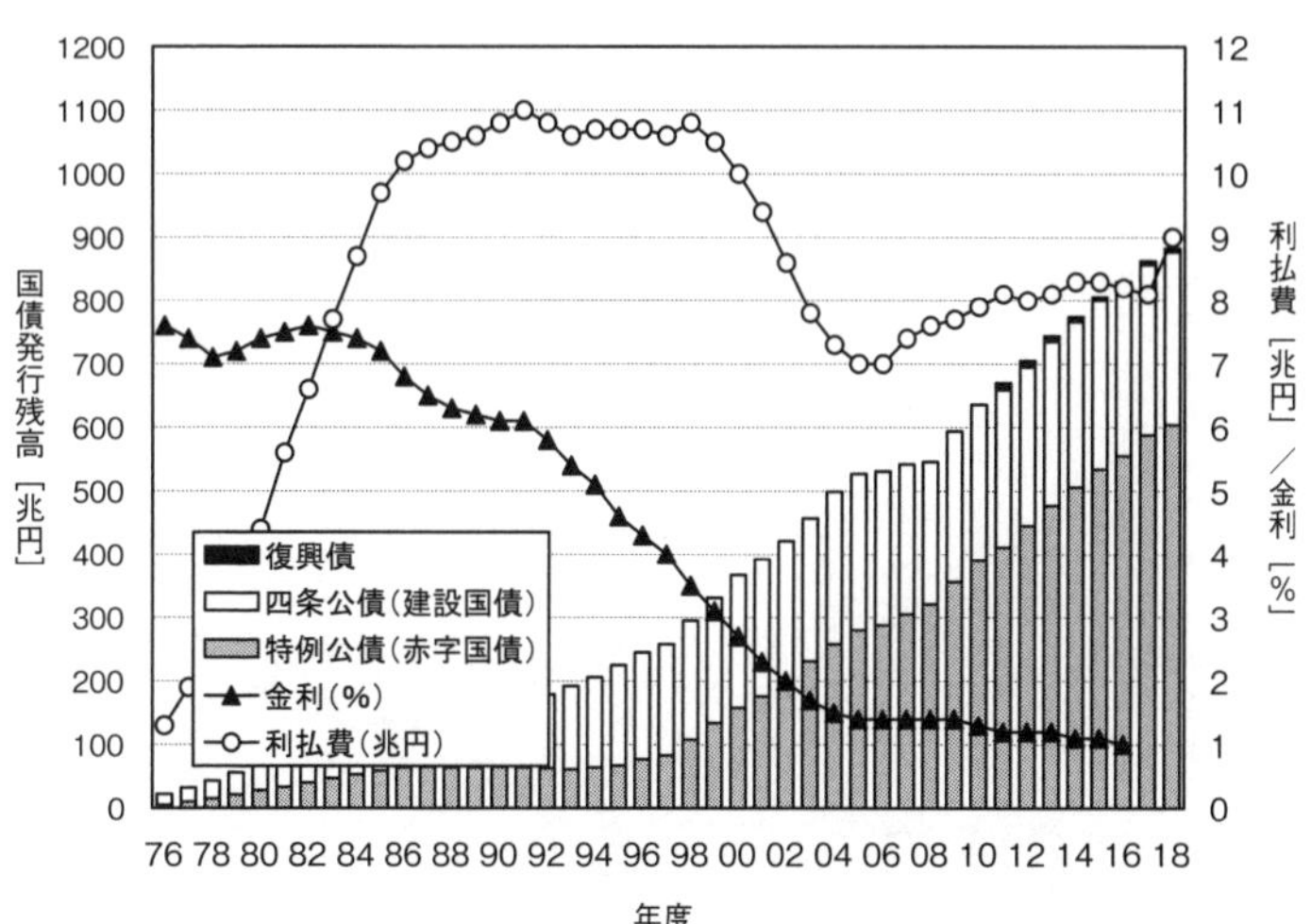

長期やバブル経済期の一部では、税収の還流で債務の膨張を抑えることが可能であった。しかし何らかの方法で一時的にバブルを起こすことができても、それを持続的に続けることはできない。改めて図をみるとバブル崩壊後にかえって債務の増加速度が増している。

すなわち「アベノミクス」で一時的にバブルに相当する経済状況を作り出したとしても、その間に無秩序に国債を発行すれば、その後はさらなる債務の増加に苦しむことになる。現在はいわば「金利が低いうちに借りられるだけ借りておく」という状態のために債務が膨張しているが、今後金利がわずかでも上昇すれば、元金が大きいだけに利払費が大きく増加し財政を圧迫する。前述のように日銀がデフレ対策として行っている「異次元の金融緩和」[注36]の目的の一つは金利引き下げ余地の確保であるから、近い将来に金利を一定の水準まで引き上げざるをえない。「アベノミクス」はまさに自縄自縛に陥っている。

経済はすでに敗戦

岩本康志（公共経済学）は「日本は景気を相手に戦争を始めた」と表現している。[注37] 図8―6は明治以来の政府債務残高のGDPに対する比率の経緯である。[注38] 日本は戦時中でも、あるいは戦時中だからこそ統計を綿密に整備している。戦前に政府債務残高のGDP比率が急上昇した理由は戦費調達のために実体経済の実力以上に国債（公債）を発行したからである。最終的にはどうにもならなくなり、戦災による物理的な破壊も加わって明治以後に積み上げた社会基盤も国民生活も崩壊して債務は帳消しになった。日本は今のところ物理的には戦争をしていないが、現在の政府債務残高のGDP比率が敗戦直前なみに上昇している。特に危機的になったのは九〇年代以降であるが、それ以前でもインフレ傾向が続いていた高度成長の頃でさえも債務が膨張している。これは国債で公共投資を実施しても、累積債務を解消するほどの税収をもたらすだけの経済効果が得られなかったことを意味する。この面からみても、国土強靱化などの財政出動による経済対策の誤りは明白である。

政府の債務と財政についてわかりやすく説明した資料として、現代のいかなる教科書や解説書よりも優れた資料がある。それは「大政翼賛会」から配布された図8―7の『隣組讀本　戦費と國債』[注39]という冊子である。現代のノウハウ本のような想定問答方式で、戦費調達のために国民運動として国債を購入すべき理由が解説されている。「隣組読本」とあるから、当時の統治機構の一部に組み込まれ

図8―6　GDPに対する政府債務残高の比率

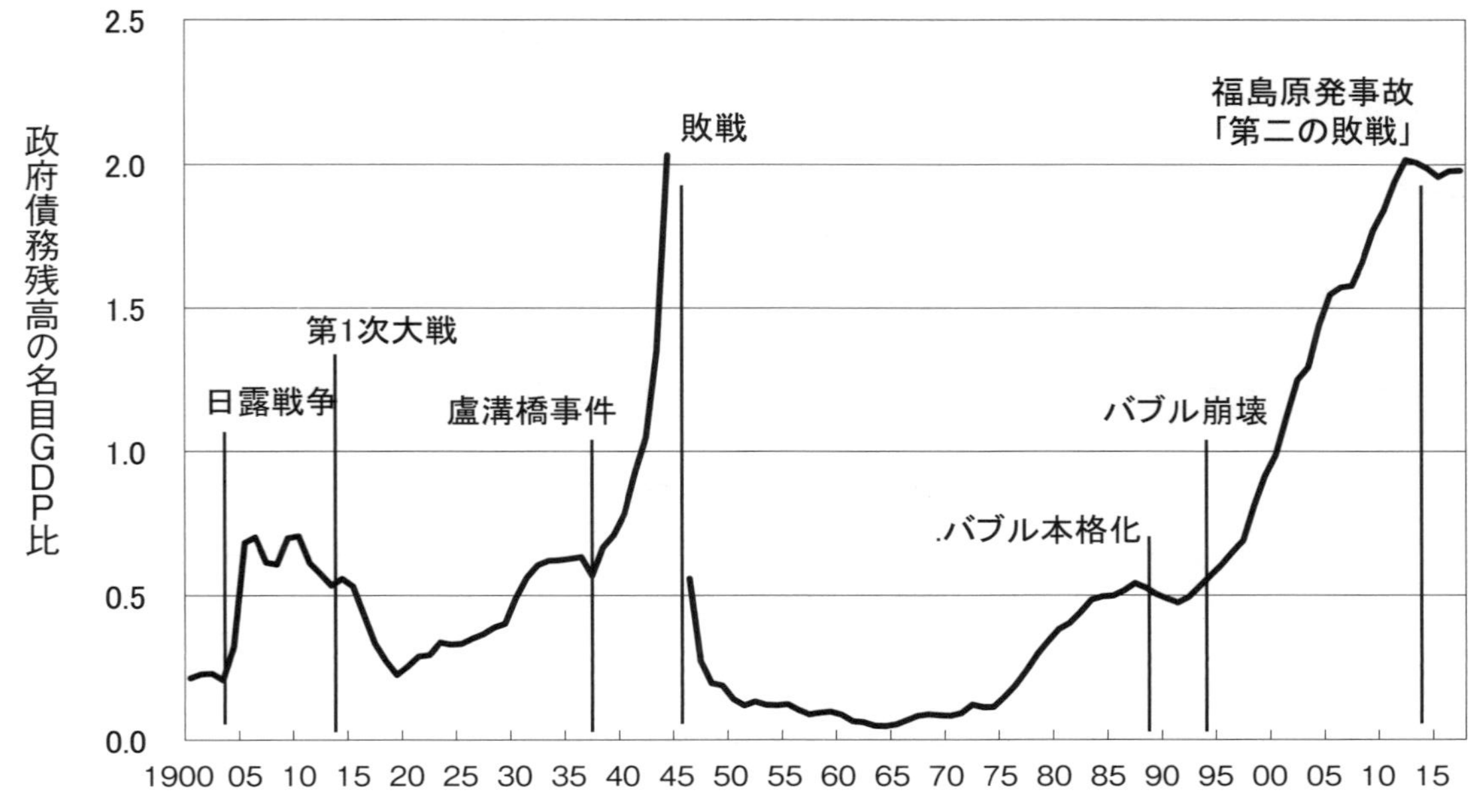

ていた隣組を通じて大量に配布されたと思われる。巻末には「勝利へ！　建設へ！　躍進日本　銃後の協力は國債を買ふことだ」との標語が掲げられている。冊子の中には下記のような仮想質問が挙げられている。

「國債が消化しないと何故悪性インフレーションになるのか」

「國債がこんなに激増して財政が破綻する心配はないか」

「将来政府は如何して此の多額の國債を償還するか」

「こんなに國債が増加しては将来國債の元利金を払はなくなる心配はないか」

「将来国債の値段が暴落する心配はないか」

もとより各々の仮想質問に対する回答は「心配ない」と断言する内容である。しかしこの数年後に冊子のすべての説明は崩壊して国債が紙屑同然になったことは否定しようのない事実である。ここで「当時は国力に見合わない無謀な対外戦争を行なったために破綻したが、現在は状況が異なる」と楽観するのは誤りである。冊子の説明を読むと戦争との関連性は「戦費の調達」という点だけであり、その他は戦争とは関係がなく経済・金融のしくみは変わっていない。たとえば「國債がこんなに激増して財政が破綻する心配はないか」に対する説明として次のように解説している。

國債が澤山殖えても全部國民が消化する限り、すこしも心配は無いのです。國債は國家の借金、つまり國民全體の借金ですが、同時に國民が其の貸手でありますから、國が利子を支拂つてもその金が國の外に出て行く譯でなく國内で廣く國民の懐に入つて行くのです。一時「國債が激増すると國が潰

図８―７　『隣組讀本　戦費と國債』

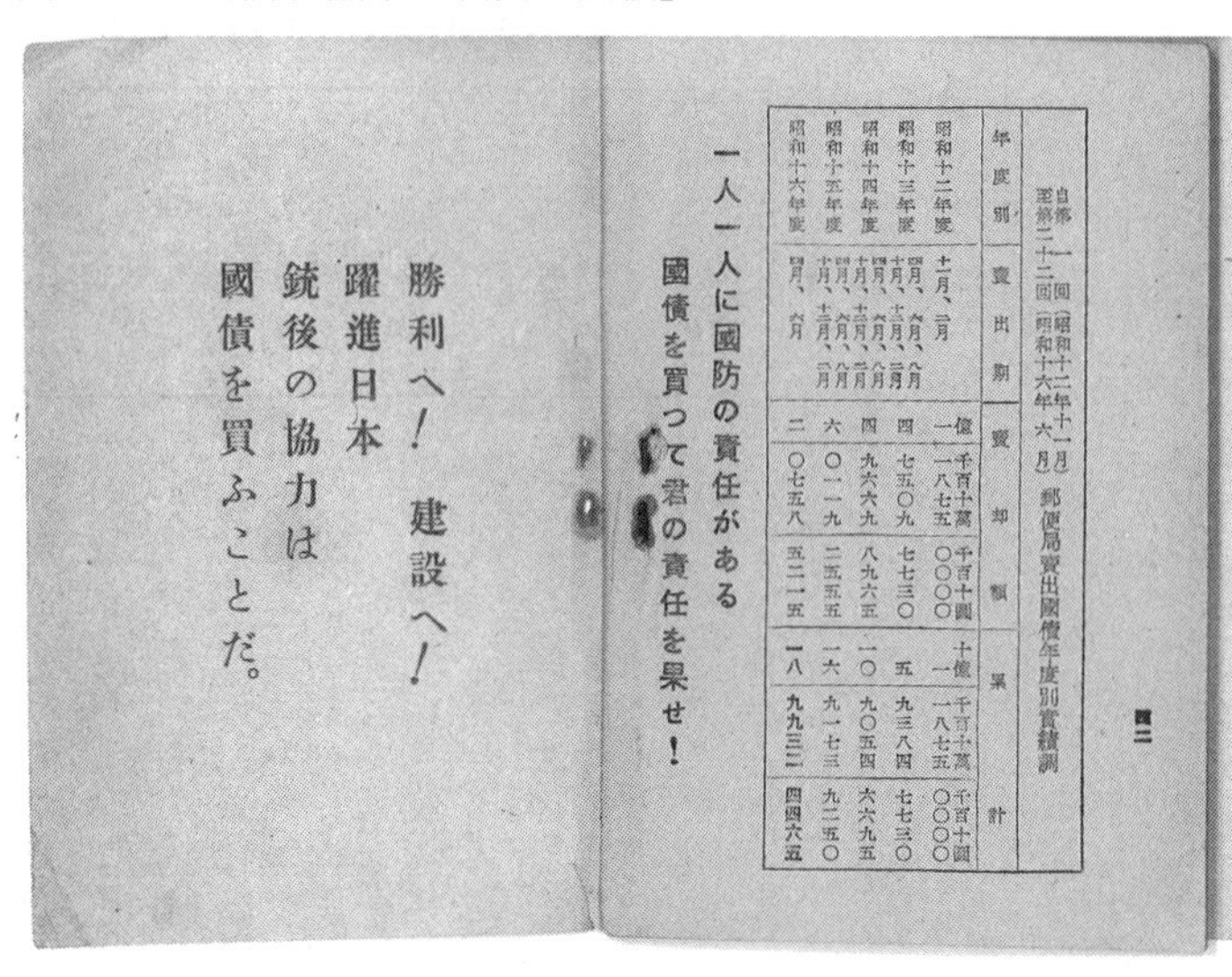

自第一回 至第二十二回（昭和十二年十一月 昭和十六年六月）郵便局賣出國債年度別實績調

年度別	賣出期	賣却額 億	賣却額 千百十萬	賣却額 千百十圓	累計 十億	累計 千百十萬	累計 千百十圓
昭和十二年度	十一月、二月	一	一八七五	〇〇〇〇	一	一八七五	〇〇〇〇
昭和十三年度	四月、六月、八月、十月、十二月、二月	四	七五〇九	七七三〇	五	九三八四	七七三〇
昭和十四年度	四月、六月、八月、十月、十二月、二月	四	九六六九	八九六五	一〇	九〇五四	六六九五
昭和十五年度	四月、六月、八月、十月、十二月、二月	六	〇一一九	二五五五	一六	九一七三	九二五〇
昭和十六年度	四月、六月	二	〇七五八	五二一五	一八	九九三二	四四六五

一人一人に國防の責任がある
國債を買つて君の責任を果せ！

勝利へ！　建設へ！
躍進日本
銃後の協力は
國債を買ふことだ。

れる」といふ風に言はれたこともありましたが、當時は我國の産業が十分の発達を遂げてゐなかつた為、多額に國債を発行するやうなときは、必ず大量の外國製品の輸入を伴ひ、國際収支の悪化や為替相場、通貨への悪影響の為我國経済の經済の根底がぐらつく心配があつたのです。然し現在は全く事情が違ひ、我國の産業が著しく發達して居るばかりでなく、為替管理や各種の統制を行なつて居り又必要なお金も國内で調達することが出来るのでして、従って相當多額の國債を發行しても、經済の基礎がゆらぐやうな心配は全然無いのであります。

「国内で貸し借りしているだけだから累積債務が増えても破綻しない」という説明は、米国のように国内で食糧・エネルギー・その他基礎的な資源が自給できる場合には成立する可能性がある。戦前・戦中の日本は一時的ではあるが中国東北部から南太平洋までエネルギー・資源を押さえ（まさにそのための戦争であった）国内で自給できる水力と石炭で一次エネルギー供給の八～九割を占め、食料の面でも十分とはいえないまでも農業の基盤があった。一九四一年の対米開戦以後は石油の禁輸によりエネルギー供給が深刻となったが、当時の統計によれば民生用には自給資源である薪炭による一次エネルギー供給が石油をはるかに上回っていた。しかし現在の日本では、当時と比較すると食糧・エネルギー・資源のほとんどを輸入に依存するようになった分だけむしろ戦時中よりも潜在的リスクが大きい。小林順一郎（一九二四年に陸軍退役、後に右翼活動家）は「我が国に皇室のおわします限り、いくら紙幣を増発してもインフレにならぬ」と述べている。現在の財政出動論者はこれと同じ思考である。

自民党支持層こそ警戒を

前述のように日本に戦略的な経済政策は存在しない。アベノミクスの後始末をどうするのかに関して誰も責任を持っていない。自民党政権が続くことを前提として将来設計を立てている人々こそ警戒する必要がある。異次元の金融緩和といっても物理的に限界が訪れる。その時にどう対処すべきかは机上のシナリオにすぎないが、一つの現実的な案としては、日本の公的年金の積立金を運用する年金積立金管理運用独立行政法人（ＧＰＩＦ）を国債の受け皿とする方策である。ＧＰＩＦは国内債券三五％・国内株式二五％・外国債券一五％・外国株式二五％の資産構成（いずれも原則）から成っており多数の国内上場企業の株式も保有している。

日銀は徐々に国債の購入を縮小するとともに金利を上げていく必要がある。しかし政府の債務残高が莫大であるため、わずかな金利上昇でも利払費が増加すると財政赤字に直結する。その移行は慎重に行わなければならないが、二〇四〇年ころを目途にGPIFを国債の受け入れ先に転換してゆく方策が考えられる。ただしこれはさらなる壮大な先送りでもあって不確定要素が大きいし、消費税率の増加も並行して実施せざるをえなくなる。さらにGPIFの資金運用は国内および海外の株式市場に強く依存しており、失敗すれば前述の浜が指摘するように恐慌か統制経済に行き着かざるをえない。

「恐慌」すなわち貨幣価値や為替レートの激変が、どのくらいの期間に、どのていど起きるかは、実数としては予測困難であるが、高度成長期にまじめに働いた団塊の世代の蓄積がその受け皿として想定されていることは確実である。大企業はもとより中小企業や個人自営業者の多くが自民党を支持していると思われる。しかしそれは危険である。自民党の政治家や高級官僚は、経済がどうなろうと自分たちは特権的な別世界にいて企業のことは考えていないからである。防衛・原子力など、いま政権側と強固に結びついていると思っている企業関係者にとっても何の保証もないだろう。

今日の日本の繁栄は、海外からの資源やエネルギーの輸入なしにはありえない。それは戦前のように武力を背景に海外から奪取してきたのではない。民間企業の関係者が苦労して平和的手段を積み重ねることによりもたらされた結果である。二〇一七年一二月六日にトランプ米大統領がエルサレムをイスラエルの首都と認定したことに対して、ＥＵ・英国・ドイツ・フランスが一斉に反対を表明する中で日本は米国に追従して黙認している。日本が中東諸国から敵視されればエネルギーの多くを中東に依存する日本は経済に重大な支障が発生する。

エネルギーがなければ自衛隊もスクラップにすぎない。民間企業の関係者は今でも海外で自衛官よりはるかに危険かつ支援体制も乏しい環境で働いており、現に二〇一三年一月のアルジェリア人質事件[注40]のような犠牲を出している。同じくアルジェリアでは、日本国内では生命のリスクがほとんどない虫垂炎の対処ができず駐在員が死亡した例もある。このような犠牲を払って積み重ねてきた日本の繁栄を、安倍首相の妄想に起因する暴発で終わらせてよいのだろうか。

日本の経済・産業は平和でなければ成り立たない。「軍需産業」に分類される業種はあるが、現時点では経済全体に対する寄与は大きくない。経済に関心のある人々こそ平和を訴えてゆく必要がある。浜矩子（前出）は安倍政権の経済政策（三本の矢・新三本の矢など）は経済活性化・GDP増大を口実にした軍備増強が最終の目的であるとして「企業側も、『動機は不純な奴らでも、経済が元気になればまあいいじゃないか』式の発想で、彼らに振り回されないようにして欲しい。下心政治と対峙する時、企業経営者の見識が問われる」と警告している。[注41]経済界と中産階級こそ挙って「平和経済」を実現できる政権の樹立をめざすべきである。

前述のようにアベノミクスは富裕層や大企業などごく一部に恩恵を集中させる政策との批判があるが、一方でこれらに属する人々も安泰ではなく、むしろ最も警戒を要するのではないか。戦前・戦中にかけて日銀が戦費調達のため無制限に国債を引き受け資金を供給した結果、敗戦に至るとその後始末が一気に表面化して極端なインフレ（物価が一八〇倍）が発生した。その収束のため政府は預金封鎖（一九四六年二月）と財産税の課税（同一一月）を強行した。

前述のように戦時中の政府は一九三八年から「貯蓄運動」を展開して国民の貯蓄を奨励したが、結局のところ「国の借金の貸し手は国民」であるが故にそれと相殺して債務を解消せざるをえなくなったのである。この関係は現在も全く変わっていない。ことに預金封鎖に関しては国会での議決を必要とせず、また閣議決定（全員一致を原則とする）も経ず、預金保険法に基づく「金融危機対応会議[注42]」において、内閣総理大臣を議長として内閣官房長官・金融担当大臣・金融庁長官・財務大臣・日銀総裁等の構成員のみで決定できる。すなわち現時点でいえば安倍首相・菅官房長官・麻生財務相・黒田日銀総裁が共謀すれば発動が可能である。それは「一夜にして国債や預金が紙屑」といった瞬間的な激変ではないとしても「五年前にはできていたことが、今はできなくなった」というような時間経過を辿ると思われる。しかし長年まじめに働いてきた多くの人々の将来計画が崩れ、あるいは若い人が将来に希望を持てない社会が続くことになる。これを方向転換するには、まず安倍政権を終わらせることが最低条件であるが、その次の出口戦略を用意する必要がある。

生活保護受給者、外国籍市民、ＬＧＢＴ、障害者などマイノリティに対して公然と差別発言をする者がいる。このような人権侵害や差別を容認する者は、自分は政権に同調的だから安全な側にいると錯覚しているのではないだろうか。人権侵害や差別を容認していると境界線がしだいに自分のほうに移動し、いつかは自分が境界線の外に出てしまう。学校法人森友学園で幼稚園児に教育勅語を暗唱させ、安倍首相応援メッセージを唱和させていた籠池泰典・諄子夫妻でさえ、政権にとって都合が悪くなれば不当に長期拘留して発言を封殺された。人権が本格的に制限されるようになった時、安全側にいられるのはごく限られた特権保有者だけである。

【注】

1 『日本経済新聞』「財政健全化を『第四の矢に』諮問会議、骨太方針策定へ」二〇一三年五月二八日

2 藤井聡「デフレーション下での中央政府による公共事業の事業効果分析」『第四六回土木計画学研究発表会・講演集』(CD—ROM)、二〇一二年一一月。

3 中原圭介『日本の国難』講談社現代新書二四六三、二〇一八年、六〇頁

4 「企業型保育所 助成支給遅れ 保育士一斉退職」『東京新聞』二〇一八年一一月七日

5 厚生労働省ウェブサイト「毎月勤労統計調査」https://www.mhlw.go.jp/toukei/list/30-1.html

6 七割の人は無縁〝ボーナス過去最高〟のウソ https://president.jp/articles/-/27103

7 佐藤滋「シェアリング・エコノミーへの転換と地方税財政制度の未来～「人口減少時代の自治体財政構想プロジェクト」報告～」『月刊自治研』二〇一八年一一月、六三頁

8 厚生労働省ウェブサイト「国民生活基礎調査」https://www.mhlw.go.jp/toukei/list/20-21.html

9 日本銀行統計ホームページ https://www.boj.or.jp/statistics/boj/other/mb/index.htm/

10 加藤出「日銀の資産規模がGDPに迫る異常な膨張、海外からは『無謀』の声」『ダイヤモンドオンライン』二〇一八年八月三〇日 https://diamond.jp/articles/-/178342

11 黒田東彦「なぜ『二%』の物価上昇を目指すのか――日本商工会議所における講演」二〇一四年三月二〇日

12 中原圭介(前出)一五頁

13 前出、五〇頁

14 佐藤滋「シェアリング・エコノミーへの転換と地方税財政制度の未来～「人口減少時代の自治体財政構想プロジェクト」報告～」『月刊自治研』二〇一八年一一月、六四頁

15 佐藤滋(前出)

16　櫻川昌哉「安倍政権経済政策の課題②中銀の独立性、歴史に学べ」『日本経済新聞』二〇一三年一月一七日「経済教室」
17　中原圭介（前出）四八頁
18　浜矩子『アホノミクス完全崩壊に備えよ』角川新書、二〇一六年、一五一頁
19　浜矩子（前出）八一頁
20　小林啓治『総力戦の正体』柏書房、二〇一六年、二三八頁
21　国土強靭化総合研究所編『国土強靭化　日本を強くしなやかに』相模書房、二〇一二年・同その二、二〇一二年・同その三、二〇一三年　藤井聡『列島強靭化論　日本復活五カ年計画』文春新書八〇九、二〇一一年　中野剛志・三橋貴明『売国奴に告ぐ！』徳間書店、二〇一二年など
22　太宰治『苦悩の年鑑』「敵わが腹中にはいる、と言ってにやりと薄気味わるく笑う将軍も出て来た」
23　安倍晋三「新しい国へ」『文藝春秋』二〇一三年一月号、一二四頁
24　二〇一五年二月前後に、橋下徹（大阪市長・当時）と藤井聡（京都大学大学院教授・内閣官房参与）が互いにインターネット上で「ヘドロ」「チンピラ」「ヒトラー」等の罵詈雑言を並べて言い争った。藤井側の応援団である中野剛志（経済産業省）・三橋貴明（経済評論家）は二〇一二年に『売国奴に告ぐ！』（徳間書店）等で新自由主義を批判している。
25　「消費増税に関する安倍首相発言・全文」『時事通信Ｗｅｂ版』二〇一八年一〇月一五日ほか各社報道
https://www.jiji.com/jc/article?k=2018101500858&g=eco
26　産経（Ｗｅｂ版）「国土強靱化　最大四兆円　政府想定　三〇年度二次補正に一兆円超」https://www.sankei.com/politics/news/181121/plt1811210035-n1.html
27　妹尾聡太「『国土強靭化』財政健全化とずれ」『東京新聞』二〇一八年一〇月一七日
28　藤井聡「消費税は、「一〇%はもうしようがない」と諦めれば、確実に「一五%」にされます」『「新」経世済民新聞』ウェブサイト　https://38news.jp/politics/12422
29　財務省「特別会計ガイドブック（平成二八年版）」https://www.mof.go.jp/budget/topics/special_accou

nt/fy2016/index.html

30 総務省「地方財政白書（平成三〇年版）平成二八年度決算」http://www.soumu.go.jp/menu_seisaku/hakusyo/chihou/30data/index.html

31 防衛省「我が国の防衛と予算 平成三一年度概算要求の概要」http://www.mod.go.jp/j/yosan/2019/gaisan.pdf

32 財務省ホームページ「財政に関する資料」https://www.mof.go.jp/tax_policy/summary/condition/a02.htm#a04

33 安富歩『原発危機と東大話法』明石書店、二〇一二年、八頁

34 財務省「最近五年間の国債及び借入金並びに政府保証債務現在高の推移」https://www.mof.go.jp/jgbs/reference/gbb/suii.xls 総務省「地方財政白書」資料編 http://www.soumu.go.jp/menu_seisaku/hakusyo/chihou/30data/2018data/30czs00-00.html 国・地方の統計の公表年次の相違から二〇一六年度末の数値

35 須田春海『市民自治体 社会発展の可能性（CIVICS 市民立法―3）』生活社、二〇〇五年、一七頁

36 黒田東彦「なぜ『二％』の物価上昇を目指すのか――日本商工会議所における講演」二〇一四年三月二〇日

37 岩本康志（ブログ）「景気との戦争」https://blogs.yahoo.co.jp/iwamotoseminar/30210307.html

38 財務省「社会保障・税一体改革について」https://www.mof.go.jp/comprehensive_reform/soan_gaiyou.pdf

39 大政翼賛会『戦費と國債』一九三六年。当時大量に配布されたものと思われ現在も現物が多く残存している。

40 二〇一三年一月一六日、アルジェリアのイナメナス付近の天然ガス設備の建設現場をイスラム系武装集団が襲撃し、日本の企業関係者一〇名が死亡した。

41 浜矩子（前出）、三二頁

42 これまで実際に開催されたのは二〇〇三年五月（りそな銀行経営危機）・同一一月（足利銀行債務超過）の二回。

第九章

防衛

「戦災」の教訓

戦争こそ最大の「人災」であることは間違いない。日本では一九四五年の敗戦以降には、朝鮮戦争（一九五〇年六月〜一九五三年七月休戦）、ベトナム戦争（一九五五年一一月に米国本格介入〜一九七三年一月にパリ和平協定）そのほか世界各地で続く戦争に間接的には関与しているが、少なくとも「国権の発動たる戦争」は行っていない。しかし、世界中で軍事力を行使してきた米国も、正式には宣戦布告を伴う「戦争」は行っていない。それは、日本が現憲法を変えなかったとしても「実態としての戦争」に関与する可能性を示している。現在では、太平洋戦争当時のように数百万人単位の軍隊を海外へ派遣することは考えにくいが、なぜ日本が太平洋戦争で国家の崩壊寸前までの膨大な人的・物的損失を出すまで戦争をやめられなかったのかを改めて確認しておくことは、今後の政策を考えるために必要であろう。

戦争の被害に関しては、日本側が加害者となった占領地での相手側の被害についての議論も忘れてはならないが、それは他の資料に委ねるとして、ここでは記録されているかぎりの日本の軍人・軍属と民間人の被害を示す。太平洋戦争の被害に関しては詳細な資料が「国富の損失」という形でまとめられている。[注1]要約すると数値化しうる事項だけでも次の表9―1のような被害を生じた。

表9―1　太平洋戦争の人的・経済的被害

		合計	直接被害	間接被害	【参考】合計額の現在価値概算
民間資産［円］	総額	六四二億七八〇〇万	四八六億四九〇〇万	一五六億二九〇〇万	二八六兆三三〇〇億
	建築物	二二二億二〇〇〇万	一七〇億一六〇〇万	五二億四〇〇〇万	九八兆九八〇〇億
	インフラ	一九三億八六〇〇万	一三二億	六一億八六〇〇万	八六兆三六〇〇億
	財貨	一七四億九三〇〇万	一七四億四六〇〇万	四七〇〇万	七七兆九二〇〇億
	その他	五一億七九〇〇万	九億八七〇〇万	四一億九二〇〇万	二三兆〇七〇〇億
兵器等［円］		合計	直接被害	間接被害	
	総計	一〇四六億六〇〇〇万	八二五億〇五〇〇万	二二一億五五〇〇万	四六六兆二二〇〇億
	艦艇	一八七億五六〇〇万	一五〇億八九〇〇万	三六億六七〇〇万	八三兆五五〇〇億
	航空機	二一六億二六〇〇万	一八七億六七〇〇万	二八億〇〇五九万	九六兆三四〇〇億
	資産	六四一億七八〇〇万	四八六億四九〇〇万	一五六億二九〇〇万	二八五兆八九〇〇億
人的被害［人］		総数	死亡	負傷・行方不明	
	民間	六六万八三一五	二九万九四八五	三六万八八三〇	
	軍人・軍属	一八六万四七一〇	一五五万五三〇八	三〇万九四〇二	
	（陸軍）	一四三万五六七六	一一四万〇四二九	二九万五二四七	
	（海軍）	四二万九〇三四	四一万四八七九	一万四一五五	

なお表中の「直接」とは空襲などで財貨が直接的に失われた分であり、「間接」とは疎開による取り壊しや補修不能による機能喪失、金属回収で供出された分などを指す。表の貨幣価値（価格）は一九四五年の敗戦時点である。参考までにデフレータ（物価指数）で現在価値に換算した概算値も示す。

なお敗戦直後の混乱の中で詳細な損失調査が実施された背景として、戦勝国からの賠償請求をできるだけ抑える意図があったとされている。しかしそれでも「これら〔註・物的、人的損失〕のすべてを考え合わせれば、我国の戦争全被害は想像できないほど膨大なものとなり、今日の如き貧困なる経済力しか持たない我国において、その復元を十数年の短期間に望むことは到底不可能であり、それには、なお、更に相当の長年月を要するものと考えざるをえない。ここに我々は、戦争の恐怖と無益とを深く認識し、あらゆる面から今後これを防止するよう努力しなければならない」との記述がある。[注2] 一見すると当時の多くの日本人の共通感情とも思えるが、これが政府の公文書中の一文であることを考えるとその意味は重い。

沖縄を別とすれば内地の小さな町・村に対しては大規模な空襲や艦砲射撃はなかったが、戦災は免れなかった。日清戦争（一八九四年七月〜一八九五年三月）や日露戦争（一九〇四年二月〜一九〇五年九月）までは、小さな町・村から一人でも戦死者が出れば前代未聞の一大事と認識された。しかし対米開戦（一九四一年一二月）以降はそうした地域からも戦死者が続出した。一例として詳細な記録が保存されていた京都府竹野郡木津村（現・京丹後市）では、戸数約三〇〇、人口約一七〇〇人の中から六七人（一九四二年〜四六年）の戦死者を出している。英霊の奉迎儀式が「マニュアル化」されるまでになった。[注3]

どの国でも戦争の開始当初は容易に決着がつくかのように宣伝され、国民もそのように期待するが、ある臨界点を超えると収拾がつかなくなり加速度的に被害が増大する。太平洋戦争は一九四四年六月のマリアナ沖海戦[注4]で実質的に決着がついていたにもかかわらず、戦争を止める決断ができなかったために軍・民の戦争犠牲者の九割は一九四四年以降に集中したと推定されている。「推定」とは政府でさえもその正確な統計を保有していないからである。[注5]

日本兵は精強ではなかった

旧日本軍の兵士は「欠乏に耐える」面では米英軍兵士より強かったかもしれないが、欠乏に耐えても戦闘には勝てない。兵站を重視した米英軍に対しては意味がなかった。米陸軍の軍事情報部が現地部隊向けに発行していた戦訓広報誌『情報広報（Intelligence Bulletin）』によると、日本兵は勝っているときは勇敢だが予想外の事態に遭遇すると算を乱して逃走する、一般に射撃が下手、ジャングルでの夜間行動中に会話が多く発見されやすい等の評価が記載されている。[注6]

勝っているときだけ勇敢云々はどの国の兵士にも共通であろうが、射撃が下手とか隠密行動が求められる時に不用意に会話するなどは、兵士としての基本的な技能が備わっていないことを示す。[注7]日本兵は精強という内地での（あるいは現在でも流布される）認識とは大きく異なる。射撃が下手である理由は、物資の不足により訓練時に十分に撃たせてもらえなかったことが影響していると思われる。射撃のような技能は数をこなさなければ身に着かない。そもそも栄養失調で動けない[注8]のでは精強も何もあったものではない。戦争末期になると、将官でもジャングルに取り残されイモの葉の水煮しか食べ

られない者もいたという。[注9]

軍隊の大部分を占める歩兵は武器弾薬・食糧・生活用具などすべてを背負って徒歩で移動しなければならない。また戦争が長期化するに伴って兵士の体格が低下し、加えて栄養不良状態の状況下で、多くの兵士は自分の体重の半分から最も負担の重い者は自分の体重に等しい重量を担って移動していたという。いったん休止すると一人では立ち上がれず、他の者に手を引いてもらわなければならなかった。[注10]

図9―1は陸海軍の軍人・軍属の総数の推移を示す。[注11]明治期では日露戦争（一九〇四、〇五年）による動員が目立つが、戦争が終わればすぐ動員を解除して平時に戻っている。この期間の常備兵力は、補給など間接部門を除いた戦闘要員の数としては現在の自衛隊と大差ない。それが一九四一年の対米開戦以後の太平洋戦争、とりわけ後半で軍人・軍属が急増した。しかし人数を増やしただけでは戦力にならない。太平洋戦争の後半、特に陸軍がどのような実態であったかは多くの記録が残っている。

国内の留守部隊では「私［註・第七師団経理部衣糧科］が旭川の部隊へ来て最初に驚いたことは、兵隊の服装があまりにもみすぼらしいことでした。一応服は着ていますがとても軍服と言えるものではありません。銃はなくおまけにゴボウ剣［小銃に装着する銃剣のこと］も帯革も前線へまわされ、まるで乞食同然の姿です」という事態（一九四四年二月）に至った。これでは前述のように基本的な技能も習得できない。前線でも「一九四四年の大陸打通作戦に参加した第三師団では、被服の破損にもかかわらず、補充がまったくなかったため、作戦末期頃は多くの兵士は略奪した「支那服」を着用し、脛を保護するための巻脚絆（まききゃはん）（ゲートル）がわりに布を足に巻き、目ばかり輝かせ、戦闘帽は無くし、蛸坊主のように布でねじり鉢巻をし、これが皇軍かと思わせるような恰好をしていた」という。[注12]

図9—1　陸海軍の軍人・軍属の総数

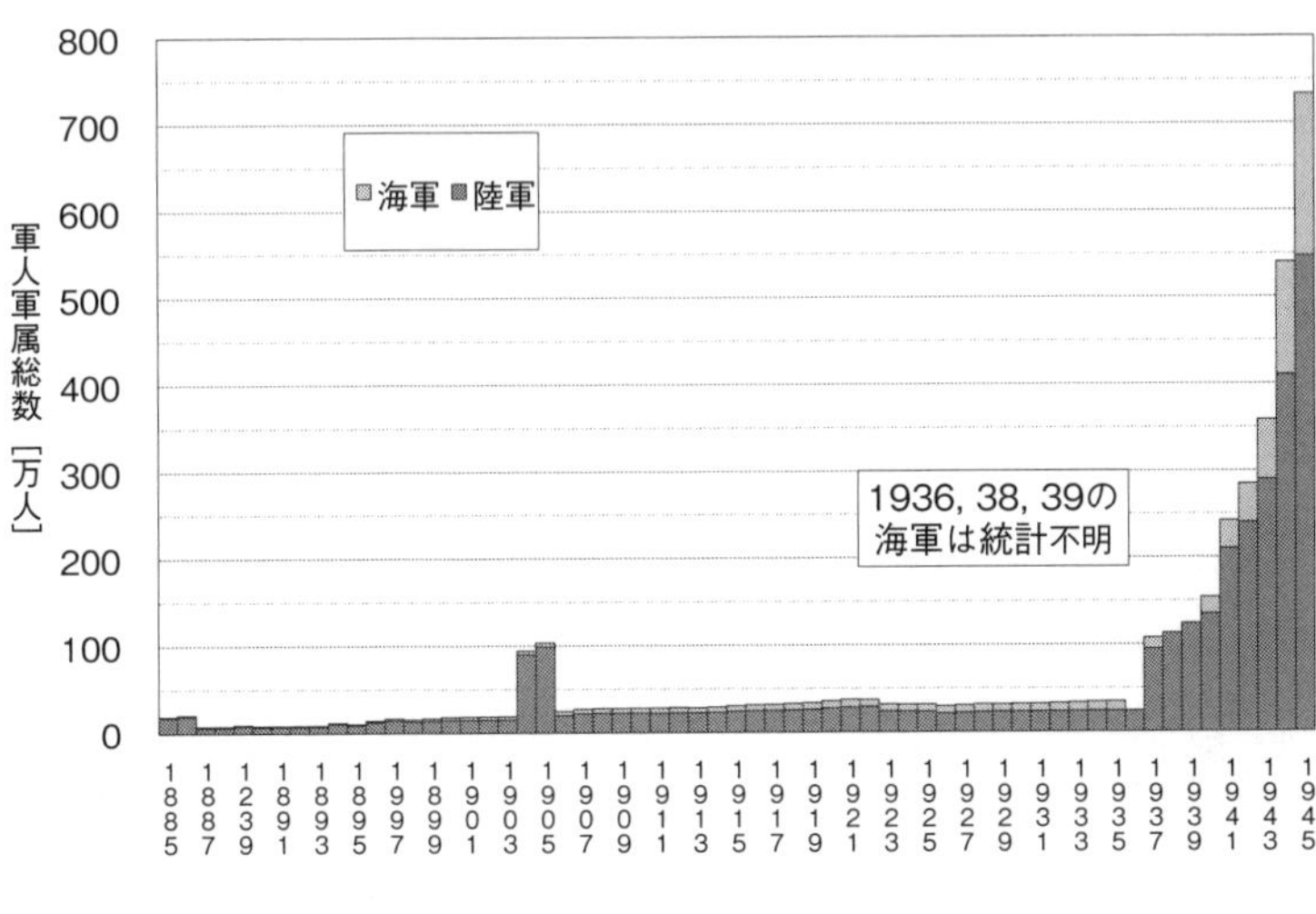

意外なことに前出の『情報広報』によると、捕虜となった日本兵に対する聞き取りでは、ことに都市出身の者は当時の米国の映画を好み、著名な俳優のファンである者もいた。あるいはチャップリンが一九三二年と三六年に、ベーブ・ルースが一九三四年に来日して歓迎されるなど米国文化に親近感を抱いていた。「鬼畜米英」のキャンペーンが政府により意図的に繰り広げられ、メディアがこれに呼応したのは戦局が不利になってからの短期間にすぎない。

工業力の不足と国民生活

戦時中の日常生活を市民の視点から克明に記録した伊藤整の『太平洋戦争日記』では、航空機生産の基礎となる工作機械はもともと米国からの輸入に依存していて国産体制がなく、米国と開戦後二年ほど経ってようやく軍が注目しだしたと記述されている。[注13] 山本七平（評論家・出版社代表）によると、旧陸軍では基本的な装備である機関銃に故障が多く、まさか実戦には持ってゆくまいと思われていた欠陥品が戦場で使われていたという。[注14] また兵站軽視とも関連するが、輸送に使用されていた国産トラックの性能が劣悪でしばしば立往生するのに対して、一部で使用されていた米国製のトラックは悪路も容易に踏破し性能の差は歴然としていたという。[注15] また当時の参謀本部においても、対米開戦以後も関心の中心は対ソ連戦であり、ようやく対米作戦に関心が持たれたのは既に米軍がガダルカナルに来襲した一九四二年八月以降であったという。[注16]

これで本当に米国と戦争をする気があったのかと驚く計画性の欠如であるが、現在でもそれは是正されていないのではないか。清谷信一（軍事ジャーナリスト）は自衛隊が使用する国内メーカー製の機銃（一般にいう「機関銃」）が、防衛省の基準を満たしていないのに性能や耐久性のデータを改ざんして納入され、その他にもいくつか実用上のトラブルが報告された事例を指摘している。[注17] これらは外国メーカーの製品を国内でライセンス生産した製品であるが、このような装備を国内での訓練ならともかく海外の実戦に持ってゆけば自衛官に重大な危険をもたらす。

図9―2は戦前の昭和期の名目GDPとデフレータ（物価の動向）の推移を示す。昭和恐慌・世界恐慌を経て一九三一（昭和六）年の満州事変前後から名目GDPの増加傾向がみられ、一九三六（昭和一一）年の広田弘毅内閣による戦時体制の確立と、軍備大拡張のため翌年からの増税と公債発行に伴って名目GDPが急上昇を始めるとともに物価高騰も始まった。一九三八（昭和一三）年には前述の「国家総動員法」が施行され、ガソリン等の配給制が始まった。

一九四一（昭和一六）年には「金属類回収令」で家庭の調理器具から寺院の梵鐘、橋の欄干まで供出

図９—２　戦前のＧＮＰと物価の推移

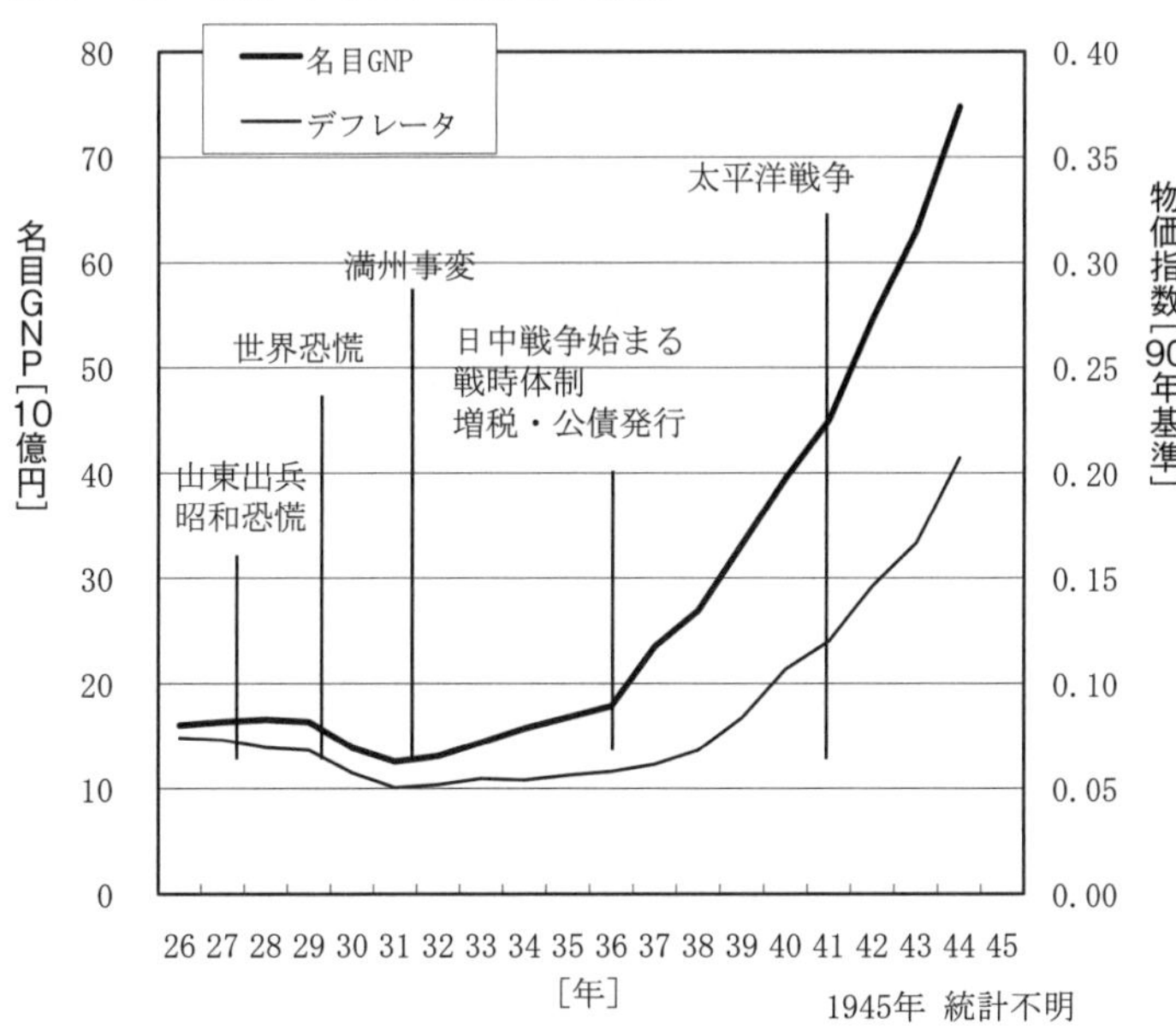

するありさまであった。このような状態でも公共投資、すなわち当時は軍備増強を行えば経済は「成長」する。むしろ「国家が需要を提供する」「何が必要（有意義）かは国家が決める」という中央集権的な需要創出のほうが名目ＧＤＰの上昇には効果的である。ただし当時の経済界は「国家総動員法」のような統制経済は、企業の自由な営利活動を妨げるものとして歓迎していなかったという。

当然ながら、名目ＧＤＰの上昇が国民の幸福度・満足度とは連動しない。この時期には働き盛りの男性が兵役に取られ生産部門は労働力不足に陥っていたから、失業どころか海外からの労働者徴用や費用を要しない労働力として勤労動員が求められるほど「雇用」

が発生した。一面では軍需産業にとっては好機であったが、軍部から無理な値引きを強要されて難渋したとの記録もあり、やがては制空権を失って空襲により設備を破壊され生産そのものが困難となった。

戦争はもうからない

いかに独裁政権の国といえども、軍事に配分できるリソース（ヒト・モノ・カネ）は有限である。かつての日本、あるいは現在の北朝鮮のように「ヒト」の値段がきわめて安い国もあるが、それでも無制限に供給できるわけではない。モノは国内で調達できなければ海外から購入するしかないがそれには「カネ」が必要である。さまざまな要素を詰めてゆくと結局のところ戦争も平和もカネしだいである。軍事には「カネ」がかかるが、そのことは逆に戦争を止める、あるいは防ぐにはカネ（戦費）を管理すればよいことを意味する。山本（前出）は「明治人は軍人といえども、明確に自国の貧乏を意識していたのに対して、昭和人には、「世界三大列強の一つ」といった奇妙な「大国的錯覚」があった。従って国民は戦費という問題に不思議に関心が向かなかった。ベトナム戦争は結局、議会の戦費打切りで終わった。だが日華事変では、軍が憂慮するほど厭戦気分が国内に充満しながら、臨時軍事費を打ち切ることによって戦争を終わらそうという発想はどこにもなかった」注18と述べている。帝国憲法下でもあるていどは議会が機能していたにもかかわらず軍の暴走を許したのは「戦費」の支配権を議会が握らなかったためである。

黒田康弘（前出）は、当時の人々がなぜ戦争を容認していたかについて教育の面から分析している。

日本は他のアジア諸国と異なり、欧米列強による植民地化を一応は回避して急速な近代化と富国強兵策を進める中で、国民は戦争を利益の得られる「良きもの」とみる意識を持つようになった。これに教育の効果が加わった。初等教育の場で、日本は世界中で最も正しく強い国であると教えて自負心と虚栄心を吹き込む。一方で古今の著名な武将や軍人の言行を引用して好戦心と敵愾心を煽る。こうした教育の影響で児童は小学校を卒業するころには好戦的な愛国者に仕立て上げられる。当時は国民の多くが小学校で教育を終えるが、社会人教育機関として設けられた「青年訓練所」でも課程の半分が軍事教練という環境で青少年期を過ごす状況であった。[注19]

これに対して現在では、NHKの『日本人の意識調査』の経年変化によると「日本は一流国だ」「日本人は、他の国民に比べて、きわめて優れた素質を持っている」と回答する割合が近年は急増している。日本賛美の言説が蔓延する現状は戦前と酷似しており危険な状況といえよう。ただしその要因を分析すると、優れていると評価する理由はスポーツ・科学技術・文化芸術などであり、経済的・軍事的プレゼンスではないことにも注目すべきであろう。[注20]

当時の官僚の中にも「戦争はもうからない」ことを数量的に指摘し、イデオロギーに基づく戦争は利益をもたらさないと指摘した者がある。外務省調査部（当時）が一九三六年に日清戦争（一八九四年七月〜一八九五年三月）から満州事変（一九三一年九月）までの戦費・人的損失の見返りとして得られた経済的利益の評価がある。[注21]日清戦争では戦費を上回る賠償金を清国から得るとともに台湾と澎湖島を獲得して領土的にも経済的にも大きな利益を得た。また戦死者はこの資料では九七七名[注22]と記されているが、その後の戦争では一回の局地的戦闘でさえこれを上回る戦死者の発生が常態となったことと比べると少ない数字とさえ思える。ただし日清戦争では戦闘死者の他に戦病死者が一万二〇〇〇人あまり発生し、将官にまで感染死者が出るほど衛生状態が劣悪であり、この点は敗戦に至るまで改善されない日本軍の欠陥であった。一方で日露戦争（一九〇四年二月〜一九〇五年九月）から満州事変までを集計すると五八億円（当時）を費やして二〇億円を得ただけであり、しかも戦死者六万人と戦傷者一五万人の犠牲を払ったと批判的に評価している。

日露戦争後日本ガ植民地ヲ獲得シ維持スル為ニ支出シタ費用ハ合計五十八億圓ニ達スル。此五十八億圓ノ中ニハ日清、日露ノ両戦役以下西比利亞（シベリア）出兵ニ至ル戰死者約六萬人及戰傷者十五萬人ハ計算ニ入レテナイ。斯クテ過去ノ日本ノ外交ヲ經濟的見地カラ檢討シテ見ルト、実ニ五十八億圓ノ國幣ヲ捨テ、二十一萬ノ戰傷死者ヲ犠牲ニシテ二十億圓ヲ得タノデアリ、差引三十八億ノ純缺損ト二十一萬ノ戰傷死者ヲ出シテヰルノデアル。日本ノ領土的膨脹政策ハ經濟的ニハ全ク御話ニナラヌ損失ヲシテヰル。

図9―3は明治以後、敗戦までの軍事費歳出額（一九四四年の価格換算）とGNPに対する比率を示す。満州事変までは、日清戦争・日露戦争の短期的な戦費増加を別とすれば軍事費のGNPに対する比率は数％台で推移しており、倫理面の是非はともかく財政的には現実的な範囲で戦争が遂行されていた。また英国と米国の金融市場を通じて戦費を調達するなど合理的に行われていた。しかし日中戦争から軍事費の比率が急上昇し、太平洋戦争開戦以後のわずか数年で対GNP比率が一〇〇％を超え

図9—3　明治から敗戦までの軍事費の推移

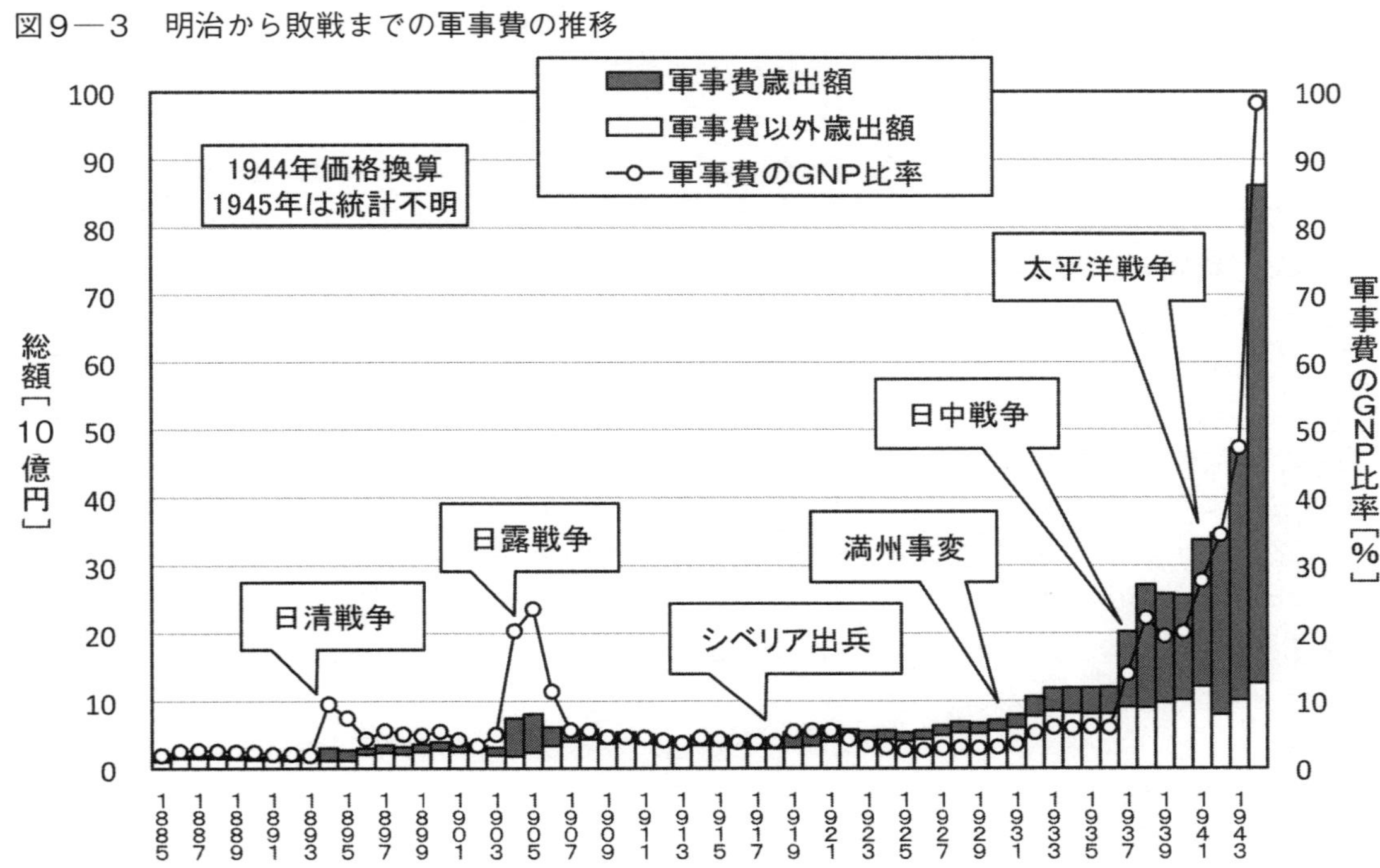

る破滅的な事態に至っている。

これがいかに異常かは、現代で特異な軍事最優先の財源配分を行っている北朝鮮でさえも、その比率が二三%[注23]と推定されていることと比較すれば明らかであろう。すなわち日本は一九三七年頃に「北朝鮮」になり、その後は外国でも例を見ない異常な軍事国家となった。この歴史から判断すれば、軍事費はいったん歯止めを失えば急激に増大する性格を有しており、現在の防衛費がGNPの一%枠をなし崩し的に超えてきた状態は危険である。一・〇%が一・一%になる程度なら大きな変化ではないと思っているうちに、ある限界点を超えると加速度的に増加する可能性も少なくない。二〇一九年度の防衛関係費の概算要求額をみると、二〇一八年度予算に対して陸上自衛隊分は二・五%増、海上自衛隊分は一二・一%増、航空自衛隊分は七・八%増となっている。「憲法九条で国を外敵から守れるか」と批判する言説があるが、もし九条がなければ日本は一九四五年の敗戦から程なく自暴自棄的な軍事大国への道を再び歩んだであろう。

現代の日本にも軍需産業に分類される企業あるいは部門があるが、民生品よりも品質の要求が厳しい少数の特殊品を製造する仕事は効率が悪い。輸出に関しても、安倍政権における武器輸出解禁(防衛装備移転三原則)にもかかわらずビジネスとして魅力が乏しいという。[注24] 輸出解禁以降の海外への売り込み(哨戒機・潜水艦など)は不成立が続いている。価格が高すぎるとの理由も挙げられているが、実戦あるいはそれに相当する状況での使用実績(コンバット・プルーブン)がない国の製品は最終的に信頼されないためである。およそ世界中の国において実戦経験のない軍隊は信用されないが、装備も同様である。それどころか輸出した製品で思わぬトラブルが起きれば、巨額の補修費・賠償を請求される事態にもなりかねない。こうした背景から、一方ではヒト（自衛官）・モノ（装備）ともにいずれ「実戦経験の取得」が求められるようになる危険性がある。

「戦争は最大の公共事業」と言われることがある。他国との軍事的緊張を煽り、あるいは実際に開戦することにより軍事関連産業や周辺産業が利益を上げてマクロ経済を活性化させると考えられるからである。しかし現在の日本には該当しない。防衛費の増額を主張する論者は「防衛産業は経済効果がある、裾野が広い（関連産業が多い）、中小企業も潤う」というが、それは軍事支出が財政に占める比率が大きかった戦前・戦中、あるいは「朝鮮戦争特需」の記憶がいまだに抜けない幻想であり、現代の日本の経済システムには該当しない。

現在の日本の経済システムにおける防衛部門の経済効果は、装備品の調達よりも公務員としての自衛隊の組織自体の存在によるところが大きい。ことに自衛隊の主要な装備は米国からの輸入であるが、ＧＤＰの計算上では輸入は控除（マイナス）として取り扱われる。日本が米国から装備を購入すればするほど米国の軍事企業には貢献する一方で日本のＧＤＰを押し下げる方向に作用する。

また二〇一七年九月の新聞報道によると、ＧＰＩＦ（前述）は軍事部門の売上高が世界で一〇位以内に入るすべての企業の株式を保有していることが明らかとなった。[注25] 日本のミサイル防衛システムを構成するＳＭ３やＰＡＣ３の製造メーカーであるジェネラルダイナミクス社、レイセオン社も名を連ねる。記事では国民が拠出した年金や保険料が米国の軍事関連企業に流れる倫理面の問題を指摘しているが、その点を別としても、マクロ経済の観点からは軍事費の増加による経済波及効果は他の政策に比べて大きくない、もしくはマイナスという分析も少なからずみられる。[注26] 現実に軍事的な緊張が高まれば、ＧＤＰの主力を成す民間消費支出は減少し株価も暴落する。経済界こそ真剣に平和主義を訴えるべきである。

防衛予算と使い方

平和運動に対して「お花畑」と揶揄する言説がある。すなわち日本側で一方的に平和や戦争反対を唱えたところで相手側はそれと関係なく行動するという意味である。しかし「相手側が攻撃を思いとどまるほどの軍事力を整えることが抑止力になる」という発想もまた「お花畑」である。それを判断するのは日本側ではなく相手側であるからだ。ことに相手側が「人間の価値が安い国（集団）」であれば、犠牲をいとわず目的を達成しようとするから抑止力は通じない。また抑止力があるとすれば、その実態は武力による威嚇であるが、相手側が威嚇と認識しなければ意味がない。しかも武力による威嚇は日本国憲法はもとより国連憲章にも違反している。

日本では法律的な明文規定はないものの防衛費はＧＤＰの一％という指標を設けてきた。防衛費の総額としては二〇一二年度まで連続して漸減の傾向にあったが、第二次安倍政権になって二〇一三年度から上昇に転じ、二〇一八年度概算要求ではＧＤＰの一％を超える。図９―４は近年の日本の防衛関係費の推移である。[注27] ただし日本の防衛費は防衛省・自衛隊の人件費や運営費も合算で表示されているので、五兆円弱がすべて護衛艦の建造や迎撃ミサイルなど装備品の調達に充てられるわけではない。図は「人件・糧食費」「歳出化経費」「一般物件費」という分類で示してある。「人件・糧食費」は毎

図9—4　防衛予算の推移

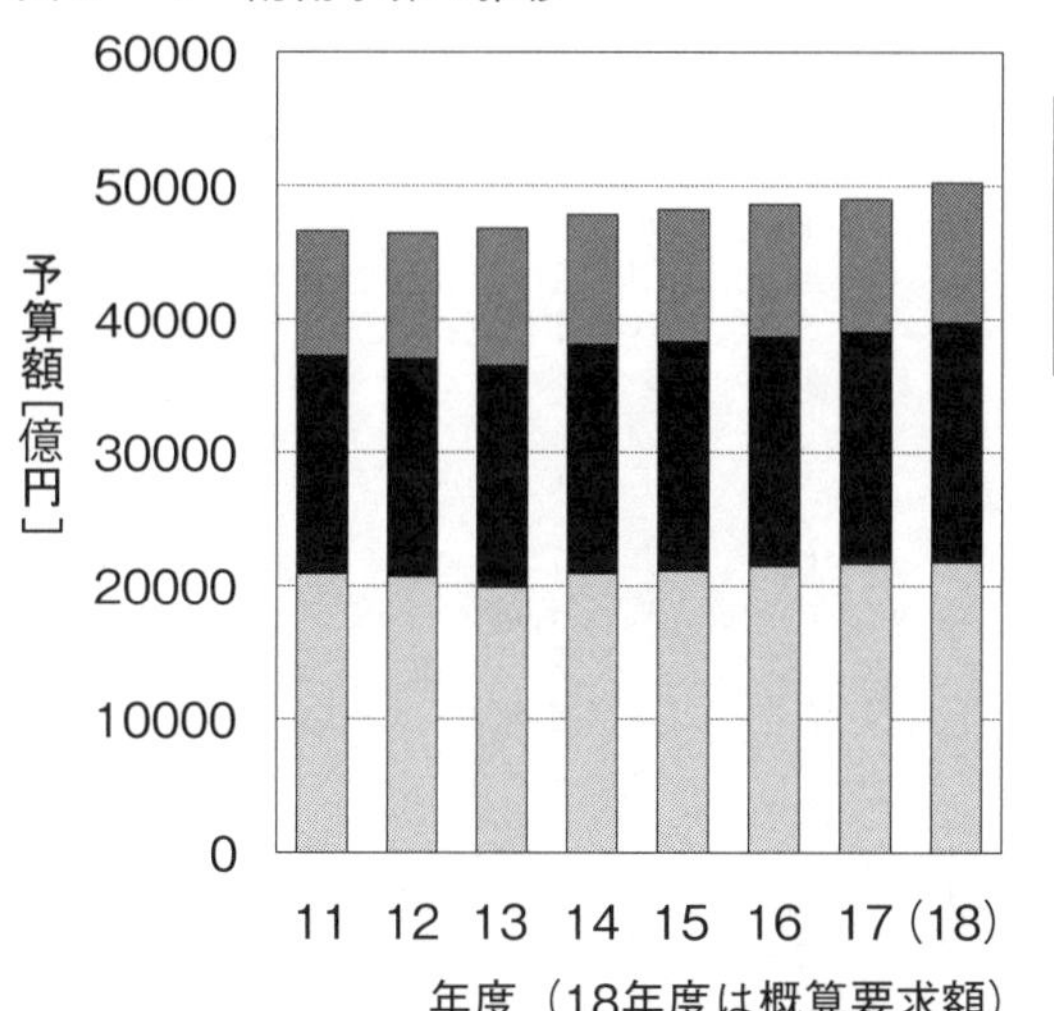

年約四五％前後を占めているが、公務員としての自衛隊員の人件費と糧食費（幹部以外の一般隊員の衣食住は公費）である。「歳出化経費」とは、高額の装備品を調達・発注する場合に単年度では処理できないため複数年度にわたって「リボ払い」にしている分である。このため五年あるいはそれ以上の期間を通してみればおよそ年間の装備品の購入額に相当し、一兆七〇〇〇億円前後である。さらにはこの「リボ払い」のために補正予算による処理が年々増加して二〇一八年度には三六五三億円（要求額）に達しただけでなく、国内防衛関連企業への支払いにも支障を来たす事態となっている。[注28]「一般物件費」は施設や装備の維持費などである。

いかに単体での性能が優れていても、防衛の目的に照らして必要な「数」がそろわないと「戦力」[注29]にはならない。二〇一八年度の概算要求の内容をみると、ウェイトの大きい項目としてティルトローター機（オスプレイ・四機で四五七億円）、F―35戦闘機（六機で八八一億円）、10式戦車（六両で八三億円）などが挙げられている。二〇一八年二月五日に佐賀県で、定期整備後の試験飛行を行っていた陸上自衛隊の戦闘ヘリコプターAH―64Dが民家に墜落した。同機は高性能ではあるが、六二機を調達予定のところ一三機しか調達されなかった。かりに日本側から一方的に攻撃できるような状況であっても、実戦ではすぐに稼働機数が減少して自滅するであろう。また装備や部隊の配置には冷戦時代の旧ソ連への対抗を前提とした偏りが残っている。自衛隊の戦車は高性能ではあるが、近年強調されている南西諸島での島嶼防衛には役に立たず、また「平和維持活動」「後方支援」等と称する海外での新任務に対しても無用の長物と化しており、防衛費の効果的な使い方の面では疑問の余地が大きい。しかも、日本国内で実際に戦車を使用するとすれば、それは既に相手側に上陸された時である。

自衛隊の制服組からも装備の米国依存を危惧する意見が多い。田母神俊雄（元航空自衛隊幕僚長）は、主要装備を外国から買うとその支援がなければ運用できなくなり、外交的にもその国の支配に服さざるをえないと指摘している。[注30] また自衛隊の組織としても、技術的な要求事項の検討等を行う部署を廃止して次期戦闘機の国内開発を放棄するような組織改訂が行われていると危惧する論者もある。[注31] かといって防衛の基本的な枠組みを米国に依存する下で、日本の独自開発もまた非現実的である。米国からの購入は日本側に一方的に不利な「ぼったくり」と批判されているが、国内開発を行うと結果的にはユニットコスト（開発費や生産設備も考慮した一機あたりの価格）が「ぼったくり」よりも高くなる。ライセンス生産でも製造設備は国内に作るので輸入よりは高くなる。日本で自主開発した輸送機のC

―2では、強度上の不具合の発生もあり配備までに一五年かかった。複雑なシステムを搭載する戦闘機等を自主開発する場合にはさらに時間と費用が嵩むと思われる。しかも自主開発であっても米軍との共同行動に必要な機能・仕様も無視できないから、どちらつかずの機能にとどまるであろう。

ミサイルと共通部分の多い宇宙利用向けのロケットに関しても、日本の宇宙技術は国際的に高レベルとの認識はメディアが作り出した幻想であり、高コスト体質のためビジネスとしては成立しないと指摘する論者がある。まだすぐにではないとしても、朝鮮半島の緊張緩和がさらに進展して北朝鮮の国際貿易が自由となる状況が到来すれば、北朝鮮は蓄積したミサイル技術と豊富な発射実績に加えてコストの安さで宇宙ビジネスに参入する可能性すらある。[注32]

「買わされる」装備

「日本の技術は世界一」などと自画自賛する言説が盛んだが、最も性能と信頼性が求められる防衛装備については米国製ばかりである。しかも米国は同盟国といえども最新装備や技術的な核心部分は提供しない。現在の航空自衛隊のF―2戦闘機は国産とされているが、その開発過程は混乱を極めた。一九八五年頃から、エンジンのみ米国から導入し全体は国産化をめざす方向で開発計画がスタートした。しかし開発側（メーカー）と運用側（自衛隊）との間での要求性能をめぐる混乱や、防衛庁（当時）の中でも国産派と輸入派との対立などがあった。

さらに米国の対日貿易の赤字解消の要求、大統領の交替による方針の変化など政治的な要因も加わり、米国側の持ち分を増やすように計画の変更を求める圧力が強まった。こうした経緯から、最終的には米国のF―16戦闘機をベースとした共同開発案が決定された。しかし「共同」とはいえ、日本側の技術は米国に制約なく提供される一方で、米国側の重要技術はブラックボックス化（内容が開示されない）を容認するなど不平等な取り決めの下での開発となった。

また制御システムの一部は内容が開示されないため改めて日本側で開発する必要があった。実際の機体は一九九〇年から具体的な試作が始まり、九五年に試作機の初飛行を経て二〇〇〇年に配備が開始された。これらの経緯から一機あたりの調達価格は米国の新型機よりも相当に割高となった。このように当初の計画からすでに三〇年以上を経過したF―2であるが、二〇二〇年代後半には耐用年数の制約から退役が始まるため、ふたたび次期戦闘機計画が議論となっている。

二〇一七年一一月のトランプ米大統領の訪日に際して、大統領は専用機で米軍基地に直接到着し米軍ヘリコプターでゴルフ場に向かった。表向きは警備上の便宜などとされているが、実際は「日本は米国の属国だ」という日本国民に向けた暗示である。矢部宏治（ノンフィクション作家）は米国が日本をどのように認識しているかについて「国境のない日本」であるという。米国（米軍）は朝鮮戦争いらい、日本が基地・韓国が前線という位置の違いだけで、いずれも自由に出入りできる行動地域であり日本と韓国が別の国とさえ認識していないと指摘している。[注33]

現在、日本が米国から主要な装備を購入する際にはFMS（対外有償援助）方式が中心となる。FMSとは、日本（およびその他の購入国）側が米国から防衛装備を購入する場合に、メーカーと直接契約するのではなく米国政府を窓口とする方式である。日本では二〇〇八年から始まって二〇一五年以降に急増し、二〇一八年度にはＦＭＳによる調達額が四八〇〇億に達し、米国からの調達の八割を占めるまでに増大している。

このＦＭＳでは①契約価格や納期は見積りであり米政府はこれに拘束されない、②代金は前払い、③米国政府は状況により一方的に契約解除できる等の取り決めが主な特徴である。

これでは日本が一方的に不利であるが、高度な装備（新鋭戦闘機、迎撃ミサイルなど）はＦＭＳを通さなければ購入できない。また契約額の三・五％を事務手続き経費等の名目で米国政府に支払う必要がある。以前の米国は、日本に対しては高度な装備でもライセンス生産（米国メーカーが開発した設計・製造技術でライセンス料を支払い国内で生産する）を認め、日本も各時点での新鋭装備を国内で生産してきたが、近年はＦＭＳ方式へ転換している。これは米国の最新技術の流出防止が表向きの理由であるが、実際には貿易赤字の解消のため米国の取り分を増やすという政治的な背景もある。

さらに二〇一四年四月に日本から兵器輸出を容易にする「防衛装備移転三原則」[注34]が閣議決定（第二次安倍内閣で）されたが、米国の軍事産業はこれを競合相手の登場とみなして警戒したこともＦＭＳ方式の強化の背景にある。まさに安倍政権は、防衛政策においても自分で自分の首を絞める政策を実行している。ことにトランプ政権（二〇一七年一月～）になって米国の国内経済を重視する方針が強まっている。

トランプ大統領は二〇一七年一一月の訪日に際しても、安倍首相に対して米国からの大量の兵器調達を奨励する発言を行っている。しかしＦＭＳについては政府内でさえも問題視されており、『平成三〇年版防衛白書』でも「コラム」の扱いではあるが、未精算問題や価格の透明性などに関して問題があり会計検査院からも指摘されているとの記述がある。[注35]「白書」は閣議了解を必要とする公文書であるから、このような問題指摘が記述されるのは異例である。

FMSか否かにかかわらず装備の調達では「必ず予算オーバーになるからくり」が存在すると指摘されている。[注36]それは①メーカーが意図的に低い見積を提示する、②その後に発注側が新たな要求を追加する、③技術的に未開発の要素を抱えたまま契約し途中で開発費が膨張する、というプロセスを常に繰り返してきた。二〇一八年から航空自衛隊に導入が始まったF―35は九か国の共同開発であるが開発・試作の過程でトラブルが多発して、二〇〇一年の試験用機体の製造から配備まで一七年を要した。

開発時には新鋭機であっても、実際に配備される時点では陳腐化して改修が必要となったり、再び新型機の開発が必要となる場合も少なくない。あるいは逆にその装備を活用できる「用途」、すなわち紛争を作り出す可能性すらある。なお航空自衛隊に配備されたF―35（Aタイプ）は、契約上のトラブルからミサイル等を制御するソフトがまだ搭載されておらず、配備時点では防衛任務に使用できない。

また防衛省は二〇一三年度から、国内防衛産業をF―35部品製造に参画させるため、IHIと三菱電機の生産ラインの整備費などに七四一億円を投じながら、国産部品を内蔵した機体は調達計画の四二機中八機にとどまる見通しという。[注37]一方で高額の装備に予算を取られて弾薬費が削減され、特に航空自衛隊では訓練に支障を来たすほどであり、かりに侵攻を受けた場合には応戦できないと制服組からも不満が表明されている。[注38]そもそも政府自身が「有事」を想定していない実態が露呈している。

イージス・アショアは誰を守るのか

弾道ミサイル防衛（以下「ＢＭＤ」）の一環としてイージス・アショアが導入されるが、ＢＭＤ自体の必要性を認める論者からも疑問が提示されている。第一に、いま導入されようとしているミサイル防衛システムは技術的に適切なのか、第二に、ミサイル防衛に必要な多額の出費は合理的なのか、第三に、イージス・アショアの導入に伴う新たなリスク誘発はないのかという三点である。

一般に「イージス」の名称が知られているが、イージス（艦載防空システム）とＢＭＤは同じではない。イージスは米国で開発され、旧ソ連の対艦ミサイルに対する艦隊防衛が目的であった。その後、段階的に改良されて中距離弾道ミサイルも迎撃可能となった。海上自衛隊で「イージス艦」と称される艦種も就役当初にはＢＭＤ能力はなく、二〇〇四年以降に改修されたものである。現時点では四隻がＢＭＤ能力を有し、さらに二隻を改修、二隻を新造して八隻体制が予定されている。艦載のＢＭＤ装備をほぼそのまま陸上の据え置き型にしたものがイージス・アショアである。イージス・アショアは陸上自衛隊新屋演習場（秋田県秋田市）との陸上自衛隊むつみ演習場（山口県萩市）の二か所が「候補地」として選定され、二〇一八年六月に地元自治体で説明会が開催された。

防衛省の説明によれば、艦載方式では整備・補給などのローテーションで防衛の空白が生じたり、艦を洋上で運用する負担が大きいが、陸上方式では常時切れ目なくＢＭＤに専念することが可能としている。ただし一連の北朝鮮の核開発やミサイルへの対処はもともと口実に過ぎず、イージス艦のＢ

MD任務を減らした分だけ対中国の任務に振り向けることが真の意図であるとの指摘もある。現に政府は、東シナ海での中国海軍の活動に対処するため新型護衛艦を順次導入し、二〇三〇年代に二二隻を導入する方針を示した。[注39]

また二〇一七年一〇月には、イージス・アショアに弾道ミサイルだけでなく巡航ミサイルの迎撃の機能も付加する計画が示されたが、この機能は北朝鮮に対しては意味がなく、対象は中国としか考えられない。朝鮮半島の緊張緩和が進展したにもかかわらずイージス・アショアの導入を強行する経緯からは、北朝鮮ではなく対中国の防衛がより強く関与している背景が推定される。

海上自衛隊のイージス艦五隻は二〇〇七年から二〇一八年にかけて各々一回（一発）ずつ太平洋上の米軍のミサイル試験場で実射試験を行い、五回中四回で模擬弾頭の破壊に成功した。また米軍と合わせて開発当初からシステム全体では七三回中の五七回成功（成功率七八％）である。[注40]

さらに実戦における成功率は訓練よりは低下すると想定せざるをえない。多数の弾道ミサイルが同時に発射された場合は、成功率が高くても数の面で足りなくなる。かりに一発でも核弾頭が国内に着弾して起爆すれば「日本の負け」である。国民の生命・財産を守る観点からみればBMDは不確実な手段に過ぎない。

北朝鮮の核とミサイルの開発は米国に対する政治カード、さらには自国内向けのアピールであって、かりに日本に向けて発射するとしても米軍基地が目標であると明言している。二〇一八年になり米国を交渉に引き出すことに成功すると、あっさり核やミサイルの実験を停止している。ミサイルの日本上空通過やEEZ（排他的経済水域）への落下は実際に発生したが、日本国内への実害を意図的に避ける配慮がみられる。宇宙空間は領空ではないので領空侵犯にもあたらない。弾道ミサイル飛来を想定した「国民保護訓練」が繰り返されたが、その想定がいずれも現実性を欠いていることからも、もともと政府はミサイルの脅威を真剣に前提としていたわけではなく「脅威」の政治的利用が目的であった。

イージス・アショアも前述のFMSで調達されるが、前項で指摘した費用が膨張する「からくり」どおりの事態が役割が入れ替わっただけで展開している。二〇一七年一一月にイージス・アショアの導入を決定した際には、小野寺五典防衛相（当時）は参議院予算委員会で一か所およそ八〇〇億円と答弁（のちに防衛省が「一〇〇〇億円弱」と訂正）している。それが二〇一八年七月になると、防衛省は二か所（秋田・山口）の費用総額（基地やミサイル本体など合計）が六〇〇〇億円規模になるとの見通しを示した。加えて用地の取得や整備、訓練費などの経費が別に必要である。

このような費用の膨張にともない、当初計画されていた中国を対象とした巡航ミサイル迎撃機能は当面見送る方針であるという。中国の脅威が現実的かどうかはともかく、本来期待されていた機能を先送りして巨額の費用だけは先に負担するという本末転倒の結果を招いている。また先送りしておいてあとから改修を加えると、全体としてはさらに費用が膨張することになるだろう。米国およびその背後にある軍事産業に金を流すために利用されているだけではないか。

二か所の「候補地」のうち秋田新屋基地は人口密集地に近接している。いずれの国であれ敵国に攻撃を実行する場合には、軍事的な常識としてまず相手側の反撃能力を破壊することを優先するから「イージス・アショア」は攻撃目標に選定されるであろう。地上方式であるため、位置を随時変えられ

図9－5　秋田県新屋基地周辺の住民人口・学校・福祉施設等

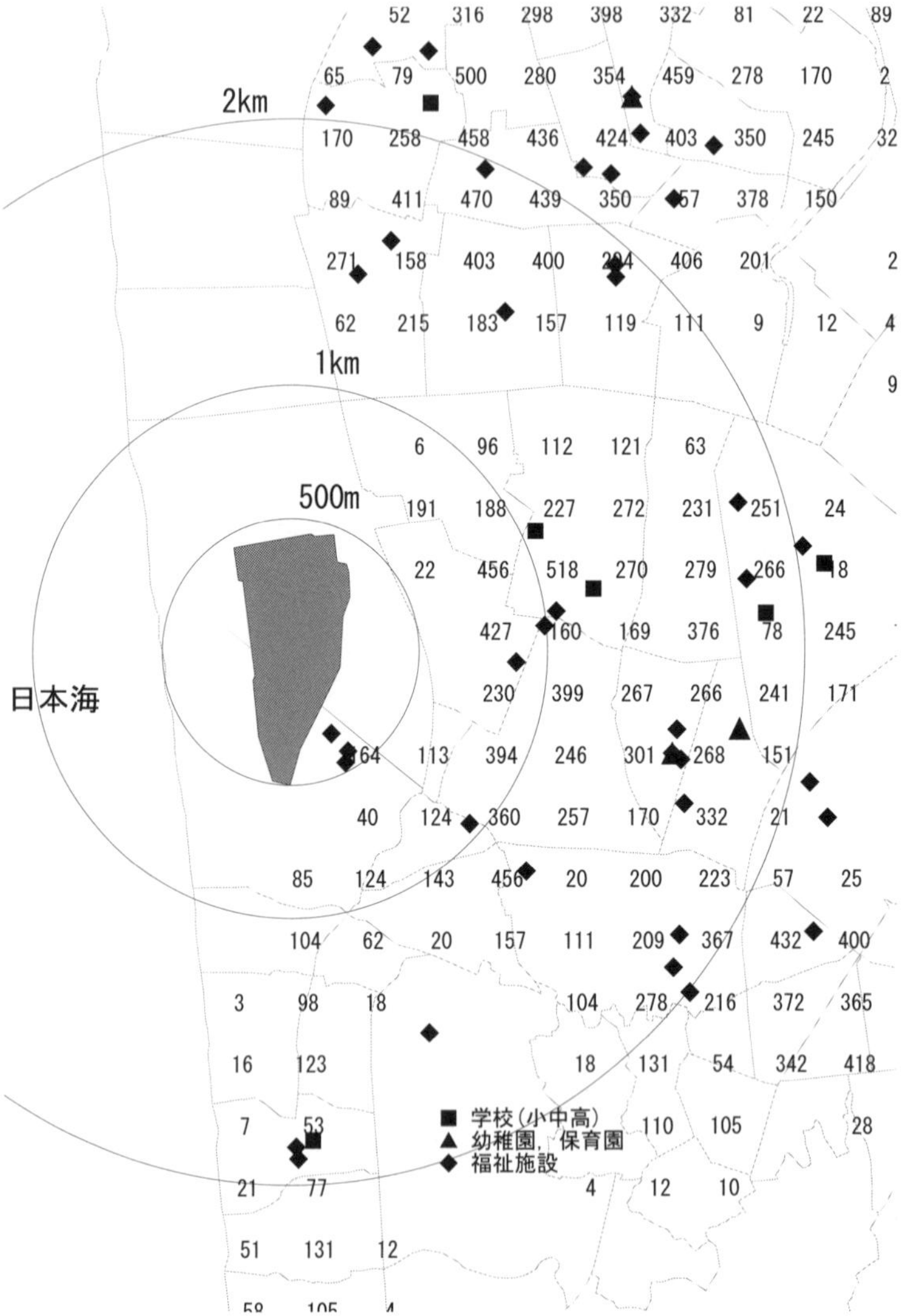

る艦載方式とは異なり場所が特定されている。地元では電磁波の影響も懸念されている。迎撃ミサイルは探知・誘導システムとセットでの運用が不可欠であり、その要が強力なレーダーである。防衛省はレーダーは日本海に向けて照射されるとしているが、電磁波の性質から側面にも電磁波の影響が避けられない。防衛省は「電波防護指針」を守るとしている。これは一九九〇年の電気通信技術審議会（旧郵政所所管）の答申による「人体に影響を及ぼさない電波の強さの指針値等」の基準であるが、防衛装備という性格から具体的な情報は提示されず文字の上での説明のみである。しかも先に候補地を決めておきながら詳細はこれから調査するとしており[注41]地元の懸念は当然である。

実際の設備が新屋基地の中でどのように配置されるかは不明であるが、図9―5の円は新屋基地の中心から五〇〇m・一km・二kmの範囲を示す。数字は人口（二五〇mメッシュ）である。また■は学校（小中高）、▲は幼稚園・保育園、◆は福祉施設であるが、新屋基地の境界に直面している福祉施設もある。イージスシステムで使用する電波の周波数はテレビや携帯電話の周波数帯であり広範囲の電波障害が懸念される[注42]。これまでは洋上の艦載システムで使用されていたため陸上に影響がなかったが、陸上型になれば常時電波障害が発生するおそれがある。

電波障害は単に市民の利便性の阻害では済まない。現在では警察・消防・救急からライフラインの維持運用まで広く電子通信システムに依存している。二〇一八年五月には、京都府京丹後市の米軍米軍経ケ岬通信所（Xバンドレーダー）において、交通事故負傷者の緊急輸送ヘリの飛行のために電波の停止を要請したのに対して、連絡手順の不備（京丹後市の説明）により停止が実施されず、迂回ルートを飛行したため搬送が遅れたトラブルが発生している。

戦争を起こすのは文民

一般に民主主義国家では軍事に関してシビリアン・コントロール（文民統制）の体制を採るべきであると言われる。軍人（軍隊）が政治的決定権を掌握あるいは関与すると暴走する可能性が高いから、軍隊に対する最終的な管理・命令権は文民（現役軍人でない者）が把握すべきであるという考え方である。

しかし歴史的にほとんどの戦争は文民が始めたものである。どの国でも後方にいる者、安全な場所にいる者ほど勇ましいことを言う。軍人はたとえ高位の将官でも「上の命令には従う」という規範を保持しているから、命令がなければ動かない。現場の軍人は無謀な行動をすれば自分自身や部下・同僚の生命が危険にさらされるから勝手な暴走はしない。

憲法九条への自衛隊明記と並行してシビリアンコントロールも合わせて明記を検討するとの発言[注43]もあるが、これはなんら歯止めにならない。自由民主党の「日本国憲法改憲草案[注44]」では第七二条三項で内閣総理大臣は最高指揮官として国防軍を統括すると規定している。さらにその説明として「日本国改憲草案Q&A増補版[注45]」では、内閣総理大臣は最高指揮官であるから国防軍を動かす最終的な決定権は防衛大臣ではなく内閣総理大臣にあること、法律に特別の規定がない場合には閣議にすら諮らずに国防軍を指揮するとされている。

国会はもとより閣議も無視して軍を動かす緊急事態とは、外敵による不意の侵攻しか考えられないが、事前の兆候もなしにそのような事態が発生する可能性はまずない。また日本の領域に弾道ミサイルが着弾するなどの事態は分秒単位の現象だから、機械的・自動的に対処する問題であって内閣総理大臣の指揮は関係がなく、あるとしても事後承認でしかない。逆に日本側からいずれかの国あるいは地域に先制攻撃を行うとすれば周到な準備が必要であって、それは「緊急事態」ではない。いずれにしても先制攻撃は国際法違反である。

　これでも仕組みとしては「シビリアン・コントロール」であって暴走を防ぐ機能がないどころかかえって誘発するおそれもある。この案どおりに憲法が変えられて何らかの緊急事態が発生したら、既成事実を作るため、あるいは単に自身の権力発揮のために国防軍を動かしてしまうおそれがある。そもそも装備には「攻撃用」「防衛用」という区別はなく[注46]、ことに高額・高性能の装備ほど「持っていれば使いたくなる」という本質的な危険性がある。

　安倍晋三首相は二〇〇二年五月（官房副長官時代）の講演で「これ［イージス艦］一隻一二〇〇億円もするわけです。それを四隻持っている。こういう皆さんの税金を使っている以上、当然機能的に活動できるようにするというのが我々政治家が納税者に対しての義務ではないか、こう思います[注47]」と述べている。

　この時点ではまだ北朝鮮（金正日政権）の弾道ミサイル発射は頻繁ではなく、イージス艦にもＢＭＤ機能は付与されていない時期である。「機能的に活動」とは米軍との共同行動しか考えられない。国情に合わない装備を米国から買い（買わされ）、それを使うための理由を後から作る本末転倒の発想が露呈している。

自衛官は尊重されているか

安倍首相は自衛隊観閲式の訓示で「全ての自衛隊員が、強い誇りを持って任務を全うできる環境を整える」[注48]として改憲を示唆しているが、それではこれまで憲法が制約となって自衛隊員が誇りを持てない状況があったのだろうか。むしろ安倍首相自身が自衛官を尊重しているようには思われない。安倍首相は二〇一五年五月一四日の記者会見で、安保法制による自衛隊の任務拡大によって自衛官のリスクが高まるのではないかとの質問に対して、これまでも自衛隊発足いらい一八〇〇名の自衛官が殉職していると答えている。[注49]これは何ら質問の答になっていないとともに、戦死傷者が出てもかまわない前提、むしろ期待している。これは「海外で自衛官が死傷しているこの非常時に、国内で不平を言うな」という国内向けの圧力に利用することを真の目的としているからである。すでに自衛隊員が海外で活動した南スーダンPKO任務やイラク派遣任務に関する日報の不適切な取り扱いによりその真意が露呈している。

自衛隊の南スーダン派遣任務の第一〇次施設隊（二〇一六年五月～一二月）において、同国ジュバで七月上旬に発生した政府軍と反政府勢力の武力衝突の際に宿営地の施設九か所が被弾し、小銃や機関銃の弾頭二五発が敷地内から見つかっていたことが報道された。これは防衛省内で報告されていたにもかかわらず隠蔽され、朝日新聞の調査によって明らかとなったものである。[注50]衝突時の状況は防衛省が二〇一七年に公開した日報で一部公開されていたが、被弾についての記載はなかった。その背景として安倍政権が安全保障関連法で可能になった「駆けつけ警護」などの新任務を自衛隊に付与する検討に入っていた時期のため、批判を招かないように隠蔽されていた可能性がある。意図的な隠蔽か否かにかかわらず、隊員の日常生活や健康管理など今後の任務に重要な情報も利用できない形で放置されたままであったことは、防衛省自体が現場の隊員の生命・健康を重視していない実態を示している。

自衛隊が海外で後方支援任務、平和維持任務と主張しても、相手側がそのように認識するかどうかは全く関係がない。しかも現代の戦争では兵站が決め手となる。戦闘部隊だけでなく相手の補給基地を攻撃することも相手の戦闘力を奪う効果的な手段である。これは特に太平洋戦争において日本が経験した事実である。一般に戦闘部隊に比べると補給基地の防御は手薄となるので相手側にとってはむしろ攻撃が容易であり、後方支援任務こそ目標になりやすい。

二〇一五年九月から自衛隊に「駆け付け警護」と「宿営地の共同防護」が付与され、武器の使用権限が拡大された。この際に万一武器の使用が発端となって戦闘に発展したらどうするのかという懸念に対して、官邸は「暴徒や武装勢力などに対し、まずは相手方と粘り強く交渉する」と説明している。[注51] 現実にそのようなことが可能とは思われず、これこそ「お花畑」ではないか。松下圭一（元日本公共政策学会会長等）は、陸上自衛隊は今も農村型社会の発想による山野での戦闘訓練が中心で、都市型社会における戦闘訓練はまだ初歩段階であると指摘している。[注52] もちろん実戦経験もない。このような状態で自衛隊が名目だけの勇ましい任務に実際に従事すれば、隊員に戦死傷者が出ることは不可避である。

旧日本軍の人員数は図9―1に示すように一九四五年八月時点で陸軍五四七万人・海軍一八六万人（他に国民義勇隊を計画）に達したが、その内部で当時「輜重（しちょう）」と呼ばれた兵站部門や「ラッパ・ヨーチン・テッチン（軍楽部・衛生部・技術部のこと）」と呼ばれる兵種に対する差別が知られている。これらは武器を扱わないので戦力にならない（輜重）、前線に出ず楽をしている（軍楽・衛生・技術）等の偏見に基づくが、同時にそれらの職務そのものが軍の中で軽視されていたことを示している。旧軍が兵站を軽視したために多くの将兵が各地の戦場で悲惨な最期を迎えたことは前出のとおりである。

さらに衛生すなわち将兵の人命・健康への配慮も劣悪であった。戦闘終結後ではあるが、日本軍が自軍の傷病兵を荷物のようにぞんざいに運んでいるのを目にした連合軍側の軍人が「自国の兵隊さえあのように取り扱う日本軍が、どうして敵国兵を人間として取り扱うことがありえようか」と戦慄を覚えたことが記録されている。[注53] 好戦的な政治家が弾道ミサイル迎撃・敵基地攻撃・島嶼防衛・国際貢献などと自衛隊の勇ましい任務を掲げているが、現実の自衛隊にはそれに応じた装備も体制もない。実効性のない装備を米国から高額で買って（買わされて）いるだけである。

この問題には、実動組織である自衛隊の問題というよりも防衛省全体の認識が関係する。照井資規（元陸上自衛隊衛生学校研究員）によると、陸上自衛隊の救命体制が米軍そのほか諸外国と比べて著しくレベルが低く、また救命救急訓練も重視されておらず部隊あたりの衛生科人員の比率も低い。実際の「戦場」に出れば不可避となる戦闘時の負傷（特に重傷）に迅速な対応ができず、助かるべき人命が失われると指摘している。[注54] また生命は助かっても重大な後遺障害を防止できない可能性が高いとの指摘もある。[注55]

結局のところ「実戦」を想定していない体制であるが、そのレベルのまま実戦の可能性がある「駆けつけ警護」に既に派遣されている。日本以外の国の軍隊の救命体制が日本より優れているからといって、その国が日本より人道的に優れていることを意味しないが、少なくとも各国の国民の反応に対して敏感であることはたしかであろう。

より根本的には、日本は先進国といいながら人命や健康の「値段」が安いことが背景にある。人命や健康を金銭価値で評価する倫理的側面は別として、ある社会において、他の価値と比較して人命や健康がどれだけ重視されているかを示す指標として「人命の値段」は一つの手がかりとなる。世界中の人命の経済的評価を調査した報告によると、日本は調査された二二か国中で下から三番目、旧東欧圏よりも安いとの結果が示されている。

これは主に苦痛、不便、不快、悲嘆といった非金銭的、主観的被害を日本では含めていないのに対して、他の多くの主要国ではこれを計上していることによる。日本円に換算(一USドルを一一五円)して、アメリカ四億三二三九万円、イギリス一億九〇七六万円、ドイツ一億四二四三万円、ポーランド二五四三万円などに対して、日本は二〇三五万円となっている。[注56] 別の調査では人命に対して三億四〇〇〇万円[注57]などの評価もある。いずれにしても日本における人命や健康の「値段」は安い。ブラック企業・過労死などをはじめ防災・安全にかかわるすべての分野に共通である。

【注】

1 中村隆英・宮崎正康編『史料・太平洋戦争被害調査報告』東京大学出版会、一九九五年。同著は経済安定本部総裁官房企画部調査課「太平洋戦争による我国の被害総合報告書」一九四七年を復刻したもの。

2　同、二七六頁
3　小林啓治『総力戦の正体』柏書房、二〇一六年、二五三頁
4　マリアナ諸島に侵攻する米軍を迎撃する作戦であったが、日本側の一方的な敗北となり西部太平洋の制海権と制空権を完全に失った。
5　吉田裕『日本軍兵士――アジア・太平洋戦争の現実』中公新書二四六五、二〇一七年、二五頁
6　一ノ瀬俊也『日本軍と日本兵――米軍報告書は語る』講談社現代新書、二〇一四年、三三一〜三三六頁
7　ただし会話に関しては、米軍の別の資料によると相手側の射撃を誘発して重火器の位置を暴露させる偽計との報告もある（一ノ瀬俊也『米軍が恐れた「卑怯な日本軍」』文藝春秋、二〇一二年、四〇頁）。
8　藤原彰『餓死した英霊たち』ちくま学芸文庫、二〇一八年七月、吉田裕『日本軍兵士――アジア・太平洋戦争の現実』中公新書二四六五、二〇一七年など
9　山本七平『一下級将校の見た帝国陸軍』朝日新聞社、一九七六年、二六六頁
10　吉田裕『日本軍兵士――アジア・太平洋戦争の現実』中公新書二四六五、二〇一七年、一二六〜一八四〜一八七頁
11　日本統計協会『日本長期統計総覧第五巻』一九八八年、五二八頁。なお一九三七年以降は実際の動員数であるが、それ以前の年次では統計の制約のため定員数の表示の部分がある。
12　吉田裕前出、一二六〜一二七頁
13　伊藤整『太平洋戦争日記（二）』新潮社、一九八三年、二七頁、一九四三年七月二二日の記述
14　山本七平『ある異常体験者の偏見』文藝春秋、一九七四年、四九頁
15　吉田裕（前出）、一八三頁
16　三根生久大『帝国陸軍の本質』講談社、一九九五年、一五六頁
17　清谷信一「なぜ自衛隊は「暴発する機銃」を使うのか」『東洋経済ＯＮＬＩＮＥ』二〇一四年一一月九日　http://toyokeizai.net/articles/-/52889
18　山本七平『一下級将校の見た帝国陸軍』朝日新聞社、一九七六年、三〇〇、三〇三頁

19 黒田康弘『帝国日本の防空対策』新人物往来社、三四六頁
20 NHK放送文化研究所編『現代日本人の意識構造［第八版］』NHK出版、二〇一五年、一一九頁
21 外務省調査部「日清戰爭ヨリ滿州事變ニ至ル日本外交ノ經濟的得失」一九三六年一一月。国立公文書館アジア歴史資料センター複写保存、https://www.jacar.go.jp/
22 参謀本部編『明治二十七八年日清戦史第八巻』では一一一六人 http://dl.ndl.go.jp/info:ndljp/pid/774128/90
23 米国務省「世界の軍事支出と武器移転」https://www.state.gov/t/avc/rls/rpt/wmeat/
24 秋山謙一郎「DOL特別レポート」『ダイヤモンドオンライン』二〇一五年六月二二日
25 「GPIF年金運用　軍事上位一〇社の株保有　本紙調べ」二〇一七年九月一七日『東京新聞』
26 ポール・ポースト著・山形浩生訳『戦争の経済学』バジリコ、二〇〇七年「軍事支出は景気に逆効果?」http://d.hatena.ne.jp/himaginary/20091114/military_spending_and_economic_growth「森永卓郎の戦争と平和講座」http://www.magazine9.jp/morinaga/dai001/　その他
27 『平成二九年版防衛ハンドブック』朝雲新聞社より
28 「過去最大の補正　防衛省要求」『東京新聞』二〇一八年一二月一三日
29 防衛省『我が国の防衛と予算　平成三〇年度概算要求の概要』二〇一七年八月
30 田母神俊雄ブログ「F35の機種選定について思う」https://ameblo.jp/toshio-tamogami/entry-11145546291.html
31 松宮廉「航空自衛隊一技術幹部の生涯⑨」『軍事研究』二〇一八年三月号、一四八頁
32 文谷数重「北朝鮮に負かされる日本のロケット技術」『軍事研究』二〇一八年三月号、一〇四頁
33 矢部宏治『知ってはいけない　隠された日本支配の構造』講談社現代新書、二〇一七年、七八頁
34 外務省ウェブサイト「防衛装備移転三原則」報道発表　http://www.mofa.go.jp/mofaj/press/release/press4_000805.html
35 防衛省『平成三〇年版防衛白書』「解説　FMSに関わる諸課題の改善」http://www.mod.go.jp/j/publication/wp/wp2018/html/nc037000.html

36 ウィリアム・ハートゥング著・玉置悟訳『ロッキード・マーティン　巨大軍事企業の内幕』草思社、二〇一二年、一四頁
37 『東京新聞』「特集　税を追う」二〇一八年一一月五日
38 『日刊ゲンダイ』「空自は悲劇的…輸入品の大量購入で『弾薬が足りない』」二〇一八年一二月二六日
39 『読売新聞』「新型護衛艦二二隻導入、〔尖閣〕警戒監視を念頭」二〇一八年一一月二四日
40 井上孝司「ＳＭ―３弾道弾迎撃専用ミサイル」『軍事技術』二〇一八年一二月、一二三頁
41 防衛省「イージス・アショアに係る質問事項について」二〇一八年七月一九日　http://www.mod.go.jp/j/approach/defense/bmd/20180720_2.pdf
42 北郷源太郎「市ヶ谷レーダーサイト（コラム）」『軍事技術』二〇一八年三月、一四七頁
43 第四八回衆議院議員選挙に際して、二〇一七年一〇月七日のインターネット番組での党首討論での安倍晋三発言、同日『日本経済新聞』ほか各社報道
44 https://jimin.ncss.nifty.com/pdf/news/policy/130250_1.pdf
45 https://jimin.ncss.nifty.com/pdf/pamphlet/kenpou_qa.pdf
46 安藤博『市民の安全保障　ひとりからの平和構築』生活社、二〇〇五年、三一頁
47 「安倍『有事法制』発言詳報」『サンデー毎日』二〇〇二年六月九日号、五四頁
48 官邸ウェブサイト「平成三〇年度自衛隊記念日観閲式　安倍内閣総理大臣訓示」　https://www.kantei.go.jp/jp/98_abe/statement/2018/1014kunji.html
49 首相官邸ウェブサイト「安倍内閣総理大臣記者会見」二〇一五年五月一四日　https://www.kantei.go.jp/jp/97_abe/statement/2015/0514kaiken.html
50 「南スーダン陸自、被弾九カ所・弾頭二五発　内部文書入手」『朝日新聞』二〇一八年九月二日
51 首相官邸ウェブサイト〔自衛隊の新任務『駆け付け警護』及び『宿営地の共同防護』〕　https://www.kantei.go.jp/jp/headline/keigo.html
52 松下圭一『市民立憲への憲法思考　改憲・護憲の壁をこえて（ＣＩＶＩＣＳ　市民立法―１）』生活社、

二〇〇四年、一九頁
53 山本七平『一下級将校の見た帝国陸軍』朝日新聞社、一九七六年、三三〇頁
54 照井資規「『駆けつけ警護』で部隊は崩壊する」『軍事研究』二〇一六年一〇月号、五三頁
55 清谷信一「戦傷者は『想定外』という、自衛隊の平和ボケ」『東洋経済オンライン』二〇一四年九月一七日 http://toyokeizai.net/articles/-/47994
56 越正毅「交通事故防止の（社会的）価値の推計に関する研究——非金銭的な人身被害を金額評価する方法」日本自動車工業会『ＪＡＭＡＧＡＺＩＮＥ』二〇〇五年五月号
57 松川勇「外部費用評価の実証的側面　公衆の健康損害に関するエネルギー外部性の評価手法」『エネルギー・資源』二一巻六号、二〇〇〇年、二六頁。（ＥＵのエネルギーの外部費用推算プロジェクト「ＥｘｔｅｒｎＥ」の値）

第十章

市民と防災

危機への対処

日本は自然災害が多く、また経済・産業の活動が盛んであるだけに各種の事故も発生するが、過去に経験のある事態に対しては万全とは言えないまでも対策が講じられており、手順に則った対処が可能である。しかし未経験の事態や想定を超える事態も起こりうる。このとき決め手になるのはリーダー（決断を下す者）の倫理観と教養である。第一章で指摘したように、同じハザードに対しても対応によって人間へのリスクは変わる。本章では、国・都道府県・市区町村など各レベルでの危機管理はどうあるべきかを考える。

ところで日本語では「危機」というが、その中にも「ハザード」「リスク」「クライシス」など異なった側面があり、政策を考える場合にはそれぞれ区別する必要がある。「ハザード」とは物質（たとえば化学物質、放射線など）や現象そのもの（地震・津波・噴火など）の有害性である。また、そのハザードが人間に対してどのくらい影響を及ぼすかが「リスク」である。ハザードとリスクは主に物理的な現象を指すが、それが政治・経済・社会に重大な影響を及ぼす段階では「クライシス」として捉えられる。東日本大震災は物理的に大規模な影響にとどまらず「国難」と呼ばれたが、まさにクライシスの具体例である。

リスクとハザードは予測が可能であり、その対策も事前にあるていど可能（建物の耐火性や耐震性を強化する、防潮堤をかさ上げする、物質の製造・保有・流通を規制するなど）だが、クライシスは個別性が強く、人間の判断が介在するので起きてから対処するしかないと言われる。言いかえるとリスクへの対処は実務家が中心になる。しかしクライシスでは政治的決断が必要になる。日本の官僚は、予め用意された結論や、模範解答がわかっている問題に対処する能力は優れている。すなわちリスクやハザードにはあるていど対処できるがクライシスに対処する能力がなく、また求められていないのでその訓練も受けていない。

過去に経験がなく政府（国・自治体とも）でも想定していなかった事態、たとえば東海村ＪＣＯ事故（一九九九年九月）はどうだろうか。現場となった東海村では、国・県・事業者から避難に関する情報が提供されなかった。原子力災害対策特別措置法（ＪＣＯ事故の後に一九九九年に成立）や原子力災害対策指針（福島原発事故の後に二〇一二年に制定）も当時は存在しない。村上達也村長（当時）は独自に住民避難を決断し、バスを用意して住民の避難を決行した。政府が災害対策本部を設置したのは避難用のバスが整列を完了した後であった。その時の状況について村上は次のように語っている（インタビュー）。

［質問者］県は避難させずに屋内退避でよかろう、の判断だったわけです。で、明らかに村長の決断は独自ながら、上に逆らうことになる。

［村上］逆らうも何も、そのときはね、こちらの責任でやる。「住民の生命を守るのは村長の仕事だ」と。それは本部内で大きな声でいいました。「俺が責任を持つ、首をかけてやるから避難させろ」といったんです。災害対策基本法だとか法律に基づいた避難勧告ではなかった。県が何をいおうが構わない、何をいわれようと構いやしない、「死中に活を得る」、そんな覚悟でした。[注1]

そしてJCO事故の一二年後、桁ちがいの規模で福島原発事故が発生したが、この時はどうであったか。水素爆発・再臨界・格納容器ベントの必要性・海水注入の可否・四号炉の燃料プール崩壊などの致命的な問題について、菅直人・元首相（二〇一〇年六月〜二〇一一年九月）から懸念が示されたが、原子力安全委員会（当時）はじめ具体策を提示すべき専門家・関連省庁の官僚・東京電力幹部は何も対応しなかった。[注2]菅首相は応用物理学を専攻した経歴から放射性物質の危険性に関して認識があった。菅元首相は現場へ赴き、続いて東京電力と直接交渉して具体的に指示した。ベント前後の状況は次のように説明されている。[注3]

とにかく吉田昌郎所長（当時）とじかに会い、ベントが遅れている作業上の理由を聞き、決死隊をつくってやり遂げるという決意も確認できました。また、現場職員と東電本社の意思疎通がまったくうまくいっていないこともわかり、それが何回も東電本社へ出向いて〝フクイチ全面撤退〟の方針を思いとどまらせるきっかけにもなったのです」。吉田所長は、不幸にして二〇一三年七月に死去。その後に公開された「吉田調書」からも、事故現場と東電本社に方針の食い違いがあったことがわかる。同時に吉田調書には、現場責任者として東電社長と菅総理どちらに対しても反感を抱いた節も読み取れる。しかし、「もし仮に三月十二日の朝に時間が逆戻りできるとしても、やはり私は、再び同じタイミングで事故現場へ飛んでいくでしょう。

一般論としては、緊急事態が続く状況下で最高責任者が席を空ける行動は推奨されない。しかし専門家・官僚・東電幹部が何も機能しない中で、事故発生時に菅元首相が在任していたことは日本にとって大きな幸運であった。少なくとも菅元首相は国民と危機感を共有していることを行動で示した。このとき、もし安倍政権あるいはその他の自民党政権であれば「適切に対処するように指示した」という言葉だけの先送りが続き、誰も判断を示さず事態が破滅的な方向へ展開したであろう。安倍首相がオリンピックの招致プレゼンテーション（二〇一三年九月）で、東京にはいかなる悪影響も及ぼしたことはないと平然と虚偽を述べていることからみても、国民に対する情報提供も行われなかったであろう。

東京電力が現場からの撤退を示唆し、菅首相がこれを自らの指示で阻止した経緯に関しては後日さまざまな情報[注4]が伝えられ評価も分かれているが、いずれにしても撤退の選択肢が浮上したのは東電が制御不能とメルトダウンを認識したからである。後日に判明したことであるが、地震当日の二一時には東京電力の関係者が双葉町（福島第一原発から約三km）から住民よりも先に退去していた。[注5]組織としての指示か、混乱の中での自然発生的な行動かは不明だが、いずれにしてもこの行動は、関係者がメルトダウンに続いて放射性物質の大量放出に至る事態を早期に予測していたためと推定される。現場には東電社員七五〇名と協力会社社員五六〇〇名が存在していた。[注6]それでも吉田所長が「物だけもらっても人がいないんですよ」と苛立つ発言[注7]が記録されているとおり、部分的にでも撤退があれば収束作業はいっそう困難になり、放射線の線量率が上昇して急性影響が発生するレベルとなれば、人が残っていても実際の作業は不可能となる。やがては残留者も身動きが取れないまま最終局面を迎えた可能性が高い。

福島事故では炉内に保有されていた放射性物質の〇・五～二％（セシウム137として）が放出されただけで、いくつかの自治体が全域避難するほどの被害が発生した。かりに格納容器の爆発的破壊や、四号機の使用済み燃料プールの破壊が起きていたらさらなる大量放出の可能性があった。菅元首相の介入がベントを遅らせたとか被ばくを拡大させた等の批判は、事故を悪用して菅政権の失点に結びつけようとしたデマである。

二〇一一年三月二五日になり、事故の収束に失敗した場合の影響が検討されていた。[注8] それによると福島原発から半径二五〇km以上・首都圏三〇〇〇万人の総退避が必要とされる可能性があったことが菅元首相により後日公表された。[注9] 実際にはいくつかの偶然が重なってこの事態は避けられたが、これは単に机上のシミュレーションの問題ではない。危機管理では常に「プリペア・フォー・ザ・ワースト（最悪想定に備える）」が求められる。

原子力だけではなく、すべての分野にわたって安倍政権の対応は常に言葉の上だけの先送りである。菅義偉官房長官は、二〇一八年八月以降に発覚した中央省庁での障害者雇用水増し問題に関して「早急に再発防止策を講ずるよう当該官庁に厳命した」と発言している。政府は二〇一九年末までに障害者四〇〇〇人の採用計画を公表したが、早くも実現は困難との懸念が指摘され修正を余儀なくされている。[注10] 現在の政府はあらゆる分野において「しっかり対応するように指示した」という常套句だけで責任を放棄している。決定権を有する者の倫理観と教養の欠如は国民に重大な危険を及ぼす。

そのわりには防衛の分野になると、今にも北朝鮮から核ミサイルが飛来する、中国が尖閣諸島に攻めてくるなど「プリペア・フォー・ザ・ワースト」が強調される。かといって防衛の分野では具体的な危機管理が行われているとは思えない。自衛隊の海外での活動の拡大に伴い、自衛隊員が交戦相手の勢力圏に取り残されたり、隊員が拘束されるなどの事態は起こりうる。しかも現代の交戦相手は国の正規軍ではなく、指揮系統も不明な武装集団の可能性もある。こうした相手は戦時国際法や交戦法規など念頭にない。その際に現政権は「適切に対処するように指示した」と繰り返すだけで、「先送りの達人」「忖度の達人」である官僚も行動しないであろう。こうした実態のもとでは、改憲で自衛隊を「国軍」に言いかえたところで何ら前進は期待できない。

シリアの武装勢力に三年四カ月拘束されていたジャーナリストの安田純平氏が二〇一八年一〇月二五日に帰国した。これに関して菅官房長官は「官邸を司令塔とする『国際テロ情報収集ユニット』を中心にトルコやカタールなど関係国に働きかけた結果」と説明しているが、日本政府の対応には疑問を呈する見方がある。[注11] 同氏に対して国の勧告を無視し独断で行動して事件に巻き込まれたことから「自己責任」と批判する意見も多数みられる。それでは日本政府が危険地域に指定した場所以外ならばトラブルは起きないのだろうか。相手にとってはそのような条件は全く関係がない。日揮アルジェリア人質事件（前出）のように、会社の命令に従って中東やアフリカに勤務するビジネスパーソンが事件に巻き込まれた場合、日本政府は機敏な対応をしてくれるだろうか。北朝鮮による拉致問題も同様である。安倍政権は強硬姿勢を標榜するだけで一向に進展がない。故意に先送りして事件の風化を待っていることは明らかである。自民党議員で防衛庁長官の経験者でさえ、外務省や防衛省（庁）の官僚から自衛隊の体制や装備に基づく実力行使の限界など、基本的な情報に関して、十分な説明は提供してもらえなかったという。[注12]

議会がいらない政治

災害には必ず政策が関与しているが、民意を反映して政策の立案・検討を担うべき国会は、立法府としてほとんど機能していない。現在の野党に対して「政策の議論をせず、与党の揚げ足取りばかり」と批判が聞かれるが、もともと国会における政策論議の機能が失われているからそうならざるをえない。一九五五年一一月に自由党と日本民主党が合同して「自由民主党」政権が発足して以来、現在までわずかの例外を除いて自民党政権が続いてきた。福島原発事故後に設けられた「国会事故調」では、事故の根本的な原因は高度経済成長期に遡ると記述している。「政界、官界、財界が一体となり、国策として共通の目標に向かって進む中、複雑に絡まった『規制の虜(とりこ)(Regulatory Capture)』が生まれた。そこには、ほぼ五〇年にわたる一党支配と、新卒一括採用、年功序列、終身雇用といった官と財の際立った組織構造と、それを当然と考える日本人の『思いこみ(マインドセット)』があった」という[注13]。

一九五五年以降の自民党の政策は、いわば「野党がいらない政治」であった。終身雇用制度・企業別労働組合・特定の産業保護のための政府の介入・社会保障制度(国民皆保険など)や労働法制の整備など、欧米の自由経済と比べると大きな相違がみられる。これらの中には、法律に基づく政策もあれば、必ずしも法的根拠に基づかない調整もある。野党の主張を部分的には取り入れながら進められたために、かえって「野党がいらない政治」をもたらした。一方で一九八〇年代(中曽根政権の時期)からは、構造改革を掲げて欧米流の新自由主義の傾向が強まったが、第八章で指摘したように新自由主義（小さな政府）かと思えば公共事業バラマキ（大きな政府）という一貫しない政策が続いている。現在でも、二〇一四年から五年連続で政権が経済団体に対して賃上げを求めるなど「官製ベア」「官製春闘」と揶揄される状況が続いている。須田（前出）は日本での政策決定のプロセスを要約して次のように述べている。[注14]

日本の国会は、立法府といっても、自ら法律を発案することはまずありません。議員立法の例は少なく、かつ議会に関わることがほとんどで、政策に関することの多くは政府の提案です。政府提案は、省庁の担当者のもとで原案が検討され、関連省庁との調整をし、全省庁の合意が形成された段階で、閣議に提出され、これも全閣僚一致で了承されて、政府案となります。このプロセスで、行政府は、内閣総理大臣の所属する政党すなわち与党との折衝を並行してすすめ、内諾をとりつけるなどして調整をはかるのです。与党を行政府の立法過程に取り込むことによって、実質的に立法の機能を呑み込んでしまった、といってよいでしょう。議院内閣制のメカニズムを逆手にとったともいえます。自民党一党支配の時代は、自民党の組織の中に、各省庁に対応する部会が設置され、その部会の議員が省庁の名を冠して〇〇族と呼ばれて、各省庁と一体となって、関連法案・予算・計画などを決めていました。こうなりますと、閣議が最終承認の場で、議会は「追認」の場ということになります。実際に、全省庁合意（すなわち行政府内部での意思統一）で決められ、内閣法制局のチェックを受けた政府法案が、国会で修正されることは、まず、ありません。

国会の場では、法案についての大臣見解という妥協の方法や、執行にあたっての附帯決議というガス抜き手法などを活用して、無修正で通過させることまでが〝役人の腕〟といわれています。

二〇一八年一〇月二九日、第一九七臨時国会に際して、高市早苗議員（衆議院運営委員長）が国会改革案と称するメモを示し、内閣提出法案の審議を優先したり一般質疑の機会を減らす等の内容が記載されていたことから、野党は「立法府が行政府の下請け機関であることを宣言するに等しい」と批判して紛糾した。[注15]高市委員長は撤回文を野党側に示すこととなったが、これは自民党の議員自体が「議会のいらない政治」を指向していることを示している。議会がいらないのであるから議員にも能力や適性は求められず、多数決という形式のために頭数がいればよい。また省庁も議員立法を嫌う。一般に議員立法による法律では省庁の義務・役務が増えるから、要するに「面倒」である。次のようなエピソードも紹介されている。

一つのエピソードはそんな様子を余すところなく証明しています。市民の提案でなんとか法案をつくろうと努力していたグループが、毎日のように国会議員の間を廻っていました。すると、ある時、その法案の担当省のお役人に呼ばれて言われたそうです。「何もそんな裏でコソコソしないで、堂々と私たちのところに相談に来なさい」と。そのお役人も悪意をもって言ったのではないのです。[注16]

意外なことに戦時体制でも議会（帝国議会）は停止されなかった。日本の女性参政権は戦前には実現しなかったが、一九二五年には男子の普通選挙（納税要件を撤廃し年齢のみで選挙権付与）が実施されている。ただしこれは主権在民の観点ではなく徴兵制の裏付けとして与えられた性格もある。一九四〇年七月には第二次近衛内閣が実施した「新体制運動」を受けて全政党が自主解散し大政翼賛会が発足した。第二一回衆議院総選挙は一九四二年四月に行われ、「大東亞　築く力だこの一票」という投票奨励ポスターが作られた。この選挙では軍政に協調的な議員で議会を構成するために、大政翼賛会が推薦候補を選定する方策がとられたが、非推薦者も立候補が可能であった。非推薦候補に対しては公然と妨害活動が行われたにもかかわらず、定員四六六名のうち非推薦議員が八五名を占めた。戦後、右翼活動家として知られる赤尾敏もこの時の非推薦議員であった。

見方を変えれば、そのような工作をしてまで議会を維持しようとした。東條英機内閣（一九四一年一〇月〜一九四四年七月）では東條が現役軍人として首相・陸軍大臣・内務大臣を兼務し、一見は軍人が政治的決定権を掌握した形ではあったが、一九四四年七月のサイパン陥落に対する引責との理由で東條内閣が総辞職し、さらに敗戦まで帝国議会を維持している。これに対してドイツでは、一九三八年四月の選挙が最後となり、一九四二年四月以降は議会が開催されていない。いかに戦争指導が破綻しようとヒトラーの引責辞任は考えられず、同じファシズム政権であっても相違があった。

かといって日本では議会政治が機能していたとも言えず「集団無責任体制」の一環であったともいえよう。一方で、実質的に立法機能まで取り込んでいる官僚（あるいは官僚機構）が大局的・戦略的な観点から国の基本政策を検討しているのかといえば、それも疑問である。宇佐美典也（元経済産業省、コンサルタント）は官僚は先送りの達人と評している。[注17]それは本書で取り上げた防災・金融・財政・福祉・防衛・外交に至るまで共通である。

法律がいらない行政

一般に「法律で決まっている」という言い方がなされる。すなわち個人や企業その他の集団に対して義務・制限を課す根拠となるが、環境・防災・エネルギーなど具体的な数値や技術の基準が必要となる分野では、それを誰がどのように決めているのだろうか。福島原発事故いらい放射線に対する市民の関心が高まり、「一般公衆に対する放射線の被ばく許容限度が年間一ミリシーベルト」という数値が広く知られるようになった。

この数値は福島原発事故前から決められており事故後でも変更はない。しかし数値そのものはどの法律にも記載されていない。すなわち国会での審議を経て決められた数値ではない。実際の規制体系は過去の経緯から入り組んだ構成になっているが、「核原料物質、核燃料物質及び原子炉の規制に関する法律（炉規法）」と「放射性同位元素等による放射線障害の防止に関する法律（放射線障害防止法）」からいずれも一般公衆に対して年間一ミリシーベルトの限度が導かれる。このうち「放射線障害防止法」に関しては「同法・同施行令・施行規則に基づく文部科学省告示」という三段階の手順によって規定されている。数字を誰がどのように決めたのか、なぜ文部科学省が登場するのか。放射線にかぎらず日本の法律における基本的な問題点がこのしくみに集約されている。

「年間一ミリシーベルト」とはICRP（国際放射線防護委員会）の一九九〇年勧告による数値であり、学術的な検討によって決められた数値である。ただしICRPは学術研究団体であり、勧告といっても「外国の文献」にすぎないので、そのままでは日本国内で法的な規制値として適用されない。それを国内で法的な効力を持つ数値として取り込んだ過程が「放射線審議会」である。この審議会とは「放射線障害防止の技術的基準に関する法律」で規定され、（旧）科学技術庁に設置された組織である。

放射線に関する基準を定める場合には同審議会に諮問しなければならないとされており、委員は内閣総理大臣が任命する。同審議会が検討し、国民の意見募集（いわゆるパブリックコメント）を経て「意見具申」を提出した。これに基づいて関係法令が改正され告示により指定されたのが「一般公衆に対する被ばく許容限度が年間一ミリシーベルト」である。なお科学技術庁は省庁再編により二〇〇一年に廃止され、その業務は文部科学省に継承されている。

しかし福島原発事故では従来の法体系では対処できない事態が発生した。原発の運転や点検・補修に伴って発生する放射性廃棄物の取り扱いは「放射線障害防止法」「炉規制法」等によって規制されているが、福島原発事故のように放射性物質が発電所敷地外に大量に放出されて公衆被害をもたらす事態は想定外であった。敷地外の広大な地域で「除染」が必要となったが、放射性物質が付着した土・廃材（樹木など）が大量に発生し、しばしば報道されるようにフレコンバッグ（土のう）に充填して野積みされている。これらは「廃棄物」ではあるが、放射性物質が付着しているため一般の「ごみ」と同じ取り扱いはできない。これらの除染廃棄物をどのような法体系にもとづいて処理すべきかは法律の空白であった。

こうした状況から、後日「平成二十三年三月十一日に発生した東北地方太平洋沖地震に伴う原子力発電所の事故により放出された放射性物質による環境の汚染への対処に関する特別措置法（放射性物質汚染対処特別措置法）」が制定されることとなった（二〇一二年一月施行）。同法は数少ない議員立法であるが、経緯として環境省側から議員立法にしてほしいとの働きかけがあったと記録されている。[注18]前述のように省庁は議員立法を嫌うにもかかわらず、この法律の場合にはなぜわざわざ議員立法を望んだのだろうか。

前述の一般公衆の被ばく限度の規制に典型的にみられるように、具体的な数値や基準を決める必要がある分野では、「法律」そのものには精神論的、抽象的な内容・役割分担・手続き・罰則しか書かれていない。これに対して「法律」の下に「施行令（政令）」が、さらにその下に「施行規則（省令）」がセットで制定されているが、施行令は手続き的な内容しかない。具体的に数値や技術的な方法が登場するのは「施行規則」の段階である。この中には文章で記述されたり「別表」などの形で数値が示される場合もある。しかし正文は明治時代からの縦書きで、しかも図・画像・フローチャートなどが使えず「もしくは…」「および…」「…を除く」など文章のみで記述され、難解なクイズのような文章となっている。

根本的な問題として、「法律」は形式的といえども国会の審議を経ているのに対して、それ以下の政令・省令は行政の裁量に任されている。ではさらに誰がどのようにそれを具体的に決めているのか。多くの場合は「委員会」「審議会」「検討会」等で行われる。その運営は担当省庁の事務局に委ねられ、いわゆる「学識経験者」とされる委員の人選も恣意的である。このようなしくみになっているのは一面では必然性がある。たとえば化学物質の規制を例にとると、新しい化学物質が毎年どころか日単位で作りだされ、あるいは最新の研究によって何らかの有害性が発見される等の状況が起こりうる。法律に具体的な名称や数値を書き込んでしまうと、国会の審議を経なければ内容を改訂できない。現実の国会は会期以外には開催されず、会期中の本会議・委員会でもしばしば紛糾・空転などとして審議の停滞が多い。したがって法律で原則を定めるだけにしておいて、技術的な内容はその下の省令に委ねる方法が合理的な場合もある。

しかし多くの場合、この方法を逆手に取って担当省庁の「やりたい放題」が常態となっている。出発点は立法府の審議を経た法律である。ところが具体論に展開される過程では前述のように政・省令、さらに審議会・委員会の検討すら経ない部内文書にすぎない「指針」「方針」「考え方」、さらに「パッケージ」等と称する文書まで登場し、「法律」から白紙委任を受けたごとく実務が進め（あるいは放置や骨抜き）られてゆく。こうした経緯から、放射性物質汚染対処特別措置法の制定に際してなぜ環境省側から議員立法にしてほしいとの働きかけがあったのかも想像がつく。除染土の処理はどこへ持ち込むにしても抵抗が予想され面倒な問題である。あえて議員立法により環境省がフリーハンドの取り扱い権限を手にしたい意図があったと考えられる。環境に限らずすべての分野において同様であり、最近では入管法の改正もその典型である。国会は官僚に白紙委任を与えるための手続きでしかない。

これは戦前から続く意思決定システムの欠陥である。旧日本軍の「命令」は抽象的な数ヵ条だけで具体的に何をしてよいか各部隊にはわからず、最後に「細部ハ参謀長ヲシテ指示セシム」と書いてある。しかし参謀長は軍のトップであるから自分で細部を指示することはなく部下に委任する。実質的に細部を決めるのは参謀課員であり、その指示が軍の意思としてすべてを支配し、軍のトップであるはずの参謀総長さえそれに依存し支配される関係になっていた。[注19]今でいえば参謀総長は大臣、参謀課員は各省庁の官僚（実際には課長クラス）に相当するが、意思決定システムでは旧日本軍と同じことを繰り返している。

「隣組」は防災で機能するか

大規模な災害が発生した場合、ことに発災初期には国・都道府県・市区町村などによる公的な防災機能には限界があり、住民自身による何らかの自主的な防災活動が必要となる。しかし町内会等が防災に関してあるていど実務的な機能を担うには統治機構との関連が避けられない。住民との直接の接点となる市区町村は、町内会・自治会等をかつての「隣組」のように統治機構の一部と位置づけている傾向が強く、このような実態の下で町内会・自治会等の防災機能は期待できるのだろうか。

地域の問題に関して住民が自主的に行動する意識は低下している。図10―1は「地域に住民の生活を脅かす公害問題が発生した場合」にどのように行動するかに関する意識調査の結果を示す。[注20]住民運動を起こすという回答は減少を続け、東日本大震災以降も変化はみられない。国・都道府県・市区町村は法律に基づいて業務分担が明確化され、法的な権限を行使しうる組織である。ところがその先の市民との接点となると、とたんにブラックボックスになる。ことに大都市では町内会・自治会等があっても加入率は低く、全住民をカバーしていないにもかかわらず、市区町村は昔ながらの「隣組」が

図10―1　地域で問題が発生した場合の対応

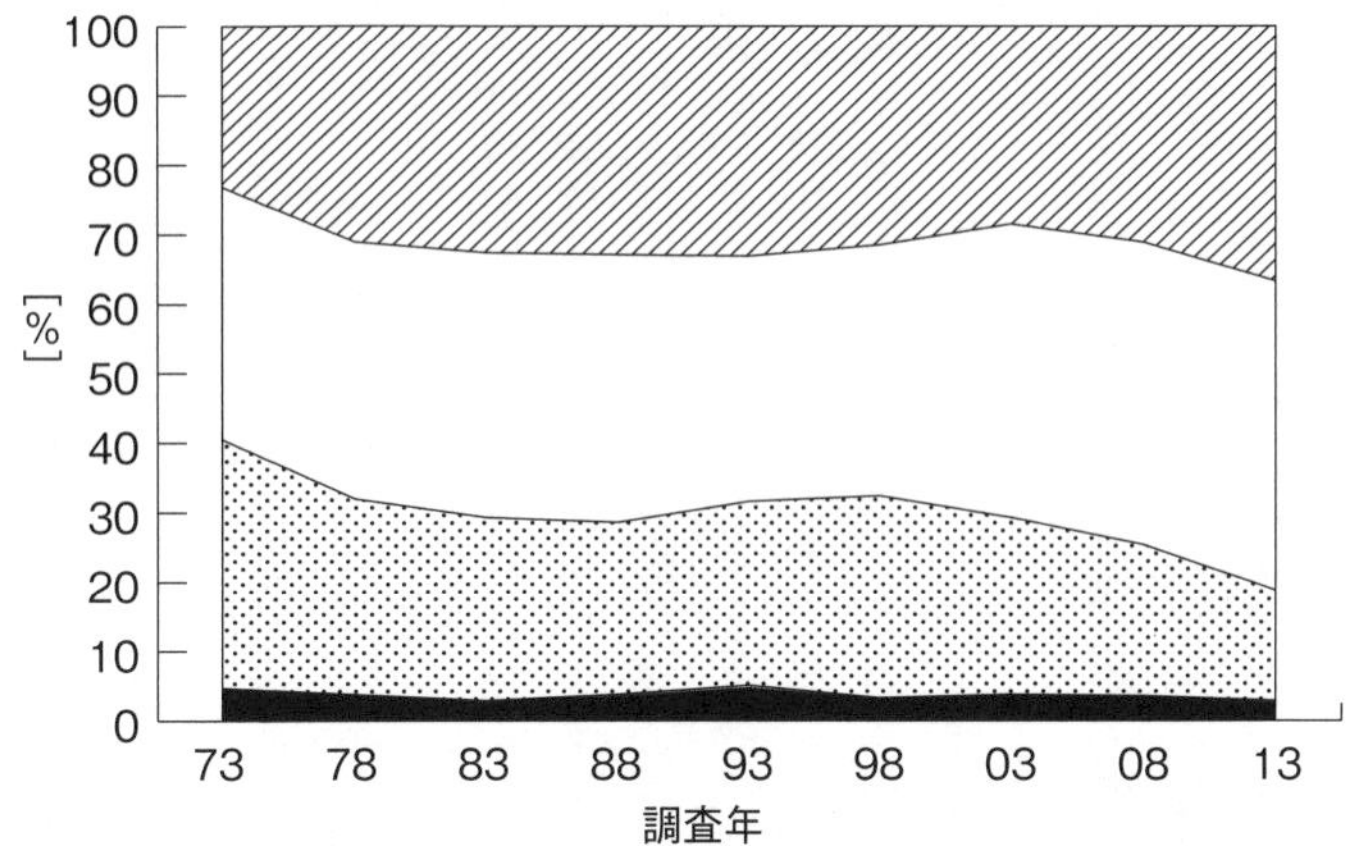

あるものと仮定して施策を進めている。

総務省の資料によると全国で約三〇万の町内会・自治会等があるという。[注21] 直接の接点となる市区町村では（全部がそうではないとしても）今でも統治機構の一部として町内会（等）を位置づけ、戦前型隣組の機能を暗に期待している。条例の制定・改正等があった場合には町内会（等）を通じて広報を配布して知らせたことにしたり、住民が個別に何らかの要望を持ち込むと「地区の代表者を通じて言ってくれ」と門前払いするなどの姿勢はその典型である。町内会・自治会等の代表者は町内会長・自治会長・区長などさまざまな呼び方があり、地域により特定の人物が長年勤める例もあれば、単純な持ち回りの例までさまざまである。しかし多くは法的な位置づけのない任意組織であり、地域の全員が加入しているわけでもない。一般に町内会・自治会等に関するトラブルとしては、強制加入、高額の入会金や会費、寄付金の強制、役員による経理の私物化や専横的な運営などが取り上げられるが、逆に転入者の加入を拒否する例も報告されている。[注22] 代表者が非公然の権限に類した影響力を有している場合もあるが、このような形態では代表者が住民の意見を集約しているとみなすことはできないし、防災活動も機能しないであろう。

筆者は短期間だが町内会長に就任したことがある。対象区域は数百世帯で、大都市という性格もあり加入の強制は行わない状態で加入率は半分程度であった。引き受けるにあたり規約を調べると、冒頭に「当会は民主的かつ自主的に運営します」とあった。しかし実際にかかわってみると毎週のように自治体の担当部局から大量の配布物が送りつけられ隣組の性格を強く残していた。具体的な義務は求められなかったが自衛官募集の資料も配布された。自治体から「災害時の救援物資は町内会加入者の人数分しか用意されない」など暗に加入を求める圧力も加えられていた。筆者の在任中には遭遇しなかったが、過去には地域の道路工事に関して町内会長への説明を以て住民の了解としていた記録があった。

この問題の具体例として前述の除染廃棄物を例に示す。この分野は環境省の所掌となったが、同省では推定二二〇〇万㎥に及ぶ除染土の全量を最終処分するのは困難として、そのうち八〇〇〇ベクレル／kg以下の除染土を飛散防止・覆土などをした上で、公共事業や農地造成などで再利用を行う方針を策定した。その過程として「再利用実証事業」が行われることになった。[注23]

「実証」とされる内容は、現在地下に保管してあるバッグ入りの除染土を取り出し、袋から出して再度埋め直し、その上に覆土を行う。この後に周辺の空間線量率や浸透水の放射性セシウム濃度などを測定して一定の基準値以下に収まることを確認する作業である。その結果を用いて「放射能汚染対処特別措置法」に基づく施行規則・ガイドラインを策定し、全国に展開する計画である。

その実証事業が福島県二本松市・同飯舘村・栃木県那須町で進められている（二〇一八年一〇月・ただし二本松市ではその後中断）。那須町のケースでは、テニスコート跡地に地下保管してある除染土壌約三五〇㎥をバッグから取り出し、遮水シートの設置など地盤の加工を行った後に埋め直し、その上に三〇cmの覆土を行う内容となっている。計画は二〇一七年九月以降に環境省と町の間で検討が行われ、町から議会には説明されていたが、現場周辺の住民には知らされていなかった。二〇一八年二月の新聞報道で住民の知るところとなり、その二日後に回覧板が回るという一方的な進め方が行われた。[注24]

その後、住民の要求により環境省による説明会は行われたが、住民の質問等には対応がなされないまま事業が開始された。町の説明によると「全員協議会」で議員に説明したところ異論がなかったこと、および事前に少数の住民には説明済みであること等から、了解は得られたものとしている。全員協議会[注25]とは、議会の運営に関する調整などを目的として自治体の議員が参加して開催されるが、法的な根拠に基づく議会ではなく「事前調整」「説明会」であり、非公開で議決もされない曖昧な手続きである。このような進め方は全国のあらゆる公共事業においてみられ、トラブルが繰り返されている。

災害が発生した場合に、法的な義務もない任意組織の「隣組」が機能するかについて安易に期待することはできない。福島原発事故の際、地震当日の夜から翌朝にかけての体験者の記録がある。[注26]自宅に介護を要する家族がいたため当日の夜は動けずに停電の闇の中で過ごし、翌日は家族を避難させてから職場に向かおうとしたところ、自宅前の道路は既に避難の車で一杯だった。驚いて近所の様子を見に行くと、前の晩に隣組代表を交えた有志で確認した「隣組の行動は一緒に」という申し合わせは無視され、寝たきりの高齢者がいる世帯と隣戸以外はもぬけの殻だったという。また原発周辺では発電所や関連企業の従業員やその家族が多いことから、国・県からの情報が途絶する中で、既存の防災組織とは全く異なる私的ネットワークにより原発が危険な状態にあるという情報を得て独自に避難を試みた住民が多かったことが多くの資料で記録されている。[注27]

多くの人は地震・津波など大規模な自然災害の可能性を知識としては認識しているが、それを前提として現実の日常生活を営むことは現実的ではない。梶秀樹（都市防災・シミュレーション）は、自主防災組織を中心とした共助体制の重要性を指摘した上で「こうした共助体制を確立することは、簡単なことではない。多くの人々にとって災害は必ずしも日常的に身近な問題ではなく、一生遭遇しない可能性もあるため、いつ起こるかわからないその日のために常日頃準備し、皆で協力し努力を継続することはなかなかできない」と指摘している。[注28] この難点を緩和する方策として梶は「ソーシャルキャピタル（Social Capital・社会関係資本）」を挙げている。

これは新しい概念ではなく、要するに日頃の近所付き合い、お互いの信頼、そして共同で行うボランティア作業などの人間関係であり、またソーシャルキャピタルの培養と市民活動の活性化には、一方が他方を促進するフィードバックの関係がある。地域の「共助」体制の確立のために人々が動き出せば、それがソーシャルキャピタルの培養を促進することにつながり、快適な日常生活の実現に資す

図10―2　人間関係（近隣）に関する調査

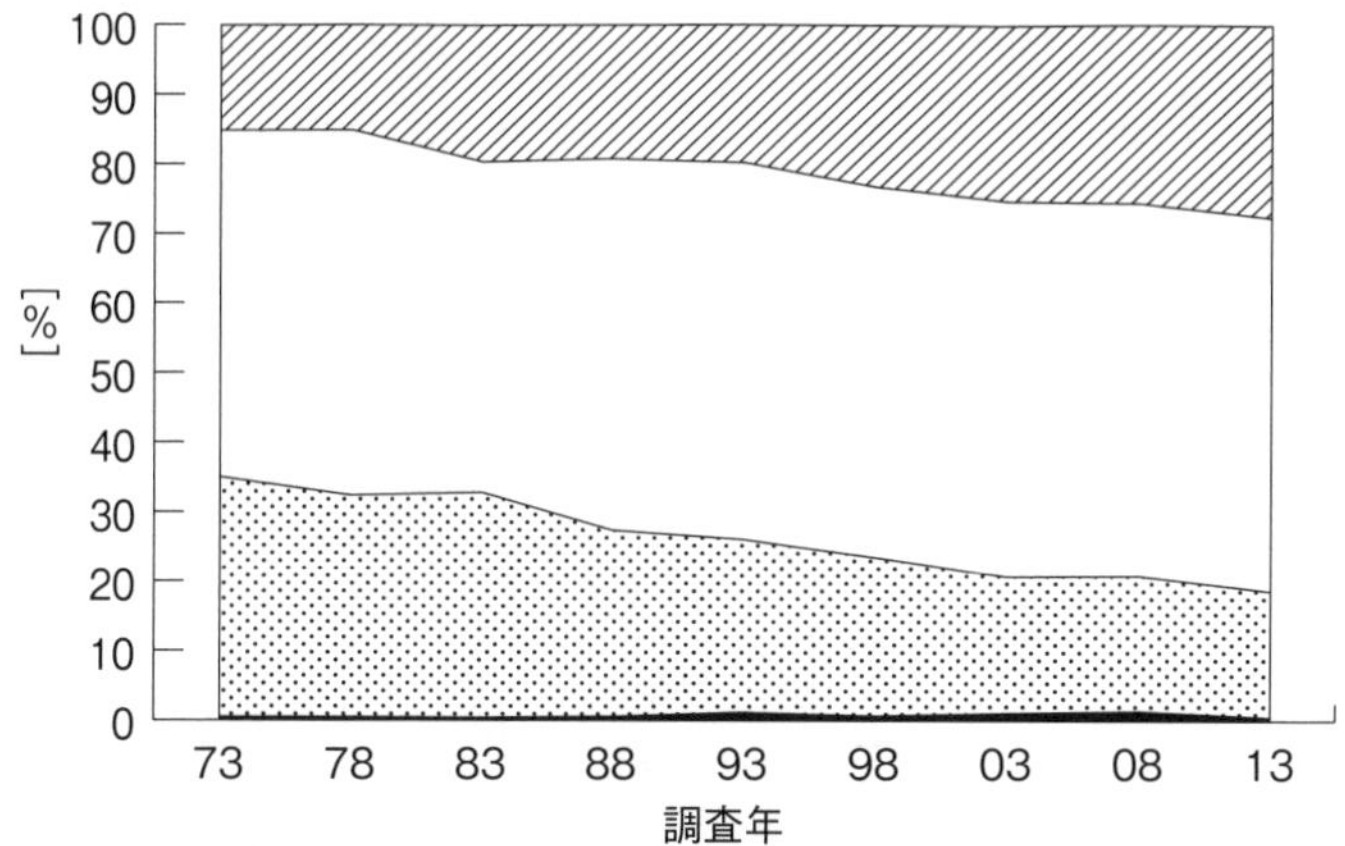

会ったときに、あいさつする程度のつきあい
あまり堅苦しくなく話し合えるようなつきあい
なにかにつけ相談したり、たすけ合えるようなつきあい
その他
わからない、無回答

る。それはいつ起こるかわからない災害のための気長な努力ではなく、ソーシャルキャピタルの充実が継続的活動の駆動力となると提案している。

また山村武彦（防災・危機管理アドバイザー）は、大規模災害に際して対象が漠然とした「共助」では機能しないことを指摘し、「近助」すなわち信条・宗教・境界を越えて近くの人が近くの人を助ける社会関係の構築を提唱している。[注29] 山村は戦前・戦中の「隣組」の弊害を指摘した上で、それとは異なる性格の「防災隣組」を提案している。たとえば広島県広島市の可部地区では、二〇一四年八月の土砂災害を教訓にして自治

会独自の防災システムを構築し、二〇一八年七月の豪雨では人的被害を出さなかった。[注30]

しかしこれも簡単ではない。筆者が町内会長を務めた前述の経験では、住民の中には何の根拠もないのに「外国人がルールを守らない」と苦情を述べ立てる者もあり、町内会が排外主義を助長する道具になりかねない懸念も抱いた。マスメディアもこれに加担している。犯罪の容疑者が日ごろ町内会の行事に参加しないから不審人物であるかのように表現する報道がしばしばみられる。また地域の共同作業や祭礼なども関係者を辿ってゆくと神社とつながっており、神社を支持基盤とする極右団体と関連づけられている懸念があった。須田禎一（前出）は関東大震災における体験を記している。当時千葉県佐原町（現・香取市）に住んでいたが、東京から焼け出された人々が鉄道で到着するにつれて朝鮮人暴動のうわさが広まり、烏帽子（えぼし）・直垂（ひたたれ）姿の神官を先頭にした自警団の人々が朝鮮人に暴行を加える場面を目撃したという。[注31]

町内会・自治会等に対する防災用品の斡旋販売、形式的な防災訓練、消防署員による講話等では実効性があるとは思われない。一方で近隣で積極的に助け合う関係を求める人の割合は継続的に減少の傾向がみられる。図10—2は近隣の人間関係に関する意識調査の結果を示す。[注32] これは災害時についての設問ではなく、全国の調査結果の集計であるため地域性は不明であるが、全体として減少の傾向が続き東日本大震災以降も変化はみられない。

また山村武彦（前出）は青年団・消防団等も「防災隣組」の重要な構成要素と述べている。[注33] しかし現実の青年団は、未成年者の飲酒・喫煙の温床、慣習的な価値観から派生するハラスメント行為や、ときには不品行の容認・奨励も珍しくない。消防団についても災害時の活動が評価された事例も見られる一方で、適切に運営されなければ不祥事の温床ともなる。二〇一八年には、活動実績のない「幽霊団員」に自治体から報酬が支給され遊興費などに流用されていた悪慣行が指摘された。さらにそれを指摘した団員が活動停止や嫌がらせなどの報復を受けるなどのトラブルが報じられた[注34]。青年団や消防団を維持するためにはこうした因習や同調圧力を必要悪として容認すべきかどうか考える必要がある。

第二章で触れたように二〇一二年一二月からの自民党政権（第二次安倍内閣）では、東日本大震災を契機として「国土強靭化」が提唱された。理念としては防災・減災を掲げ、そのための公共投資で経済を成長させるなど派生的効果も提唱している。しかし国土強靭化の「基本的な政策メニュー[注35]」の中には「地域共同体の維持・活性化　町内会に統治機構としての権限の付与、防災隣組の体制整備」との項目がある。防災を口実にした中央集権の発想に基づく戦前型隣組の復活が目的であれば、「民間防空」が戦災から市民の生命・財産を守れなかったのと同様に、防災隣組は市民の生命・財産を守れないであろう。加えて「平成の大合併」の負の影響として、東日本大震災において発生直後の災害対応の脆弱性、復旧・復興段階における対応の困難性が指摘されている。これを「市町村再編災害」だと表現する論者もある[注36]。

ここで「隣組」の性格について改めて整理する。一九三八年四月に「国家総動員法」が制定され、同年九月から始まった「国民精神総動員」の運動と関連づけられる。一九四〇年九月の内務省訓令第一七号「部落会町内会等整備要領」により制度化され、その目的は「隣保団結ノ精神ニ基キ市町村内住民ヲ組織結合シ万民翼賛ノ本旨ニ則リ地方共同ノ任務ヲ遂行セシムル為左ノ要領ニ依リ部落會町内會等ヲ整備セントス仍テ之ガ実績ヲ挙グルニ努ムベシ」とされている。急速に逼迫してゆく生活必需品の配給も隣組を通じて行われるため強力な統治機構として利用された。隣組は相互監視や言論・思想の統制の側面から批判的に評価される場合があるが、それは派生的な機能にすぎず、現実には戦争遂行のための政府の活動のあらゆる基本単位として、人々の生活すべてを戦争遂行に動員するための組織であった。当時の隣組は町内会をさらに小さく区分した単位であり、東京都の例によると一つの町内会（町会）が平均五〇個ていどの隣組に分割され[注37]、隣組の平均構成は一〇世帯前後であったが、これは構成員の私生活まで綿密に把握・管理するために適した規模ともいえる。

「隣組」を機能させる実際の活動は「常會」という定期会合であり、その運営ノウハウを指導する冊子が制作されている。[注38]それによると常會の目的は「隣保相互の親睦融和を増進し、國民生活を充実し、上意下達・下意上達を圖り、各種会合の整理統合を圖る等、各職域々々に於いて体制翼賛の實践を完遂する」としている。もっとも「上意下達」はあっても「下意上達」は全く期待できなかったであろう。この機構のしくみとして「常會が上下左右の脈絡を保ち整然と運營される為には、中央—府縣—郡市—町村—部落—隣保班と各層の組織が完備するとともに、町村以下に於ては、特に常會を開き易い様に地域及び戸数を適宜區分する事が大切」としている。このシステムは「連隊—大隊—中隊—小隊—分隊」という軍隊（陸軍）の構成と酷似しており、各々の単位の人数規模まで類似している。定期的に常會に参加するを奨励しているのは隣組の構成員の行動を常に把握し制約することが目的であった。

隣組が生活必需品の配給を通じて参加が強制されていたのと同様に、現在は町内会・自治会等に入らないと家庭ごみを置かせない等の別の強制に置きかえられている。残念ながら現在の町内会・自治会等は、旧隣組の「大政翼賛の實踐を完遂」を「安心・安全」に置きかえただけで内容は隣組と変わらないのではないか。表向きには反対できないような大義名分を掲げながら、あたかもエンジンをかけて「大政翼賛」が乗り込むのを待っている状態である。国土強靭化で提示されているような強制力を伴う「隣組」活動では、必要な時に逆に不信感を増幅させ防災には逆効果であろう。

日本の教育がつくる無関心

戦後の教育が自由主義、個人主義を過度に強調してきたために、公徳心の欠如や自己本位の行動を招いているとの主張は数多くみられる。しかしそれは全く逆である。日本の教育システムが依然として戦前・戦中の性格を残していることから問題が起きているのである。一九四四年に米国防省・陸軍省が「敵国　日本を知れ」という宣伝映画を制作した。[注39]「今なお自由の意味を知らない日本人」について紹介する映画であると述べ、気の毒な日本人を軍部の圧政から解放することを大義名分に掲げている。その正当性はともかくとして、日本の戦争指導者が権力を維持できた最大の理由は教育制度であるとの指摘はきわめて的確である。日本人の就学率や識字率はきわめて高いが、学校は知性を育てる場所ではなく単純な技術のみを教え、政府が選んだ情報しか伝えられず、画一的な生徒の大量育成が教育の目的となっていると指摘し、最も重要な目的は「行動の基本は目上(めうえ)の者への服従」にあると分析している。

これは敗戦後も改善されていない。筆者が小・中学生のころ、入学式・卒業式その他の行事で「水を飲ませるために馬を川に連れて行っても、水を飲むのは馬なのだ」という訓話をしばしば耳にした。学校がいくら勉強の機会を提供しても本人が勉強する気がなければ身につかないという意味である。それ自体は間違いではないとしても地域の「名士」が来賓の式辞として判で押したように同じ話をするので印象に残っている。それは旧陸軍の内務班で兵隊の教育の際に定型的に用いられた言い回しであることを後に知った。[注40]

同様に「教育とは知育・徳育・体育から成るが、現代は知育ばかり重視され徳育・体育がおろそかである」という言説もしばしば聞いた。それは教育関係者に対して言うべきことであって、生徒に向かってその話は何の意味があるのかと当時でも不審に思っていたが、後に「徳育」を最重視する臨時教育審議会の答申として登場してくる。[注41]それは本来の徳育、すなわち自主的な倫理観や道徳観を養う趣旨ではなく、目上の者への服従と、それを通じて中央集権体制への服従を強いることが趣旨であった。[注42]

学校や部活動での教師やスポーツ指導者（多くはその資質があるのか疑問）による身体的・精神的暴力による支配、組み体操、給食の完食強要、個人よりも集団を優先する選択の奨励など、教育の基本的な性格が敗戦後も変わっていない。日本の学校、ことに義務教育から事実上全入に近い高等学校までは、少なくとも筆者の印象では教育というより「工場」に近かった。青少年のさまざまな問題に関して「居場所がない」という背景が指摘されることがあるが、工場なのだから規格に外れた製品の居場所はないであろう。

おおたとしまさ（教育ジャーナリスト）は同様に、日本の教育システムは優秀な人材を産業界に輩出するために制度設計され、どこへいっても部品として使いやすい人材、産業界の要請に応じる人材を

図10—3　列車通学マナーのポスター

育成することを目標にしていると指摘している。[注43]筆者の体験だが、二人の若者が職場の別の人物について「自分の意見を持っている奴って怖いな」と批評していた。近年は「批判すること自体が悪だ」という風潮がみられる。国には（あるいは市町村には、企業には、学校には）何らかの理由があってそうしているのだから批判する必要はないという意識が蔓延している。これこそ日本の教育の成果であろう。

小学生のランドセルが重すぎる問題も同じ背景がある。保護者等からの指摘を受け、文部科学省は二〇一八年九月に教材を教室に置いたまま家に持ち帰らないことを認める通知を出した。調査によると平均五・七kgから一〇kgを超えるケースもあったという。保護者が担任に訴えたところ、これも学習のうちだと言われたとのコメントがあった。[注44]体重の半分を超える装備の重量や自分では立ち上がれなかったなど、第九章で取り上げた旧日本軍兵士と同じではないか。

図10―3は筆者が地方都市で見かけた列車通学のマナー向上を呼びかけるポスターコンクールの入賞作（中学生）である。たしかに地方都市での列車通学のマナーには注意を喚起せざるをえない場面もあるが、一般に自我の主張が強まり批判精神が旺盛になる青少年期に「アリのように並ぼう」という自己規制にはむしろ不安を感じる。知性を育む環境がないことは社会の不安・危険を増す。自主的に本を読んだり考えたりする習慣を持たない若者が、たまたまカルト宗教の教祖の本に接してそれに傾倒してしまう現象と同じである。

こうした背景から人々の政治に関する関心は低下の一途を辿っている。図10―4は衆議院総選挙の年代別投票率の推移である。[注45]年代が若い順に投票率が低く、二〇歳代では有権者の三分の二が投票に行かない。また全年齢層の平均でも下がっている。一八歳からの投票は衆議院総選挙としては二〇一七年（第四八回）からであるが、一生を通じて批判精神が最も旺盛になるはずの一〇歳台でも投票率は四割にとどまっている。

日本の「エリート」はなぜ機能しないか

日本の教育システムは画一的な人材の大量育成には効果的であり、それが経済成長の要因となったことは一面の事実であるが、その一方で日本には重要な政策を託すべき真の「エリート」がいない。本来エリートに求められるのは、唯一の正しい答がない課題や、過去に経験のない事態に対処する能

図10—4　年代別投票率（衆議院議員選挙）

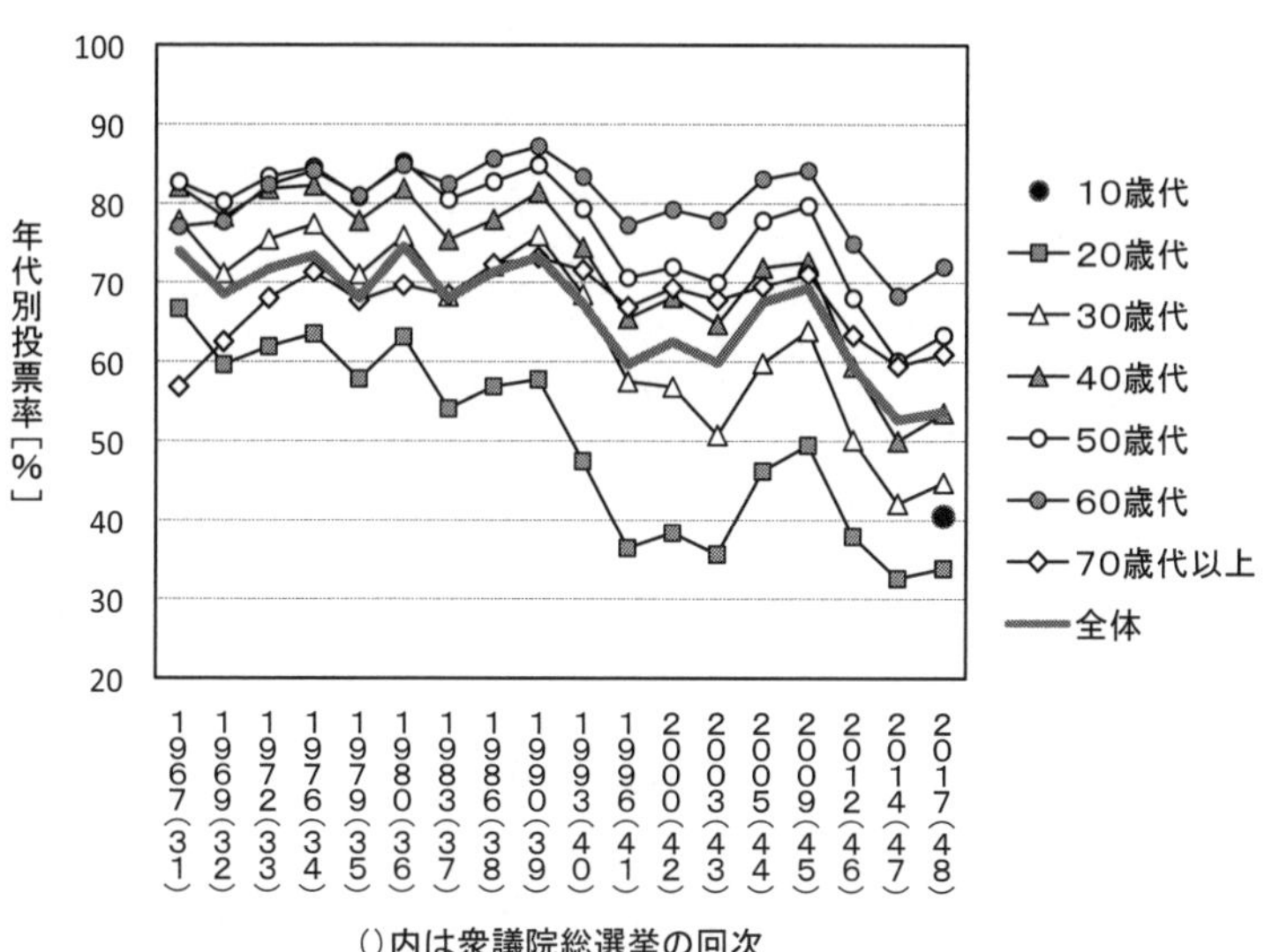

()内は衆議院総選挙の回次

力である。しかし現在の日本の受験教育で強調されるのは「出題者の意図を推測しなさい」という技能であり独自性は求められない。問題には模範回答があることが前提で、いかにそれを推測するかが重視される。すなわち日本の教育は「忖度の達人」の養成である。忖度が行動原理であるかぎりは、模範回答が存在しない課題に対しては「放置」しか選択肢がない。

最近「日本の技術や文化を世界が称賛している」という言説が盛んであるが、虚勢を張るのは自信がない証拠であろう。日本の技術は「世界一」というよりも「世界唯一」と評価すべきであろう。日本の社会環境や文化の下では合理性がある技術や文化であっても、海外で通用する普遍性があるとは限らない。いわゆる「ガラパゴス」である。日本における科学技術の導入の経緯は、欧米からの輸入・模倣から始まった。明治期の「お雇い外国人」の登用はよく知られており、様々な分野・職種にわたって延べ八〇〇〇人以上に及んだ。

お雇い外国人の中には日本を後進国として蔑視する者もいたが、真摯に尽力した者も少なくなかった。その一人であるエルヴィン・フォン・ベルツ（東京医学校、後の東京大学医学部教員）は「日本人は西洋の近代科学の成果を取り入れることには熱心であるが、その根本にある思想や精神を学ぼうとしない」「日本人は科学技術を単なる道具のように捉えているが、その背景にある思想と切り離して活用することはできない」と指摘している。その結果、さらなる自発的な発展が妨げられているとも述べている。[注46]

「原発事故子ども・被災者支援法」に関連する水野靖久（復興庁参事官・当時）の暴言事件も忖度と先送りの典型例である。水野は自らのツイッターで「左翼のクソどもからひたすら罵声を浴びせられる集会に出席。不思議と反発は感じない。感じるのは相手の知性の欠如に対する哀れみのみ」（二〇一三年三月七日）と書き込んでいた。水野は翌日には「今日は懸案が一つ解決。正確に言うと、白黒つけずに曖昧なままにしておくことに関係者が同意しただけなんだけど、こんな解決策もあるということ［註・前日の原子力災害対策本部の会合で復興大臣から提示された方針］」（二〇一三年三月八日）と書き込んでいる。

これは「東京電力原子力事故により被災した子どもをはじめとする住民等の生活を守り支えるための被災者の生活支援等に関する施策の推進に関する法律（子ども被災者支援法）」に関するできごとである。同法は二〇一二年六月に民主党政権下で成立・施行されたにもかかわらず、省庁の担当部局は「実質的には何もしない」方針を舞台裏で策定していた。法律では「基本方針」を策定することになっていたが放置され、二〇一三年三月には「基本方針」ではなく「原子力災害による被災者支援施策パッケージ[注47]」が策定されたが、その内容は当初考えられていた救済範囲が著しく狭められていた。

すなわち福島原発事故で大量の放射性物質が広範囲に飛散したことは前例もなく、何を提案してもさまざまな立場から抵抗が示され単一の妙案はない。そこで到達した結論が「曖昧なままにしておくことに関係者が同意」であった。すなわち水野が「左翼」と揶揄したのは社会主義の信奉者という意味ではない。「具体的な施策を先延ばしにして曖昧なままにしておく」という模範回答が作られているのに、それを忖度せず同調しない人々が水野のいう「左翼」であり「知性の欠如」なのである。これは第一章でも指摘したように「欺瞞的な公式表現（原子炉の老朽化を「高経年化」と言いかえるなど）を用いない者を素人と見なして見下す」姿勢と共通である。外国技能実習生の失踪に関する調査（二〇一八年一一月）で、法務省が失踪の理由として挙げられた違法な低賃金や長時間労働を「より高い賃金を求めて」と言い換えて報告した事件もまた同じである。こうした状況では官僚に危機管理を期待することはできない。

市民と自治体の役割

こうした状況の下で何らかの展望を見出すことはできるだろうか。一つのヒントは自治体の活動である。東日本大震災の際に、岩手県・宮城県の市町村では建物の四〜五階まで津波が侵入した地域もあり、通信も途絶して被害状況の把握も不可能となった。また市町村の幹部や職員自身が被災・行方不明となるなど行政機能をほとんど失った。このような状況の中、大きな被害がなかった全国の市町村では、国や県からの指示を待たず、公私にわたるさまざまなネットワークを駆使して個別の市町村同士での独自の支援活動を行った。本項では福井県勝山市による岩手県陸前高田市への独自の支援活動を紹介する。[注48]

両市は道路距離で約八〇〇km も離れており、日ごろは人的・行政的にほとんど交流がないのになぜ独自支援を実行したのか。陸前高田市では、被災時の人口が約二万四〇〇〇人のところ、死者・行方不明者が一七五七人に及ぶ被害を受けた。[注49]まず「緊急消防援助隊」[注50]の出動指示により陸前高田市に派遣された消防職員の報告から、国による組織的支援が機能していない状況が伝えられ、勝山市長が独自の支援を行なうことを指示した。また別のルートで「社会福祉協議会」[注51]の要請により東海北陸ブロックが陸前高田の担当として割り当てられ、派遣した職員からさらに具体的な被害が報告された。また陸前高田市で避難所の一つとなった寺の住職が、勝山市内の寺の住職と同門という私的な関係から被災者の受け入れについて勝山市に提案があった。

陸前高田市では自治体のあらゆる機能が停止しており、福祉に関してはデイサービス、ショートステイ等の在宅福祉サービスが問題となっていた。市内約九〇か所の避難所には要支援者も混在して避難していたが、職員が巡回することもできなかった。一方で山間部は津波の被害がなく、建物の設備や水道が機能していた地区があり、要支援者を中心として被災者を集めた福祉避難所を開設し、勝山市が運営を全面的に支援した。ただし受入れ側の体制も機能しないと予想されたため、人員とともに設備・資材・食料を持ち込み、逆に廃棄物は持ち帰るなどの体制で行った。

こうした対応はあらかじめ計画していたわけではなく、走りながら考えたのが実態であったという。勝山市は小規模な自治体だけに負担は大きかったが、一方で、大組織でないために市長の指示や意思を職員が共有しやすく、庁内のコミュニケーションが迅速・円滑で動きやすい面もあった。また初期の段階から市幹部に情報が直接入り、現地で何が必要かを具体的に把握・指示することが、迅速な支援の立ち上げに有効であった。また原発に関連した避難では、福島県南相馬市や浪江町からの原発避難者を受け入れた。

他の市町村の例では「義士親善友好都市（赤穂浪士に因む交流のある自治体）」「銀河連邦（宇宙航空研究開発機構（JAXA）の研究施設が立地する自治体）」など、行政上の公的な関係以外に、ありとあらゆるネットワークを駆使して支援が行われた記録がある。ただしこれらは善意の集積ではあるが、実務上では被災地のニーズとマッチしない『応援競争』もみられ、混乱や被災地の負担を増加させたり避難所の運営に問題を生じる等、なお検討すべき点も指摘された。遠隔自治体からの人的支援のあり方、避難所運営の改善、発災からの時期によるニーズの変化などについて、市町村職員・警察・消防・医療関係の実務家からの問題提起がなされている。[注52] また自治体ごと移転した避難所（福島県双葉町）の通信機能が限られ、自治体職員が安否確認の問い合わせに忙殺されて必要な情報の発信ができなくなった等の問題も発生した。[注53]

福島第一原発周辺では平成の大合併を選択しなかった小規模市町村が多く、首長の避難決断とその実行が、未経験の事態という条件を考えれば驚くほど迅速に行われ、また周辺の市町村との個別の連携で避難者受け入れの調整も行われた。国からの避難指示は同心円状であったが、実際には避難は地域単位で行われた。これらは国の指示とは異なる独自の判断が多かった。[注54] それでも三度にわたる建屋爆発による被ばくを避けられず、さらに避難先が再び避難対象となるなど混乱が生じたが、これが「職員が市内に出張するのに日帰りできない」と揶揄されるような広域自治体であれば、その被害はさらに大きくなったのではないか。

また図10―5は茨城県内の市町村の議会での東海第二原発の再稼働に反対する意見書等の議決状況を示す。議決の形態には差があるものの、多くの市町村で再稼働・運転期間延長に疑問が示されている。意見書等は市町村の首長や県・国あるいは電力会社に対して法的効力を有さないが、市町村は防災に関して発災後の対応だけではなく災害の未然防止にも責務を有する以上は、再稼働に対する判断を示すことはその責務の一環とも言えよう。

【注】

1 村上達也著・箕川恒男構成『みえない恐怖をこえて 村上達也東海村長の証言（シリーズ臨界事故のムラから）二』那珂書房、二〇〇二年、七一頁

2 東京電力福島原子力発電所事故調査委員会『国会事故調報告書（冊子版）』徳間書店、二〇一二年九月、一四頁

3 小川進・有賀訓・桐島瞬『放射能汚染の拡散と隠蔽』緑風出版、二〇一八年、二一二頁

4 東京電力「撤退問題に関する官邸関係者の発言」 http://www.tepco.co.jp/cc/press/betu12_j/images/120620j0304.pdf

図10—5　茨城県内の東海第二原発再稼働に関する意見書の状況

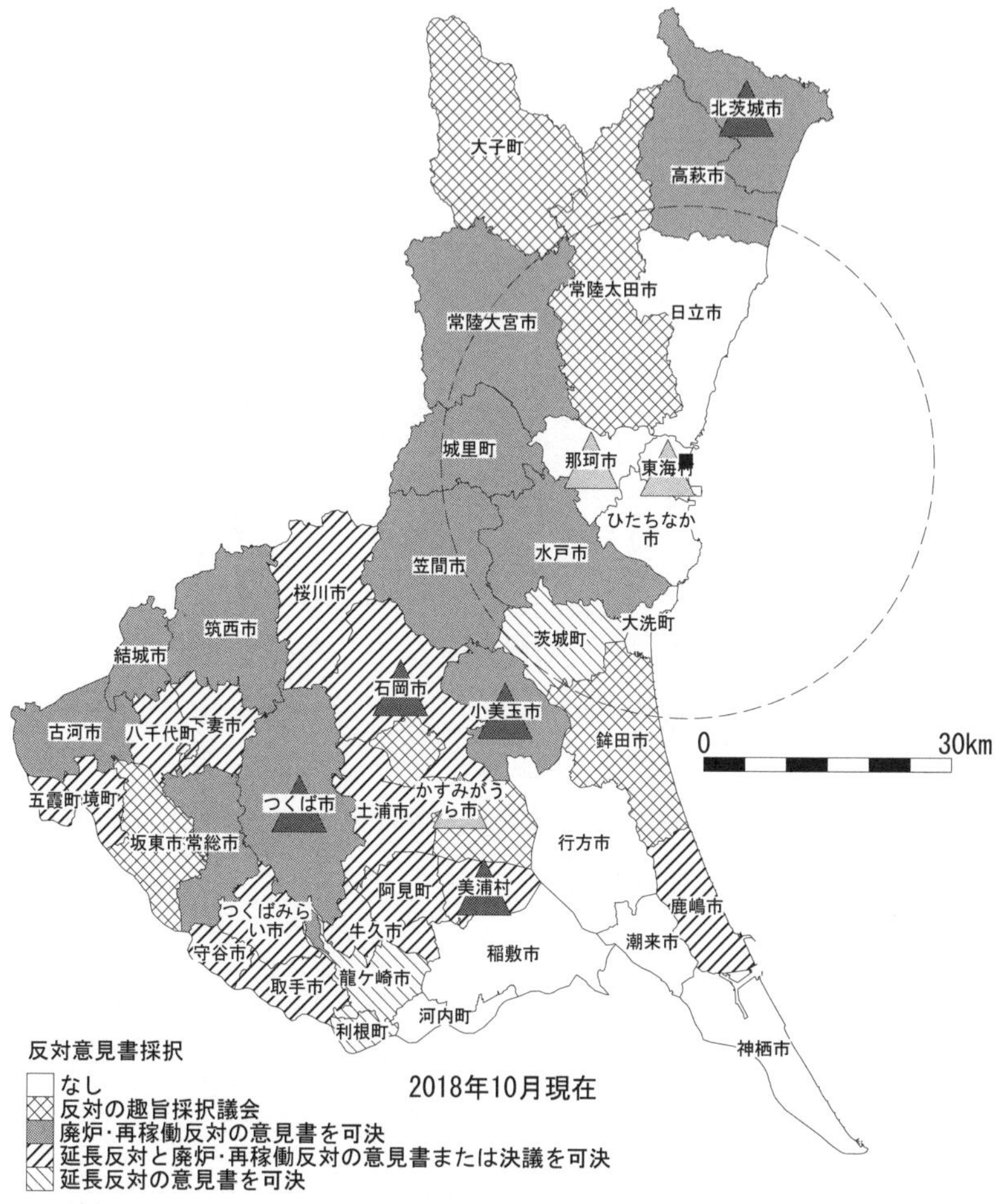

「脱原発をめざす首長会議」会員所在市町村（現職または元職）

5　「前双葉町長が語る　地震当日夜九時に東電社員とその家族は…」『日刊ゲンダイ』二〇一八年一二月二一日

6　東京電力「福島原子力事故調査報告書［被災直後の対応状況について］」二〇一二年六月、一頁　http://www.tepco.co.jp/cc/press/2012/1205628_1834.html

7　東京電力福島原子力発電所事故調査委員会『国会事故調報告書（冊子版）』徳間書店、二〇一二年九月、二五六頁　http://warp.da.ndl.go.jp/info:ndljp/pid/3856371/naiic.go.jp/index.html

8　『福島原発事故独立検証委員会調査・検証報告書』二〇一二年三月、八九頁

9　四号機燃料貯蔵プールの燃料棒の冷却ができなくなり、そのままプールの水が蒸発すれば燃料が溶融して放射性物質の大量放出が発生する可能性があった。しかし隣接の原子炉上部に工事のため貯めてあった水が漏洩してプールに流入したこと、また漏洩した水素による建屋の爆発で壁に開口部ができて外部から注水が可能となったことにより、プールの燃料溶融が避けられた。

10　「障害者四〇〇〇人雇用　一九年は困難」『東京新聞』二〇一八年一二月一三日ほか各社報道

11　「安田純平さん解放　安倍政権は手柄どころか寝耳に水だった」『日刊ゲンダイDIGITAL』二〇一八年一〇月二六日

12　安藤博『市民の安全保障　ひとりからの平和構築』生活社、二〇〇五年、一三頁

13　東京電力福島原子力発電所事故調査委員会『国会事故調報告書（冊子版）』徳間書店、二〇一二年九月、五頁

14　須田春海『須田春海採録②市民自治体』生活社、二〇一〇年、二四頁・［初出　須田春海『社会新報ブックレット　政策提案型市民運動のすすめ　理念編』日本社会党機関誌局、一九九三年一一月］

15　「衆議院本会議　開会遅れる　高市議運委員長に野党が反発」『ＮＨＫ ＮｅｗｓＷｅｂ』二〇一八年一〇月二九日

16　須田春海『須田春海採録②市民自治体』生活社、二〇一〇年、二四頁・［初出　須田春海『社会新報ブックレット　政策提案型市民運動のすすめ　理念編』日本社会党機関誌局、一九九三年一一月］

17 宇佐美典也『逃げられない世代　日本型「先送り」システムの限界』新潮新書七七一、二〇一八年、一八五頁

18 まつのあつこ「福島原発事故　廃棄物・除染土再利用の現状」第二一回原子力市民委員会資料、二〇一八年一〇月二八日

19 山本七平『一下級将校の見た帝国陸軍』朝日新聞社、一九七六年、三〇九頁、三根生久大『帝国陸軍の本質』講談社、一九九五年、三五七頁などに同様の指摘がみられる。

20 NHK放送文化研究所編『現代日本人の意識構造［第八版］』NHK出版、二〇一五年、九二頁

21 http://www.soumu.go.jp/main_content/000307324.pdf

22 『東洋経済オンライン』「恐怖の実話——悪夢と化した［夢の田舎暮らし］」二〇一八年七月七日　https://toyokeizai.net/articles/-/228325

23 FoEファクトシート「除染土再利用・埋め立て処分…二本松、飯舘村長泥地区、栃木県那須町の実証事業」http://www.foejapan.org/energy/fukushima/181012.html

24 FoE Japan Blog「住民無視　那須町の除染土埋め戻し実証事業～このまま全国展開?-」https://foejapan.wordpress.com/2018/09/04/

25 全国町村議会議長会編『議員必携（第一〇次改訂新版）』学陽書房、二〇一五年、一八〇頁

26 相川祐里奈『避難弱者』東洋経済新報社、二〇一三年、二三頁

27 北村俊郎「特別寄稿　原発事故の避難体験記」福島原発事故独立検証委員会「調査・検証報告書」二〇一二年三月、二一一頁ほか。http://rebuildjpn.org/fukushima/report

28 梶秀樹・塚越功編『都市防災学　地震対策の理論と実践（改訂版）』学芸出版社、二〇一二年、一七八頁（梶秀樹担当）

29 山村武彦『近助の精神　近くの人が近くの人を助ける防災隣組』金融財政事情研究会、二〇一二年、一九頁

30 『朝日新聞』「四年前の教訓、防災力高める　広島土砂災害の被災地」二〇一八年八月一六日　https://

www.asahi.com/articles/ASL8G4WG3L8GPTIL01L.html

31 須田禎一『思想を創る読書』三省堂新書、一九七〇年、六頁。各地で記録されているような殺害まで至ったかどうかは記述では不明。

32 NHK放送文化研究所編『現代日本人の意識構造〔第八版〕』NHK出版、二〇一五年、一九七頁

33 山村武彦（前出）一八五頁

34 「幽霊消防団員　内部告発で活動禁止や嫌がらせの報復受けたケースも」『毎日新聞』二〇一八年一二月一七日

35 自由民主党国土強靭化総合調査会編『国土強靭化　日本を強くしなやかに』相模書房、二〇一二年四月、六一〇、六一六頁

36 室崎益輝・幸田雅治編著『市町村合併による防災力空洞化　東日本大震災で露呈した弊害』ミネルヴァ書房、二〇一三年、三頁（河田惠昭担当）

37 江波戸昭『戦時生活と隣組回覧板』中央公論事業出版、二〇〇一年、六頁

38 鈴木嘉一『隣組と常會』誠文堂新光社、一九四〇年、三頁

39 Department of Defense, Department of the Army, Office of the Chief Signal Officer "Know Your Enemy: Japan", 1944　動画は https://www.youtube.com/watch?v=sjxpfoQY3Fc&t=728s で視聴可能

40 原田勝正（第八章）「総力戦体制と防空演習―「国民動員」と民衆の再編成―」（原田勝正・塩崎文雄編『東京・関東大震災前後』日本経済評論社、一九九七年）、三五九頁

41 「臨時教育審議会設置法」（一九八四年）基づき設置され、内閣総理大臣（当時は中曽根康弘）の諮問に応じて審議する機関。一九八五～八七年にかけて四次の答申が提出された。

42 アジアに対する日本の戦争責任を問う民衆法廷準備会編『時効なき戦争責任〔増補版〕』緑風出版、一九九八年、九六頁（山川暁夫担当）

43 おおたとしまさ「中学受験で子どもを追いつめないためには」『エデュナビ』二〇一八年一〇月二五日
https://www.inter-edu.com/article/otabook/otabook_181025/?utm_source=ntt&utm_medium=181114&

utm_campaign=book
44 「国も動き出した　重すぎるランドセル問題　平均五・七キロ、一〇キロ超える子も」『東京新聞』ウェブサイト「東京すくすく」二〇一八年一〇月六日　https://sukusuku.tokyo-np.co.jp/education/6928/
45 総務省ウェブサイト「国政選挙における年代別投票率について」　http://www.soumu.go.jp/senkyo/senkyo_s/news/sonota/nendaibetu/
46 トク・ベルツ編、菅沼竜太郎訳『ベルツの日記（上）』岩波文庫三三―四二六―一、一九七九年、二三九頁。一九〇一年の在職二五年記念講演における発言。
47 http://www.reconstruction.go.jp/topics/post_174.html
48 環境自治体会議『環境自治体白書　二〇一一年版』二〇一一年九月、二九頁
49 陸前高田市ウェブサイト「地震・津波の概要、被害状況」　http://www.city.rikuzentakata.iwate.jp/shinsai/oshirase/hazard1.pdf
50 総務省消防庁「緊急消防援助隊」　http://www.fdma.go.jp/neuter/topics/kinkyu/kinshoutai.pdf
51 全国社会福祉協議会「アニュアルレポート　二〇一一〜二〇一二」　https://www.shakyo.or.jp/tsuite/jigyo/annualreport/pdf/annual_2011-2012.pdf
52 稲継裕昭編著『大規模災害に強い自治体間連携』早稲田大学出版部、二〇一二年
53 井戸川克隆・佐藤聡（企画・聞き手）『なぜわたしは町民を埼玉に避難させたのか』駒草出版、二〇一五年、五三頁
54 室崎益輝・幸田雅治編著『市町村合併による防災力空洞化　東日本大震災で露呈した弊害』ミネルヴァ書房、二〇一三年、一八五頁（今井照担当）

あとがき——市民運動の再構築

各章で取り上げたように、例外的な中断はあるものの六〇年以上にわたる自民党政権の中で多くの「人災」が発生し、直接的には人々の生命・健康・財貨が損なわれ、また数字では表わせない平穏な暮らしが失われてきた。一般に「保守と革新」という対立概念が用いられるが、自民党の中でも、大きな政府から小さな政府への転換もあった。かつては他の国ならば社会主義に分類されてもおかしくない大きな政府を指向していたかと思うと、一九九〇年代後半からは小さな政府に転換した。「維新」と名乗る似非野党も登場した。そして各々の悪いところを合わせて残った状態が現在である。

敗戦からこれまで、問題はありながらも戦争を避け、築き上げてきた人々の暮らしがこのまま崩壊に向かうのを座視するしかないのであろうか。

困難な道ではあるが、市民運動の再構築が必要である。須田（前出）は「市民運動は赤ランプ」と表現している。「社会のなかでの市民運動を鳥瞰すると、その社会のあちこちでシステムがうまく機能していなかったりすると赤ランプがつく、その赤ランプの役割をしているのが市民運動だ、といってよいでしょう。赤ランプを発信している人は、当然、現場の状況を一番良く知っています。知らせる

図　東京都におけるデモ申請件数と都議投票率

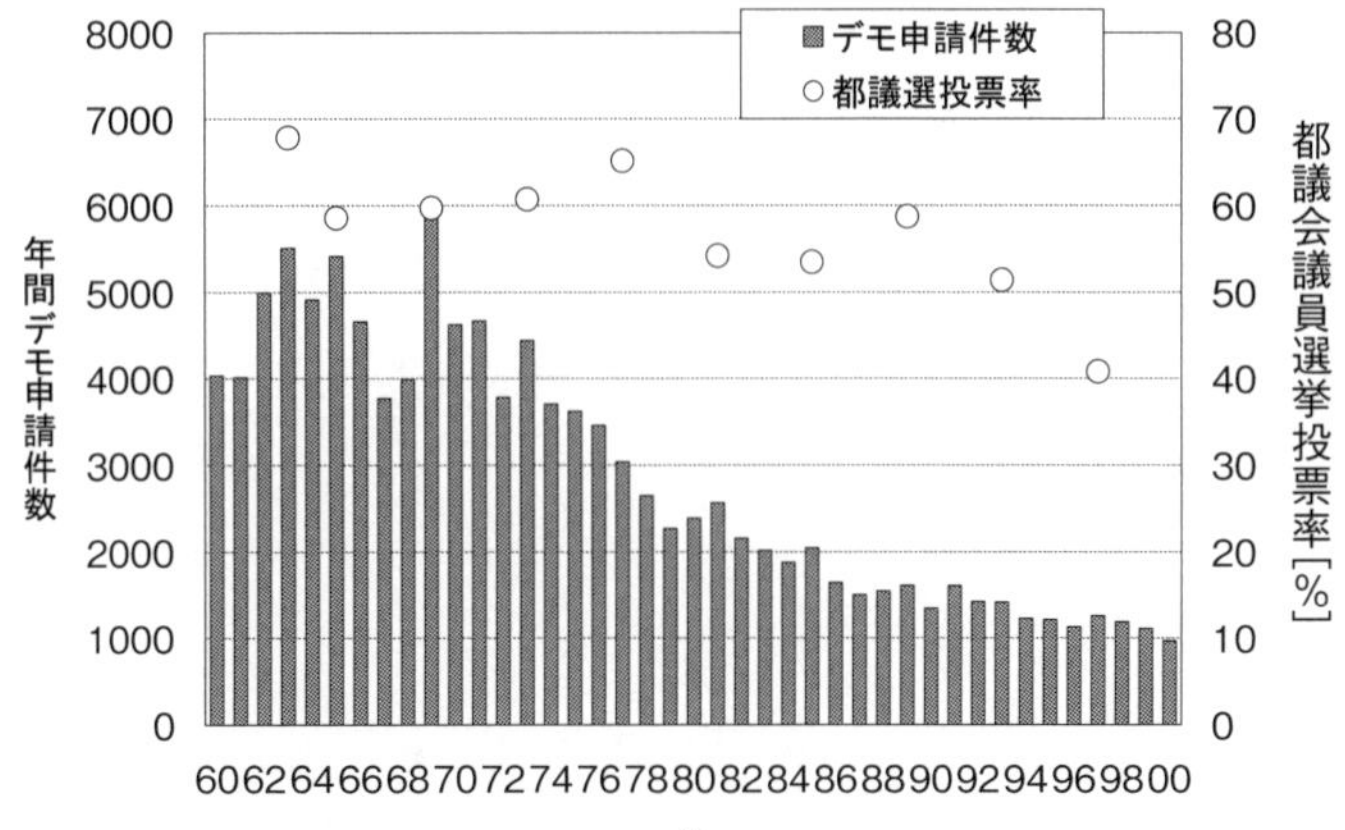

だけでなく、どうしたら故障を直せるかの提案もあるわけです。異議申し立てと提案は同居しています」という。[注1]

異議申し立ての代表的な手段はデモである。図は一九六〇年代から近年まで、東京都でのデモ申請件数と都議会議員選挙の投票率の推移を示す。[注2] 国政選挙における若年層の投票率低下とともに、自治体でも人々の政治に関する関心が低下している。前出の『現代日本人の意識構造［第八版］』によっても「政治的有効性感覚」すなわち投票・デモ・陳情などが政治に影響を及ぼすという意識が年々低下してきた。[注3] デモで社会は変わらないだろうか。決してそのようなことはない。外国に比べると力が弱いと言われる日本の市民運動でも、これまで多くの実績を積み重ねている。たとえば車いすによる鉄道・バスの利用である。以前は「一週間前までに申し込め」などという事実上の門前払いであった。しかし現在は、少なくとも大都市圏では車いすによる鉄道・バスの利用は日常的になった。これは車いすの利用者の中で先駆的な活動に携わった人々が「車いすデモ」あるいはそれに類したアピールを続けたからである。その活動によって「活動家」ではない多くの車いす利用者も鉄道を利用した移動が可能となった。他の分野でも成果がたくさんある。

これに対して「批判からは何も生まれない」「批判するからには対案を出せ」という言説がしばしばみられる。これは一見良識的に思えるが詭弁であり、いわゆる「東大話法」[注4]の一種でもある。たとえ対案を出しても「できない理由」を返してくるだけで、最初から相手の発言を封じることが目的である。

女性のモデルが沖縄県の辺野古埋め立てに反対の署名をするよう「インスタグラム」で呼びかけたところ、インターネット上で「モデルのくせに」「対案を出せ」などの書き込みが相次いだ。[注5]福島事故以後の脱原発に対する反論（再生可能エネルギーは不安定、他の発電方法はコストが高い）も同じである。

半世紀以上にわたる障害者運動の中でも「差別されている側が対案を出さないといけないのか？」という形で指摘された。[注6]対案を考えるのは専門家や官僚の責務ではないか。まず困っていること、おかしいことの指摘から市民運動が始まる。

しかし次の段階として、市民運動が実際に社会で機能する仕組みとして須田（前出）は「市民機構」の概念を提唱している。[注7]市民機構は企業や政府と対立する概念や反対運動ではなく、もともと存在していた機能であり、その位置づけは次頁の表に示す概念である。それは国↓都道府県↓市区町村↓隣組のような中央集権システムではなく、市民と企業と政府が相互に補完・代替する関係にある。須田は次のような示唆を与えている。

市民機構の話というと、まず、日本には、そういうものがないので、どのようにつくるのか、ということに関心が集中しがちです。

ですが、ちょっと待って下さい。私もそうだったのですが、日本の多くの人は、市民社会の自発性を歪めたり、あるいは市民的自由を抑圧したりすることを恐れるあまり、政府機構や産業機構のほかに市民機構を想定することに臆病だったのです。言うまでもありません。コミュニティの中に、「国家の細胞」といわれる「隣組」をつくってしまった苦い経験があるからです。ですが、そんなためらいにお構いなしに、本来、市民機構が担うべき役割を政府や産業が代替し、ある場合、浸食（ママ）する姿がすすんでいます。ですから、「何もない」ところから何かをつくるのではなく、すでに「あるべきところ」をほかのものが占有している状態に関してどう改革するか、というスタートもあるのです。

市民機構の概念

セクター／ゾーン	〈Ⅰ〉市民機構	〈Ⅱ〉産業機構	〈Ⅲ〉政府機構
地域	コミュニティ活動	地場産業など	自治体政府
国域	市民活動	一般企業	中央政府
世界	地球市民活動	多国籍企業	国際機構

文中でたびたび引用したとおり、本書の内容は、市民自治の重要性に注目し、提言と示唆を続けて

きた須田春海氏に負うところが大きい。須田氏は市民運動の三つのポイントとして「活動を的確に表わすキャッチコピー」「専門性」「具体的な活動のフィールド」を挙げている。市民運動の歩みは決して速くはないが、これからも三つのポイントを意識して続けてゆきたい。

なお今回も緑風出版の高須次郎氏には本書の実現にご尽力いただき、多くの貴重な指摘をいただいた。末尾ながら改めてお礼を申し上げたい。

【注】

1 須田春海『須田春海採録②市民自治体』生活社、二〇一〇年、一七頁・〔初出 須田春海『社会新報ブックレット 政策提案型市民運動のすすめ 理念編』日本社会党機関誌局、一九九三年一二月〕

2 須田春海『須田春海採録②市民自治体』生活社、二〇一〇年、二六三頁・〔初出 松下圭一・西尾勝・新藤宗幸編『自治体の構想1 課題』岩波書店、二〇〇二年、一六四頁〕

3 NHK放送文化研究所編『現代日本人の意識構造［第八版］』NHK出版、二〇一五年、七九頁

4 安冨歩『原発危機と東大話法』明石書店、二〇一二年

5 「ローラさん『辺野古署名呼びかけ』の波紋 芸能人の政治的発言 バッシング広がる背景どこに」『毎日新聞』二〇一八年一二月三〇日

6 荒井裕樹『差別されてる自覚はあるか 横田弘と青い芝の会「行動綱領」』二〇一七年、現代書館、一三七、一四〇頁

7 須田春海『須田春海採録②市民自治体』生活社、二〇一〇年、三五頁

[著者略歴]

上岡直見（かみおか　なおみ）
1953 年 東京都生まれ
環境経済研究所 代表
1977 年 早稲田大学大学院修士課程修了
技術士（化学部門）
1977 年～ 2000 年 化学プラントの設計・安全性評価に従事
2002 年より法政大学非常勤講師（環境政策）

著書
『乗客の書いた交通論』（北斗出版、1994 年）、『クルマの不経済学』（北斗出版、1996 年）、『地球はクルマに耐えられるか』（北斗出版、2000 年）、『自動車にいくらかかっているか』（コモンズ、2002 年）、『持続可能な交通へ―シナリオ・政策・運動』（緑風出版、2003 年）、『市民のための道路学』（緑風出版、2004 年）、『脱・道路の時代』（コモンズ、2007 年）、『道草のできるまちづくり（仙田満・上岡直見編）』（学芸出版社、2009 年）、『高速無料化が日本を壊す』（コモンズ、2010 年）、『脱原発の市民戦略（共著）』（緑風出版、2012 年）、『走る原発、エコカー――危ない水素社会』（コモンズ、2015 年）、『日本を壊す国土強靭化』（緑風出版、2013 年）、『原発避難計画の検証』（合同出版、2014 年）『鉄道は誰のものか』（緑風出版、2016 年）、『JR に未来はあるか』（緑風出版、2017 年）、『Ｊアラートとは何か』（緑風出版、2018 年）

日本を潰すアベ政治

2019 年 3 月 15 日 初版第 1 刷発行　　定価 2500 円 + 税

著　者　上岡直見 ©
発行者　高須次郎
発行所　緑風出版
〒 113-0033　東京都文京区本郷 2-17-5　ツイン壱岐坂
［電話］03-3812-9420　［FAX］03-3812-7262［郵便振替］00100-9-30776
［E-mail］info@ryokufu.com［URL］http://www.ryokufu.com/

装　幀　斎藤あかね　　カバー写真　Tomo.Yun
制　作　R 企 画　　印　刷　中央精版印刷・巣鴨美術印刷
製　本　中央精版印刷　　用　紙　大宝紙業・中央精版印刷　　E1200

ISBN978-4-8461-1904-1　C0031

◎緑風出版の本

■全国どの書店でもご購入いただけます。
■店頭にない場合は、なるべく書店を通じてご注文ください。
■表示価格には消費税が転嫁されます

ＪＲに未来はあるか
上岡直見著

四六判上製
二六四頁
２５００円

国鉄民営化から三十年、ＪＲは赤字を解消して安全で地域格差のない「利用者本位の鉄道」「利用者のニーズを反映する鉄道」に生まれ変わったか？　ＪＲの三十年を総括、様々な角度から問題点を洗いだし、ＪＲの未来に警鐘！

鉄道は誰のものか
上岡直見著

四六判上製
二二八頁
２５００円

日本の鉄道の混雑は、異常である。混雑解消に必要なことは、鉄道事業者の姿勢の問い直しと交通政策、政治の転換である。混雑の本質的な原因の指摘と、存在価値を再確認する共に、リニア新幹線の負の側面についても言及する。

日本を壊す国土強靱化
上岡直見著

四六判上製
二八四頁
２５００円

自民党の推進する「防災・減災に資する国土強靱化基本法案」を総点検し、公共事業のバラマキや、原発再稼働を前提とする強靱化政策は、国民の生命と暮らしを脅かし、国土を破壊するものであることを、実証的に明らかにする。

Ｊアラートとは何か
上岡直見著

四六判上製
二七二頁
２５００円

今にもミサイルが飛んでくるかのようにＪアラートが鳴らされ、保護訓練が繰り返される。「地面に伏せて頭を守れ」でミサイルから身を守れるのか。朝鮮半島の緊張緩和に向けた模索が続くいま、本当の危険はどこにあるかを考える。